风险管理与内部控制系列手册之一

宋方红 高立法 王士民 / 主 编
瞿春生 成春芳 周海泉 / 副主编
虞旭清 朱 静 / 主 审

企业内部控制手册

QIYE NEIBU
KONGZHI SHOUCE

经济管理出版社
ECONOMY & MANAGEMENT PUBLISHING HOUSE

U0681270

内部控制与风险管理系列手册
编 委 会

主　任：黄　炜　中国风险管理者联谊会常务副会长兼秘书长
副主任：高立法　中国风险管理者联谊会委员、高级顾问
委　员：瞿春生　北京市大兴区财政局副局长
　　　　周海泉　中小企业合作发展促进中心、绿色产业促
　　　　　　　　进工作委员会副秘书长
　　　　宋方红　上海财苑企业管理咨询有限公司　总　裁
　　　　成春芳　北京质安环质量认证咨询公司　　总经理
　　　　王士民　上海财苑企业管理咨询有限公司　副总裁

本书参编人员

主　　编：宋方红　高立法　王士民
副 主 编：瞿春生　成春芳　周海泉
主　　审：虞旭清　朱　静
参编人员：王东普　陈春燕　杨婕云　阎　莹
　　　　　高　蕊　马志芳　郝章海　赵桂娟　郭延军
　　　　　王晓雷

丛书总序

在新常态下，风险时时有处处在，风险为企事业单位的成功提供了机会，也为企事业单位的失败埋下了隐患。为使企事业单位提高经营管理水平和风险防控能力，促进企事业单位健康发展，财政部制定的"十二五"规划纲要明确指出："完善内部控制规范体系、推动内控规范有效贯彻实施"，确定为"十二五"期间的重要任务之一。为推动内控规范体系建设，财政部联合审计署、证监会、银监会、保监会等五部委，于 2008 年、2010 年分别发布了《企业内部控制基本规范》和《内部控制配套指引》，标志着我国企业内部控制规范体系基本建成，并自 2011 年 1 月 1 日起，在上市公司和大中型企业分步实施。中国企业内部控制规范体系的建设与实施，不仅可以提高我国企业经营管理水平和防范风险的能力，促进企业可持续发展，也对反腐倡廉、防范欺诈、抑制舞弊行为等发挥了重要作用，在国内外引起了强烈的反响并得到了广泛的关注。

为推动行政事业单位内部管理水平提高，规范内部控制，加强廉政风险防控机制建设，财政部于 2012 年 11 月 29 日发布了《行政事业单位内部控制规范（试行）》（以下简称《内控规范》），并要求自 2014 年 1 月 1 日起在我国行政事业单位范围内全面施行，标志着我国内控建设工作又上了一个新台阶，内部控制的范围进一步扩大，由单一的企业主体，向行政事业单位领域扩展。

内部控制体系是企事业单位管理层使用的制度与流程，用以确保按照规定要求执行组织的任务、政策、程序、计划和遵从使用的法律法规。内部控制是管理层的责任，包括组织、指导和控制的基本职能。它从管理层自上而下扩展，直至一线操作者，有利于保证各级职工按照管理层的要求正确地进行各项运营活动，要求员工自下而上反馈需要关注和解决的问题以及例外事项，有助于管理层及时采取纠正缺陷的措施。每位职工都应认真了解和执行内部控制规范，确保目标任务完成。但是内部控制能否做到建设有效性和实施有效性，领导的楷模至关重要，否则就不能充分发挥内部控制的作用。

内部控制的核心理念是目标、风险与控制，涵盖领导和业务两个层面，内容涉及组织结构、决策机制、关键岗位、会计系统、电子政务以及预算、生产经营活动、资产管理、建设项目、采购合同管理等经营管理的核心业务和主要活动。旨在通过完善决策权、执行权和监督权三权分立机制，针对经营管理活动中的关键风险点和薄弱环节，用制度和流程进行规范。内控规范的发布与实施，为企业、行政事业单位厉行节约、反对浪费、防腐倡廉，克服形式主义、官僚主义、弄虚作假以及依法行政等提供了解决的路径，是企业及行政事业单位治理的基石。

中共十八大以来，习近平总书记强调，要加强对权力运行的制约和监督，把权力关进制度的笼子里，形成不敢腐的惩戒机制，不能腐的防范机制，不易腐的保障机制。李克强总理也指出，要用制度管权、管人、管钱，给权力涂上防腐剂、戴上"紧箍咒"，真正形成不能贪、不敢贪的反腐机制。从一定意义上讲，做好内部控制具有制度笼子的作用。实施《内控规范》，建立完善的内控制度，对于建立健全权力运行的制约和监督体系，减少自由裁量权的空间，用制度限制权力的滥用，具有重要的促进作用。

企事业单位在设计和运用内部控制体系方面，多数单位面临的主要挑战是：领导和职员缺乏足够的认识和实务的培训，很少有人能够恰当地定义内部控制系统或控制目标、编制结合业务实际的业务流程、评估面临风险及拟定可行的应对措施，使内控体系的建设迟迟不能全面落实，作用未充分发挥。

为推动内部控制体系建设深入开展，适应新常态需要，我们组织了具有风险管理与内部控制专业知识的中国风险管理者联谊会专家、资深工作者深入企事业单位实际，并与经营管理者密切协作，通过对多年多家单位的实践总结，取其精华选编了"风险管理与内部控制系列手册"丛书，供企事业单位借鉴。该丛书具有以下特征：

（1）从实践中形成。丛书作者是在认真学习财政部发布《内控规范》的基础上，通过为多家企事业单位进行内控体系建设，在建设中逐步完善、提高的基础上形成的，既符合财政部、上市公司内控体系的要求，也切合企事业的实际情况。

（2）具有原汁原味特点。丛书是在企事业单位"内控手册"实物的基础上形成的，向读者提供的是原原本本的实物，它不是教您应该怎么做，而是告诉您就是这样做，使读者见到"内控手册"的真面目。

（3）有较强的可操作性。由于手册是企事业单位的真实产品，读者可以将丛书提供的手册为样本，结合本单位的具体情况，编写自己的"内部控制手册"。但是在使用中需要注意，某一个单位的具体业务往往不是全面系统的，且与单位的业务并不完全一致，仍需补充提高。

依据财政部要求以及参照本丛书设计的内部控制系统，可受益于以下几方面：

（1）有助于完成财政部及主管部门要求实施的"内部控制体系建设"。

（2）有助于及时发现及纠正违反法规的行为，实现既定的目标。

（3）可有效识别和管控运营中的风险，有助于化危为机、转危为安。

（4）有助于厉行节约、反对浪费，防范舞弊和预防腐败。

（5）内部控制的文档记录可以用于法律诉讼。

鉴于此，希望企事业单位的经营管理者尽快建立并完善单位的内部控制系统，提高内控能力、推行廉政建设，以适应新常态下风险管控的需要。

中小企业合作发展促进中心主任：黎志明

2015 年 9 月 10 日

前　言

——如何形成一部内部控制手册？

《内部控制手册》是企事业单位实施内部控制的指导性文件，是实施内部控制的基础，其质量直接关系到内部控制的落地，体现内部控制的实施效果。

一部高质量的《内部控制手册》应具备两个条件：一是手册框架要符合《企业内部控制基本规范》或《行政事业单位内部控制规范（试行）》的要求，内部控制要素要完整，框架设计要体现科学性及系统性；二是手册内容要符合企事业单位的实际，体现管理的先进性和适用性。只有这样，《内部控制手册》才有生命力，才能发挥它应有的功能。否则只能是个"摆设"，达不到设置内控的目的。

如何实现这一目标，从我们的经验看，应重点关注以下几个方面：

一、建立一支队伍

通常情况下，《内部控制手册》的内容涉及面广，而且引进了一些新的技术方法及管理理念，如风险评估、内部控制手段、信息化建设，以及适应"新常态"下反腐倡廉的需要等，企业传统的管理思维和管理手段难以适应"新常态"，需要专业咨询人员出主意、想办法。因为咨询人员长期从事内部控制建设，在理论上有深刻的研究，在实践中为多个不同行业、不同类型的单位进行咨询，有丰富的理论基础与实践经验。但是，单位的高管人员更了解单位状况，更清楚管理人员的潜能及漏洞，以及业务中潜在风险及产生的根源、应对的措施。所以，咨询人员与单位高管人员密切合作、精心策划、深入沟通，反复实践和修改，更能使手册完善可用，发挥其应具有的功能。

参与内部控制体系建设的单位管理人员与咨询团体人员，是同一个战壕里的"战友"，双方必须扬长避短、密切协作、群策群力，才能把手册建好。双方都不要把对方看成"雇佣"关系，都应持有主人翁精神与事业心态度，为了一个共同的目标、扬长避短、团结合作。

二、拟定手册编写大纲

内部控制体系文件通常包括内部控制制度或称管理制度、常规授权指引、内部控制手册、廉政风险防控建设手册、内部控制评价手册等。中小企业可根据情况适当合并。在设计中要关注这些内部控制文件的衔接与联系，防止重复与遗漏。

企业《内部控制手册》主要由目标、流程、风险评估、应对措施、文件记录以及责任岗位等构成。它所规范的内容包括：确定企业及主要业务活动的目标，实现目标需要经过的流程，流程中潜在的风险，应对风险的措施与方法，留下的文件记录，以及风险管理责任岗位等。在设计手册过程中要关注现有流程的合理性及科学性，流程越长、越复杂，则耗费的资源越多，潜在的风险也会越多。不要误认为流程越长，风险控制的效果越好。因此，必须对流程实施优化，在风险可控的情况下，流程要简化、再简化，降低流程成本。这是编制手册过程中值得关注的一项重要工作。但是流程再造会涉及部门、岗位之间的权责调整，会引发岗位利益冲突，在内部控制体系设计中要充分考虑后再行动，要获得高层领导、部门及员工的广泛支持。

在内控体系建设中，因行业及企业的经营状况不同，企业性质及管理基础不同，其内控体系建设的目的也不尽相同，如民营企业与国有企业内部控制目的有可能不同，领导与员工的想法和希望也不一致，企业单位与行政单位的控制目标及侧重点更不一致。所以手册的具体内容不该千篇一律，应具有"量身定做"的特征，但是企业所编制的内控手册，必须具备《企业内部控制基本规范》及配套指引所要求的内容。行政事业单位所编制的内部控制手册，必须具备《行政事业单位内部控制规范》所要求的内容。因此，在编制内控手册时必须说明的事项有：编制手册的目的和意义、编制的依据及遵循的原则，手册的框架安排、内部控制工作机制，以及手册的使用、维护和更新。这些原则性的内容必须明确，然后再根据业务特性及管理的需求确定具体结构。《企业内部控制应用指引》中提出的18项指引，具体到每个企业则要做适当删减与增加，不能照编照抄。如有的企业设有海外分、子公司，或上市公司等，应增加对下属企业管理、关联交易、信息披露等流程；有的公司专门编制《税务风险控制手册》，等等。手册大纲是框架设计依据，结构要严谨，内容要适用且便于操作，在编写过程中由于估计不足等原因，还需要不断修订与完善。

三、诊断内部控制现状

作为内部控制体系设计人员，必须尽快了解、清楚企业管理中存在的薄弱环节与瓶颈，以及高层管理者的管理意图。当然这个管理意图要合法合规，在手册设计中才能做到"有的放矢"，譬如上海财苑咨询公司的咨询人员在内部控制现状诊断过程中采取的方法，如表1所示。

表1　内部控制现状诊断过程中采取的方法

方法	目的
访谈相关人员	通过访谈中高层管理者及核心业务人员，了解单位的战略意图、业务领域、管理现状及过去发生的、潜在的风险事项和管理改进建议
查阅文件资料	收集和查阅公司管理制度、经济活动资料、生产经营基本状况等文件资料，了解对风险管理控制措施的有效性及要求
观察业务活动	实地观察相关业务和活动的具体状况，了解公司真实运行状态、相关制度的遵循情况、对实现控制目标的保障状况
穿行测试活动	追踪交易在实际执行中的处理过程，或针对某事项追踪调查，了解内部控制设计的有效性和执行情况
进行问卷调查	通过填写调查问卷，可以对各业务领域存在的风险进行评估、风险管控有效性评价以及相应的改进建议

在信息系统环境下，还要进行信息系统规划、项目开发、信息系统安全等内部控制测试，包括一般控制、应用控制的测试，等等。

四、做好培训与指导

项目开展过程中，公司需要举办针对各层级人员的内部控制培训，提升相关部门和人员的内部控制意识和操作技能。培训主要形式有：

（1）流程培训：①通过全方位培训，提升各层级员工的内部控制理念。②通过业务操作培训，让员工了解风险意识和运用风险控制清单在风险管理中的作用。

（2）现场辅导：①在各业务现场进行风险控制措施的操作指导。②帮助业务人员了解风险产生的原因。

（3）交流互动：①对业务人员在内部控制实施中遇到的问题进行适时解答。②与业务人员进行内部控制的交流，发现内部控制设计中的不足或缺陷，及时给予解决。

（4）跟踪回访：①在内部控制实施后对内部控制执行情况进行持续的跟踪。②在执行一定期限后，对内部控制的执行回访检查，发现问题持续改进与完善。

五、形成内部控制业务模块

根据公司的基本情况及内部控制诊断的结果，按照《企业内部控制基本规范》及其配套应用指引，拟定单位内部控制模块，每项业务流程的基本框架模块构成包括：

（1）流程目标概述。

（2）适用范围。

（3）相关制度。

（4）职责分工。

（5）不相容职责。

（6）业务流程图。

（7）控制目标。

（8）风险控制矩阵。

六、内部控制体系落地保障

设计再好的内部控制体系，只有在落地实施后才能发挥其实效。上海财苑咨询公司经过近百个内控体系建设项目的实施与落地跟踪，对内部控制体系落地的体会如下。

（1）体系的系统性。将企业的各项业务活动都纳入内部控制体系，形成"一主、两翼、三核心、四保障、五原则"：一主，即以经营目标及管理体系为主线；两翼，即业务流程与行为规范、风险评估与内部控制；三核心，根据公司具体情况确定，如有的设定为股权分置、组织架构、价值分享，也有的定为"三权分置"；四保障，即四项保障措施：完善规章制度、促进信息沟通、培育企业文化、强化考核监督；五原则，坚持五项原则，即短流程、强支撑、高授权、靠群众、大监管，防止管理中出现多头领导，或群龙无首现象。

（2）成果的科学性。主要体现在：①完整，成果包含了内部控制诊断、设计与评价全过程，既满足监管要求，更侧重管理提升；②系统，成果之间关联性强，形成内部控制体系；③整合，将管理制度、ISO 及行业管理规定进行有机整合；④明晰，《内部控制手册》将风险与管控措施一一对应，便于查找，简便易行。

（3）内部控制的全员性。不仅强调全员培训，加强对内部控制重要性认识，更重视全员参与内部控制建设。大范围进行内部控制访谈、问卷调查，管理层全面参与内部控制设计、风险评估及应对、非样本公司的参与及经验移植。

（4）考核量化。各单位、各部门内部控制运行情况一定要通过日常监督、内部控制评价等纳入管理考核中，实现考核量化及制度化。没有考核评价的内控，就没有生命力。

（5）持续优化。在内部控制体系设计时未见得就能考虑得很周全，在体系运行一段时间后，要持续优化。当然，在优化前，要有一个僵化运行的时间，通常半年以上，确实感觉不符合管理要求时再优化。不能因为工作态度等执行不到位，就改动体系。体系是企业管理基础，不能想当然地改变，这要求在体系设计时，核心人员必须经过充分讨论与沟通后确定，还要经过一段时间的实践验证。

（6）内控信息化。内部控制体系完善实际上就是一个"僵化—优化—固化"的过程，僵化、优化前面已经讲了，"固化"就是在适当时机将内部控制措施嵌入到企业的信息系统，实现对业务和事项的自动化控制，减少或消除人为操纵因素。

七、持续提高

许多内部控制建设单位体会到，《内部控制手册》编制完成仅仅是内部控制体系建设开端，落实才是关键，有些内容有待通过实践验证，有些内容随经济形势变化及管理要求的提升，也需不断修订完善。要形成良好的风险管理文化，需要组织广大员工学习，认清风险的本质及变化规律。

《手册》编写过程中还要充分考虑成本效益原则。内部控制体系在运行中，企业管理层还要不断进行自我评价，关注运行中的问题及解决办法，揭示组织及商业流程中的漏洞，分析并寻找产生根源，拟定应对策略。

本书在编辑过程中得中国风险管理者联谊会领导及专家们的指导与支持，在此，表示衷心的感谢！

由于内部控制体系建设是在新常态下的一项新型的风险管控模式，也是防腐倡廉实施的必经途径，具有管理的实践性和时代性特征。由于对内控及风险管理学习及实践的不足，错误难免，敬请广大读者赐教。

《手册》是一种支持，它可以汇聚各方智慧于一体，提醒人们不要忘记关键控制点和某些应对风险的必要方法与步骤，给工作者指明了应该做什么，怎么做才不犯错误；《手册》可以帮助人们协调工作，充分发挥集体正能量，或把处理复杂问题的权力分给现场责任者，提高决策的效率和效果；《手册》可以提高管理人员的思维能力，提高思维效率，使管理人员的头脑不被繁杂的检查等项目所占据。如果《手册》起不到有益的作用，它就没有存在的必要。

编者

2015 年 10 月 4 日

于北京科技大学

目　录

引　言

一、《内部控制手册》的编制目的和意义

为加强××××有限公司（以下简称"公司"）内部控制体系建设，按照内控体系建设要求和《公司章程》，围绕公司发展战略目标，理顺业务流程，识别影响公司目标的战略风险、市场风险、运营风险、财务风险、法律风险等方面的主要风险，以及采取应对风险的关键控制活动，以提高公司经营管理水平和风险防范能力，较好实现公司目标，特制定本手册。

《内部控制手册》是指导公司建立健全内部控制、进行风险管理的基础性文件，它将公司风险管理措施以书面形式展示和固化，明确风险管理流程和风险管理岗位，是公司风险管理规范化的重要标志。通过完善公司内部控制，对实现公司经营合法合规、资产安全有效、财务报告真实可靠，提升经营效率与效果，促进战略目标的实现有重要意义。

通过宣传贯彻内部控制手册，可以增强员工风险管理意识，树立风险管理理念，培育和塑造良好的风险管理文化，提升员工风险管理素质。

二、《内部控制手册》的编制依据和原则

（一）编制依据

（1）财政部等五部委颁布的《企业内部控制基本规范》、《企业内部控制应用指引》。

（2）COSO《内部控制框架》。

（3）公司章程。

（4）公司的各项管理制度。

（二）编制原则

《内部控制手册》的编制工作，是一项政策性和专业性很强的工作，在编制过程中主要遵循以下基本原则：

（1）全面性原则。《内部控制手册》覆盖公司的各项业务和事项，贯穿决策、执行和监督的全过程，全面覆盖公司的各种业务和事项。

（2）重要性原则。《内部控制手册》在兼顾全面的基础上关注重要业务事项和高风险领域。

（3）成本效益原则。《内部控制手册》的编制应当充分权衡实施成本和预期效益的关系，以适当的成本实现有效控制。

（4）适应性原则。《内部控制手册》的编制应当符合国家有关规定和企业实际情况，并随着外部环境变化、企业经营活动的调整和管理要求提高，进行不断的修订和完善。

三、《内部控制手册》的编制框架

《内部控制手册》基于财政部等五部委《企业内部控制基本规范》所确立的控制要素并参考 COSO 报告内部控制整体框架 5 要素，涵盖公司经营管理的各个层级和各项业务环节。如图 0 - 1 所示。

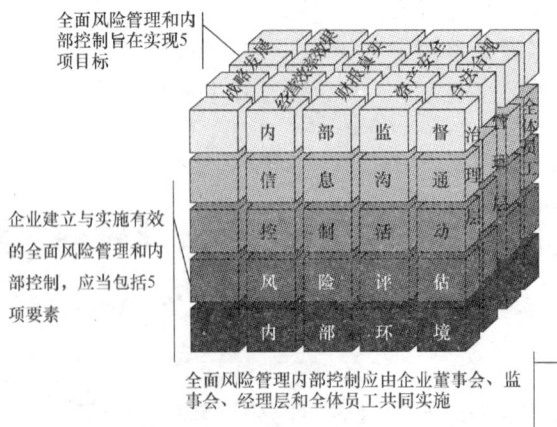

图 0 - 1　COSO 报告 5 要素

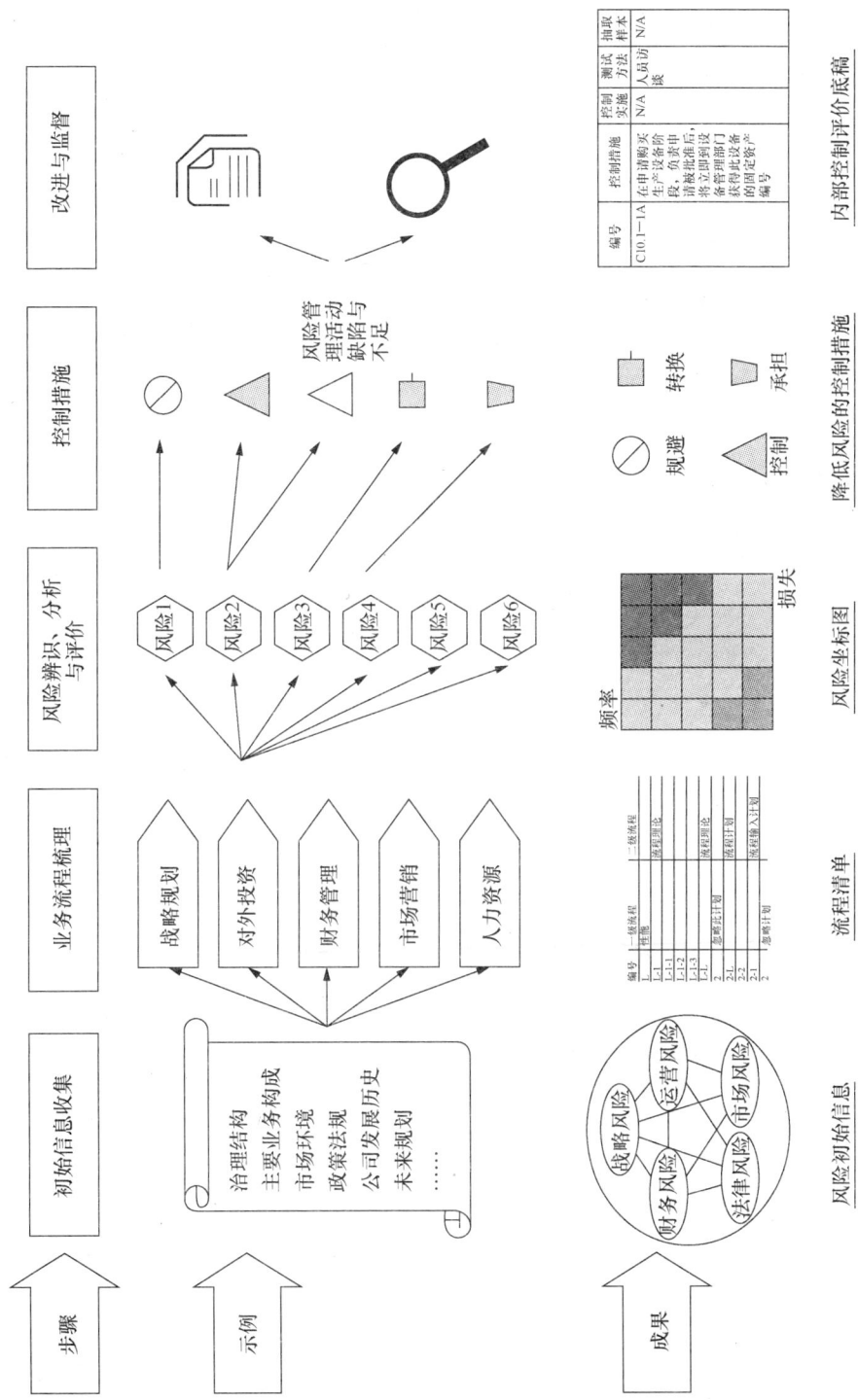

图0-2 风险评估

步骤：初始信息收集　业务流程梳理　风险辨识、分析与评价　控制措施　改进与监督

示例：
- 治理结构　主要业务构成　市场环境　政策法规　公司发展历史　未来规划……
- 战略规划　对外投资　财务管理　市场营销　人力资源
- 风险1　风险2　风险3　风险4　风险5　风险6
- 风险管理活动缺陷与不足
- 规避　控制　转换　承担

成果：
- 风险初始信息：战略风险　运营风险　市场风险　法律风险　财务风险
- 流程清单
- 风险评估　风险坐标图（频率／损失）
- 降低风险的控制措施
- 内部控制评价底稿

内部控制框架包括内部环境、风险评估、控制活动、信息与沟通和内部监督。

(一) 内部环境

内部环境是实施内部控制的重要基础，主要包括组织治理结构、发展战略、人力资源政策、社会责任等内容。它不仅影响公司战略和经营目标的制定，业务活动的组织，对风险的识别、评估和应对，还影响公司控制活动、信息与沟通以及监控活动的设计和执行。内部环境是内部控制体系的基础。

(二) 风险评估

风险评估是公司识别、分析和评价影响控制目标实现的各种不确定因素的过程，是风险管理的基础。公司开展风险评估，应当准确识别那些与实现控制目标相关的内部风险和外部风险，确定相应的风险承受度。

风险承受度是公司能够承担的风险限度，包括整体风险承受能力和业务层面的可接受风险水平。公司根据风险分析的结果，在治理环境等20个业务循环层面可承担低水平风险。如图0-3所示。

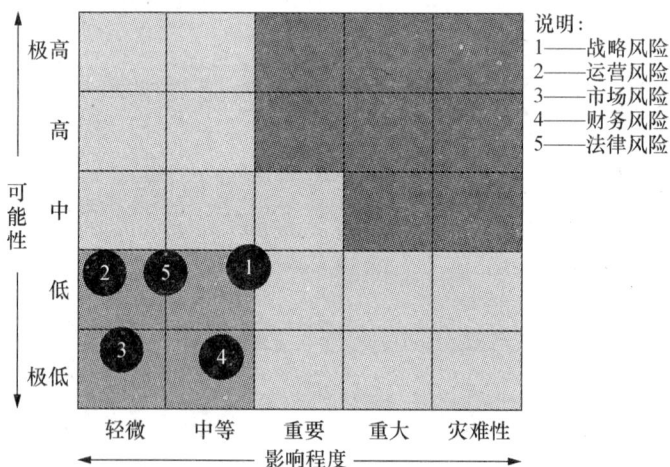

图0-3 公司风险评估示意图

(三) 控制活动

控制活动是指为确保内部控制目标得以实现的政策和程序，是根据风险评估结果、采用相应的关键控制活动确保公司内部控制目标得以实现的方法和手段，是实施内部控制的具体方式。根据《企业内部控制基本规范》和《企业内部控制应用指引》的要求，公司的控制活动在设计上涵盖了以下控制类型。

（1）不相容职务分离控制。不相容职务分离控制要求公司全面系统地分析、梳理业务流程中所涉及的不相容职务，实施相应的分离措施，形成各司其职、各负其责、相互制约的工作机制。

（2）授权审批控制。授权审批控制，也称职责权限控制，它要求公司根据常规职责权限和特别授权的规定，明确各岗位办理业务和事项的权限范围、审批程序和相应作为的责任；各级管理人员在职责权限范围内行使职权和承担责任；对于重大的业务和事项，按照《"三重一大"决策制度》的要求，实行集体决策审批和联签制度，任何个人不得单独进行决策或者擅自改变集体决策。

（3）会计系统控制。会计系统控制要求公司严格执行国家统一的会计准则制度，加强会计基础工作，明确会计凭证、会计账簿和财务会计报告的处理程序，保证会计资料真实完整；依法设置会计机构，配备会计从业人员；从事会计工作的人员，必须取得会计从业资格证书；会计机构负责人具备会计师以上专业技术职务资格。

（4）财产保护控制。财产保护控制要求公司建立财产日常管理制度和定期清查制度，采取财产记录、实物保管、定期盘点、账实核对等措施，确保财产安全；严格限制未经授权的人员接触和处置财产。

（5）预算控制。预算控制要求公司实施全面预算管理制度，明确各责任单位在预算管理中的职责权限，规范预算的编制、审定、下达和执行程序，强化预算约束。

（6）运营分析控制。运营分析控制要求公司建立运营情况分析机制。经理层综合运用投资、筹资、财务等方面的信息，通过因素分析、对比分析、趋势分析等方法，定期开展运营情况分析，发现存在的问题，及时查明原因并加以改进。

（7）绩效考评控制。绩效考评控制要求公司建立和实施绩效考评制度，科学设置考核指标体系，对内部各责任单位和全体员工的业绩进行定期考核和客观评价，将考评结果作为确定员工薪酬以及职务晋升、评优、降级、调岗、辞退等的依据。

（8）其他的适合公司的控制。

（四）信息与沟通

信息与沟通是公司经营管理所需的信息被识别、获得并以一定形式及时、有效、准确地传递，以便员工履行职责的一种方式。信息不仅包括内部产生的信息，还包括与公司经营决策和对外报告相关的外部信息。畅通的沟通渠道和机制能使员工及时取得他们在执行、管理和控制公司经营过程中所需的信息。它是确保信息收集及时、准确、完整、传递有效并正确应用的过程。

（五）内部监督

内部监督是实施内部控制的重要保证，包括对建立并执行内部控制的整体情况进行持续性监督检查，评价内部控制的有效性，发现内部控制缺陷，以及提交相应的检查报告、提出有针对性的改进措施等。它是对内部控制的健全性、合理性和有效性进行监督检查与评估，形成书面报告并做出相应处理的过程。

公司审计监察室具有履行对内部控制的监督检查职能，有权定期、不定期对内部控制的所有环节进行检查与监督，加强对公司内部控制整体有效性的日常监督与评估，跟踪整改和纠正措施的落实情况。

为保证会计核算合法合规，建立内部会计监督检查机制，定期及时地履行会计监督检查程序。

四、内部控制工作机制

内部控制工作机制包括内部控制组织体系与职责分工、内部控制工作流程、监督与考核三部分。目的是明确公司各层级人员内部控制责任，建立内部控制的长效运行机制。

（一）内部控制组织体系与职责分工

1. 内部控制的组织架构

内部控制组织架构建立在公司现有组织架构基础上，由决策、执行、监督三个层面构成。如图 0-4 所示。

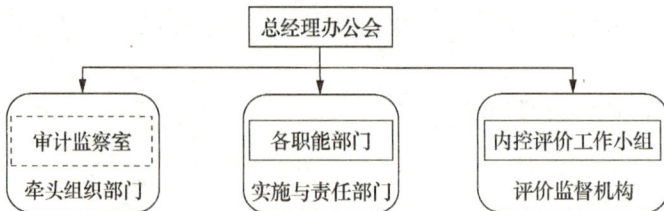

```
                    ┌──────────┐
                    │ 总经理办公会 │
                    └──────────┘
         ┌──────────────┼──────────────┐
   ┌───────────┐  ┌───────────┐  ┌─────────────┐
   │  审计监察室  │  │  各职能部门  │  │ 内控评价工作小组 │
   └───────────┘  └───────────┘  └─────────────┘
     牵头组织部门       实施与责任部门      评价监督机构
```

图 0-4 内部控制组织架构

2. 工作职责

公司内部控制组织体系包括总经理办公会、内部控制分管领导、审计监察室、各职能部门、内控评价工作小组。

（1）总经理办公会。总经理办公会负责内部控制工作的日常管理决策机构。主要职责如下：

1）审议公司《内部控制手册》及其更新变动；

2）审议年度内控自我评价报告等内部控制工作报告；

3）审批公司内部控制组织体系构成及其职责权限；

4）审批公司对职能部门的考核方案；

5）指导落实公司其他内部控制相关事项。

（2）内部控制分管领导。分管领导是公司内部控制工作直接负责人。主要职责如下：

1）审核公司《内部控制手册》及其更新变动；

2）审核年度内控自我评价报告等内部控制工作报告；

3）审核公司对职能部门的考核方案；

4）办理有关内部控制的其他事项。

（3）审计监察室。审计监察室是公司内部控制建设的牵头组织部门。其主要职责如下：

1）根据公司安排，牵头组织、协调推进公司层面的内部控制体系建设；

2）组织协调各部门完成《内部控制手册》的编制与更新工作；

3）牵头组织内部控制年度评价工作；

4）协助各专业职能部门完成监管机构、上级单位和中介机构关于内部控制工作的检查、审计工作；

5）参与协调公司跨部门重大的内部控制缺陷整改方案的落实；

6）完成公司交办的有关内部控制的其他事项。

（4）各职能部门。各职能部门是公司内部控制工作的责任主体。其中，各职能部门负责人为本单位内部控制工作的第一责任人。主要职责如下：

1）负责本部门内部控制组织体系、工作机制、内部控制制度及《内部控制手册》等的建设工作；

2）执行公司内部控制基本流程，并根据要求上报相关工作报告；

3）负责本单位责任范围内的初始信息收集、风险评估、风险管理策略和解决方案制定、风险监督改进、内控优化等工作；

4）负责其他内部控制与日常管理工作。

（5）内控评价工作小组。在总经理办公会领导下，由审计监察室牵头，组织各部门负责人或业务骨干组成的内部控制评价工作小组（以下简称"评价小组"）。评价小组是公司内部控制的评价机构，负责对内部控制的设计和运行的有效性履行评价职能。

（二）内部控制工作流程

内部控制工作流程主要包括风险评估、风险管理策略制定、内控制度制定、内控措施运用和内控评价5个工作流程。内部控制各工作流程是相辅相成、闭环运行的有机整体，任何单个流程离开其他流程独自运转都达不到应有的风险管控效果。内部控制工作流程如图0-5所示。

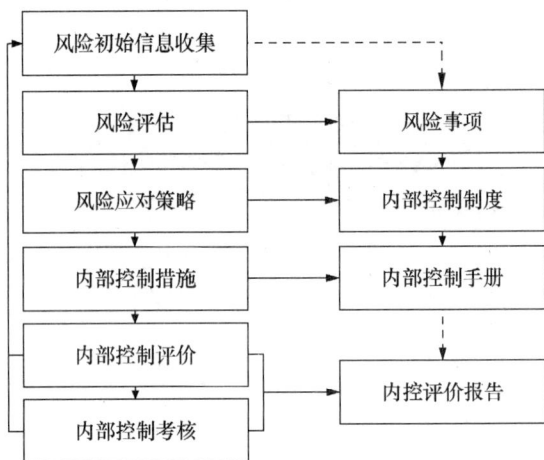

图0-5　内部控制工作流程

（三）监督与考核

监督与考核是指对内部控制的效果及效率进行持续监督与考核评价，包括两个方面：一是对公司各职能部门内部控制工作执行情况进行定期检查，对内部控制工作任务的完成情况进行考核，并根据监督或考核的结果，对公司内部控制工作进行改进与完善；二是对风险内控部门的内部控制工作完成情况和完成效果进行考核，督促公司内部控制工作的持续完善。

内部控制考核内容包括对内部控制体系建设工作效果的考核。考核指标和考核标准的设定，主要关注以下方面：

（1）是否按计划完成了本单位的内部控制体系建设工作；

（2）是否按要求参与了公司内部控制的各项工作；

（3）本单位内部的风险管理职责是否得到了清晰的界定和落实；

（4）重大风险的监控报告和应对是否全面、及时、有效；

（5）内控评价、外部审计发现的重大缺陷的数量；

（6）有无重大风险发生并对公司战略目标造成重大影响。

审计监察室有责任对公司的内部控制工作进行独立监督，审计监察室应当定期（每年至少一次）对公司《内部控制手册》执行情况及执行效果进行监督评价。审计监察室对内部控制工作的监督和评价可以结合年度审计、任期审计或专项审计一起进行。公司内部控制考核指标是公司年度绩效考核指标的组成部分，遵照公司年度绩效考核制度和相关流程开展；公司内部控制工作由审计监察室按照内部控制管理工作流程开展。公司可聘请外部咨询机构定期对公司内部控制进行评价，促进和完善公司内部控制评价和监督工作。

五、《内部控制手册》内容结构

（一）总体内容结构

根据五部委颁布的《企业内部控制基本规范》和配套的《企业内部控制应用指引》，并结合 COSO 内部控制框架以及公司业务特征、管理要求，公司内部控制手册一级流程共有 20 个，具体内容及代码列示如图 0 - 6 所示。

（二）流程内容结构

《内部控制手册》各部分由流程总述、职责分工、不相容职责表、控制目标、风险控制矩阵、流程图、参考制度、相关报告及表单 8 部分组成。

（1）流程总述：总体介绍该部分内容以及所包含的具体子流程以及子流程之间的关系；介绍各子流程包含的具体业务环节和内容。

（2）职责分工：介绍各子流程中所涉及的主要相关部门/岗位的具体职责分工描述。

（3）不相容职责表：提示在设计流程中所涉及的控制活动中，须对控制活动的执行岗位考虑职责分离的要求，确保不存在不相容职责未分离的风险。

（4）控制目标：介绍内控规范的五大目标（即经营管理合法合规、资产安全、财务报告及相关信息真实完整、经营效率和效果、实现发展战略）在各业务循环中的体现与结合。

```
                        ┌──────────────┐
                        │  内控循环划分  │
                        └──────────────┘
```

内部环境	风险评估	内部监督	控制活动	信息与沟通
01OS治理环境	04RM风险评估	20MO内部监督	02DS战略管理	18SR社会责任
03CC企业文化			05SC子公司管理	
			06PB全面预算	
			07LA投资与担保	
			08MD市场营销	
			09HR人力资源	
			10PC财务管理	
			11BD融资管理	
			12PU采购管理	
			13AS资产管理	
			14PM物业管理	
			15RD房地产开发	
			16AD行政管理	
			17CO合同与法务	
			19IS信息系统	

图0-6 一级流程

（5）风险控制矩阵：以表格形式汇总展现各子流程的控制目标、风险事项、关键控制活动、制度索引与控制痕迹、剩余风险评级、风险控制责任部门及岗位。

（6）流程图：以流程图的形式补充说明流程操作步骤，使风险控制矩阵更容易理解。

流程图图标说明如图0-7所示。

（7）参考制度：列示各子流程所涉及的外部制度和内部制度。

（8）相关报告及表单：列示各子流程中所涉及的报告和表单。

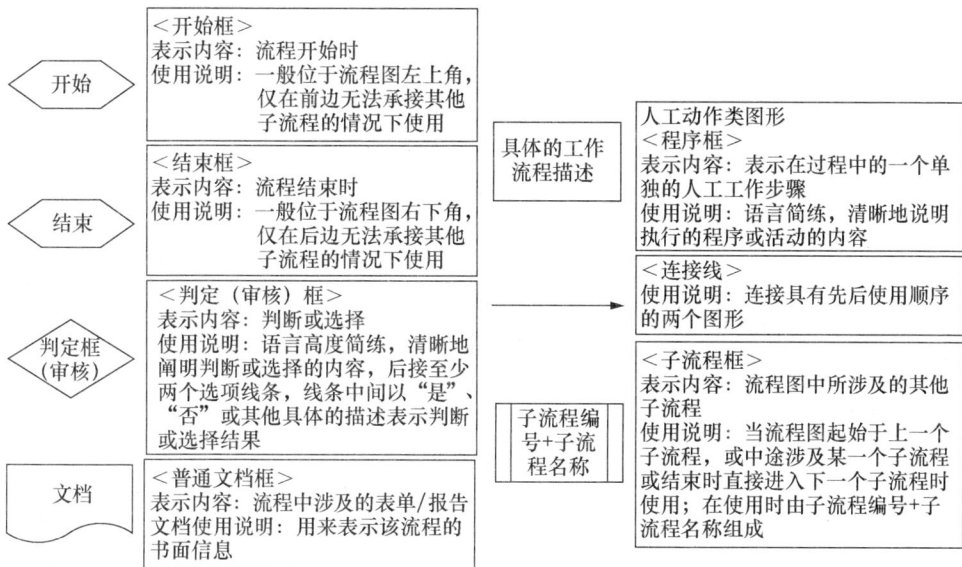

图 0-7　流程图图标说明

六、《内部控制手册》的局限性

内部控制存在的固有局限性，只能为企业的控制目标实现提供合理而非绝对的保证。一般而言，内部控制的局限性主要表现为以下几方面。

（1）越权管理：管理高层缺乏约束，可能出现管理高层滥用职权现象，导致风险管理体系失效。

（2）串通舞弊：企业内部不相容职务的人员相互串通作弊，与此相关的风险管理和内部控制失去作用。

（3）人员素质：企业内部行使控制职能的人员素质不适应岗位要求，也会影响风险管理与内部控制功能的正常发挥。

七、《内部控制手册》 的维护更新与使用

（一）维护更新

《内部控制手册》（以下简称《内控手册》）应根据国家政策法规变化、业务发展、经营环境、管理要求、实际风险水平等多种因素不断进行更新。在对具体内容进行更新修订时，由相关职能部门提出和拟定初稿，经公司相关部门审查会签并经公司董事会审议通过后生效实施。职能部门将更新的内容递交审计监察室，审计监察室每年组织一次行动对《内控手册》进行集中更新。公司总经理办公会议会对内部控制建立和实施情况进行指导及监督。

《内部控制手册》的更新标识以版本号方式辨别，新版手册的颁布实施和旧版内控手册的保存归档由公司审计监察室负责。

（二）手册使用说明

（1）记录方式。《内控手册》主要采用文字、图表等形式将各业务流程的控制目标和关键控制活动加以描述和说明。

（2）特别说明。《内控手册》旨在归纳标准化程度较高或发生频率较高的业务流程，所以难以涵盖偶然发生的例外事项、业务活动中涉及的所有管理政策、管理报表或者单据的格式及技术指标等内容。

第一章　治理环境管理（OS）

提示：企业作为一个系统，总是在一定的环境下运行。内部环境是企业实施内部控制的基础，一般包括治理结构、机构设置及权责分配、内部审计、人力资源政策、企业文化等。治理环境是对企业现行内部环境进行规范化调整，使其符合形势需要，以更好地促进企业发展。

治理环境流程规定了××××有限公司（以下简称"公司"）有关公司治理权限、范围、组织架构设立与调整、职责权限的设立与授权等工作流程。旨在规范公司治理结构、组织架构及职责权限管理的具体流程，努力避免或降低公司在建立治理环境工作中存在的风险。

本流程涉及的具体子流程如表1-1所示。

表1-1　具体子流程

子流程编号	涉及主要环节/内容
OS-01 治理结构	涉及公司治理环境，机构规范的建立，程序的运行、监督、考核等流程
OS-02 组织架构	涉及公司组织架构的设立与变更、审核与审批、评价等流程
OS-03 职责权限	涉及公司部门与岗位职责权限的设计、授权、运行与维护、监督与考核等流程

一、治理结构

（一）概述

治理结构规定了公司及其控股子公司（以下简称"子公司"）有关涉及公司

权力机构的设立、权限及履权程序、高级管理人员的工作权责与要求以及监事机构对权力机构和高管事权的监督等工作流程。旨在规范公司治理结构方面的各项具体工作，努力降低和避免公司治理中存在的风险。

（二）适用范围

适用于公司及子公司。

（三）相关制度

➤ 《公司章程》。
➤ 《董事会议事规则》。
➤ 《党委会议事规则》。
➤ 《总经理办公会议事规则》。
➤ 《组织架构和定岗定编管理制度》。
➤ 《职责权限管理制度》。
➤ 《落实"三重一大"决策制度的实施意见》。

（四）职责分工

1. 股东
➤ 负责设立、调整公司董事会、监事会等权力与监督机构。
➤ 负责赋予公司最高权力机构的经营运作的最高决策权力。
➤ 负责赋予公司监事机构监督权力。
➤ 决定公司的经营方针和投资计划。
➤ 委派和更换由非职工代表担任的董事、监事。
➤ 审议、批准董事会的报告。
➤ 审议、批准监事会的报告。
➤ 审议、批准公司的年度财务预算方案、决算方案。
➤ 审议、批准公司的利润分配方案和弥补亏损方案。
➤ 对公司增加或者减少注册资本做出决定。
➤ 对发行公司债券做出决定。
➤ 对公司合并、分立、解散、清算或者变更公司形式做出决定。
➤ 修改公司章程。

2. 董事会
➤ 向股东报告工作。
➤ 执行股东的决定。

➤ 决定公司的经营计划和投资方案。

➤ 制定公司的年度财务预算方案、决算方案。

➤ 制定公司的利润分配和弥补亏损方案。

➤ 制定公司增加或者减少注册资本以及发行公司债券的方案。

➤ 拟定公司合并、分立、解散或者变更公司形式的方案。

➤ 制订公司国有产权转让、企业改制的计划。

➤ 负责公司全面风险管理工作。

➤ 根据股东授权审批权限，审批核准资产损失。

➤ 根据股东的管理制度和授权，决定公司对外投资、收购出售资产、资产抵押、对外担保事项、委托理财、关联交易、对外借款等事项。

➤ 决定公司内部管理机构的设置并报股东备案。

➤ 决定聘任或者解聘公司总经理及其报酬事项，并根据总经理的提名，决定聘任或者解聘公司副总经理、总经理助理、财务负责人及其报酬事项。

➤ 制定公司的基本管理制度。

➤ 制定公司章程的修改方案。

➤ 向股东提请聘请或更换为公司审计的会计师事务所。

➤ 法律、行政法规、部门规章、其他有效法律文件或本章程授予的其他职权。

3. 监事委员会

➤ 检查公司财务。

➤ 对董事、高级管理人员执行公司职务的行为进行监督，对违反法律、行政法规、公司章程或者股东决定的董事、高级管理人员提出罢免的建议。

➤ 当董事、高级管理人员的行为损害公司的利益时，要求董事、高级管理人员予以纠正。

➤ 向股东提出提案。

➤ 依法对董事、高级管理人员提出诉讼。

4. 总经理办公会议

➤ 总经理向董事会负责，行使以下职权：

　● 向董事会报告工作。

　◉ 主持公司的生产经营管理工作，组织实施董事会决议。

　● 组织实施公司年度经营计划和投资方案。

　● 拟定公司的年度财务预算方案、决算方案。

　● 拟定公司的利润分配和弥补亏损方案。

　● 拟定公司增加或者减少注册资本以及发行公司债券的方案。

- 拟定公司合并、分立、解散或者变更公司形式的预案。
- 拟定公司国有产权转让、企业改制的方案。
- 实施公司的全面风险管理工作。
- 根据股东授权审批权限，审批核准资产损失；除国资委的"三重一大"的集团决策审批权限以外资产损失的核准。
- 拟定公司对外投资、收购出售资产、资产抵押、对外担保事项、委托理财、关联交易、融资方案。
- 拟定公司内部管理机构的设置方案。
- 提请聘任或者解聘公司副总经理、"三总师"（总经济师、总会计师、总工程师）、总经理助理、财务负责人。
- 拟定公司的基本管理制度。
- 制定公司的具体规章。
  ➤ 审议公司除国资委的"三重一大"的集团决策审批权限以外的专项租赁审批、专项租赁报备方案。
- 决定聘任或者解聘除应由董事会决定聘任或者解聘以外的管理人员。
- 公司章程其他条款规定的、其他有效法律文件授予的及董事会授予的其他职权。
  ➤ 总经理列席董事会会议。
  ➤ 总经理拟定有关职工工资、福利、安全生产以及劳动保护、劳动保险、劳动合同等涉及职工切身利益的问题时，应当听取工会或者职代会的意见。
  ➤ 总经理办公会议定有关公司的方案生产、经营、管理等重大事项。

（五）不相容职责

表 1-2　不相容职责

岗位职责	重要事项决策	重要事项监督
重要事项决策		×
重要事项监督	×	

注：×表示不相容职责。

（六）关键流程

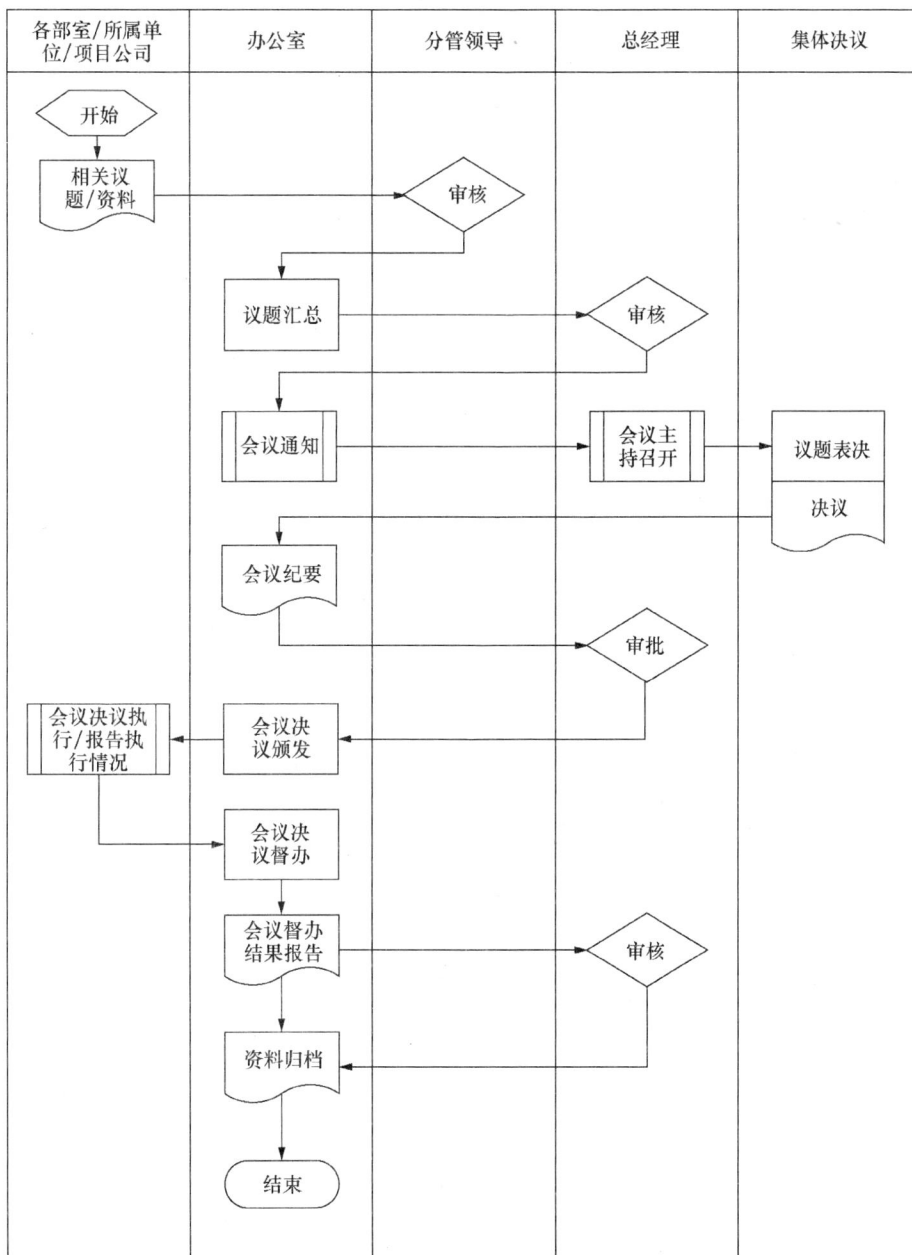

图1-1 总经理办公会议流程

监事会	监事	相关部门

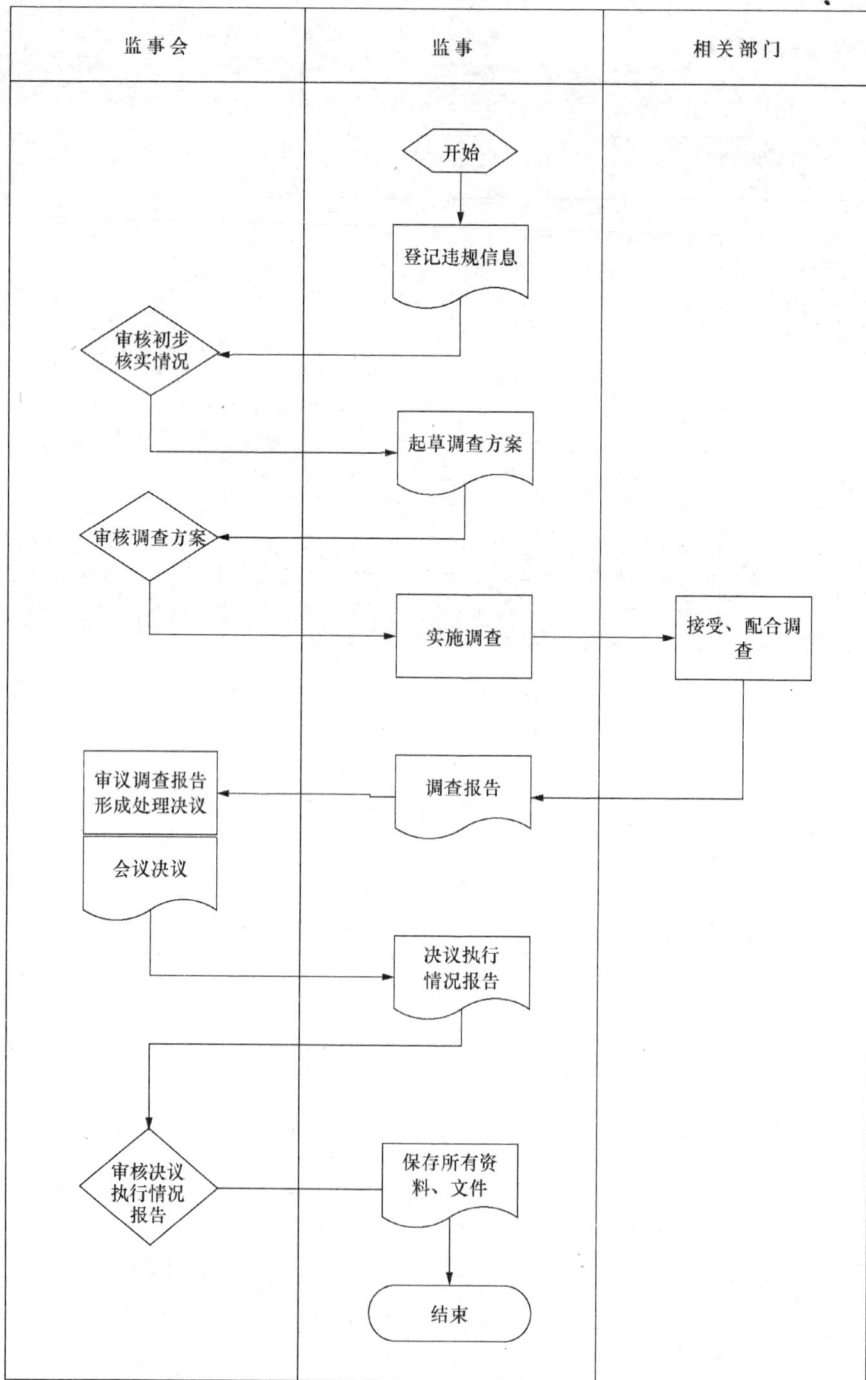

图1-2 监事会违规行为检查流程

（七）控制目标

表1-3 控制目标

序号	《内控手册》具体控制目标编号	拟实现的内控目标	内控目标具体描述
1	OS - CO - 1	合法合规性目标	保证治理结构工作开展符合国家有关法律法规规定
2	OS - CO - 2	财务报告目标	不适用
3	OS - CO - 3	资产安全目标	不适用
4	OS - CO - 4	经营效率和效果目标	提升公司运营效率和经营效果
5	OS - CO - 5	发展战略目标	促进公司发展战略目标的实现

（八）风险控制矩阵

表1-4 风险控制矩阵

对应控制目标编号	风险编号	风险事项描述	关键控制措施编号	关键控制措施	对应制度	控制痕迹	风险责任部门	风险责任岗位
OS - CO - 1 OS - CO - 4 OS - CO - 5	OS - R - 101	公司治理结构和议事规则不规范、形同虚设，缺乏科学决策、良性运行机制和执行力，可能导致企业经营失败，难以实现发展战略	OS - CA - 101	第十六条 董事会决议落实：办公室负责落实董事会决议，检查决议的实施情况，并在以后的董事会会议上通报已经形成的决议的执行情况	董事会议事规则	董事会决议执行情况报告	董事会	董事长
OS - CO - 1 OS - CO - 4 OS - CO - 5	OS - R - 102	高级管理职员履行职能不力，可能导致公司利益和股东权益受损	OS - CA - 102	第十九条 董事、监事、高级管理人员执行公司职务时违反法律、行政法规或者公司章程的规定，给公司造成损失的，应当承担赔偿责任。第十三条 对董事、高级管理人员执行公司职务的行为进行监督，对违反法律、行政法规、公司章程或者股东决定的董事、高级管理人员提出罢免的建议	公司章程/总经理办公会议事规则	监事会对公司高级管理人员履责的监督报告	监事会	监事会

对应控制目标编号	风险编号	风险事项描述	关键控制措施编号	关键控制措施	对应制度	控制痕迹	风险责任部门	风险责任岗位
OS－CO－1 OS－CO－4 OS－CO－5	OS－R－103	未设立监事机构或监事会履行职能不力，可能导致公司利益和股东权益受损	OS－CA－103	第十二条　公司设监事会，成员为 5 人，其中职工代表的比例不得低于三分之一。监事任期每届 3 年，任期届满，可以连选连任。第十四条　监事会发现公司经营情况异常，可以进行调查；必要时，可以聘请会计师事务所等协助其工作，费用由公司承担	公司章程	监事会会议纪要	监事会	监事会

二、组织架构

（一）概述

组织架构规定了公司及其控股子公司有关涉及公司组织结构设计、规划、变更的程序。旨在规范公司组织架构方面的各项具体工作，努力避免或降低公司组织架构建设中存在的风险。

（二）适用范围

适用于公司及子公司。

（三）相关制度

➤《组织架构和定岗定编管理制度》。
➤《党委会议事规则》。
➤《落实"三重一大"决策制度的实施意见》。
➤《职责权限管理制度》。

（四）职责分工

1. 董事会

➤ 负责审批公司架构的设置及调整。

2. 总经理办公会

➤ 负责审议公司架构的设置。

3. 人力资源部

➤ 根据总经理提议，具体负责拟定公司架构设置及调整方案，拟定架构内岗位设置及调整方案，报总经理办公会审议通过后，按重大事项报党委会审议后，提交董事会审批决定后执行。

4. 审计监察室

➤ 审查架构的整体架构是否合理、不相容职务是否分离、职能是否存在交叉重叠等，并向公司董事会提出审核意见。

5. 各用人部室

➤ 应该按照集团人力资源部核准的岗位定员编制，安排任职人员，且须保证把本部室的全部职责分解到每一个岗位，并根据实际情况合理细化。

（五）不相容职责

表 1-5　不相容职责

岗位职责	方案提出	方案审批	设立/调整/撤销执行	方案/运行评估	方案/运行监察
方案提出		×			×
方案审批	×		×	×	×
设立/调整/撤销执行		×			×
方案/运行评估		×			
方案/运行监察	×	×	×		

注：×表示不相容职责。

（六）关键流程

相关单位	人力资源部	总经理办公会/ 分管领导	党委会	董事会

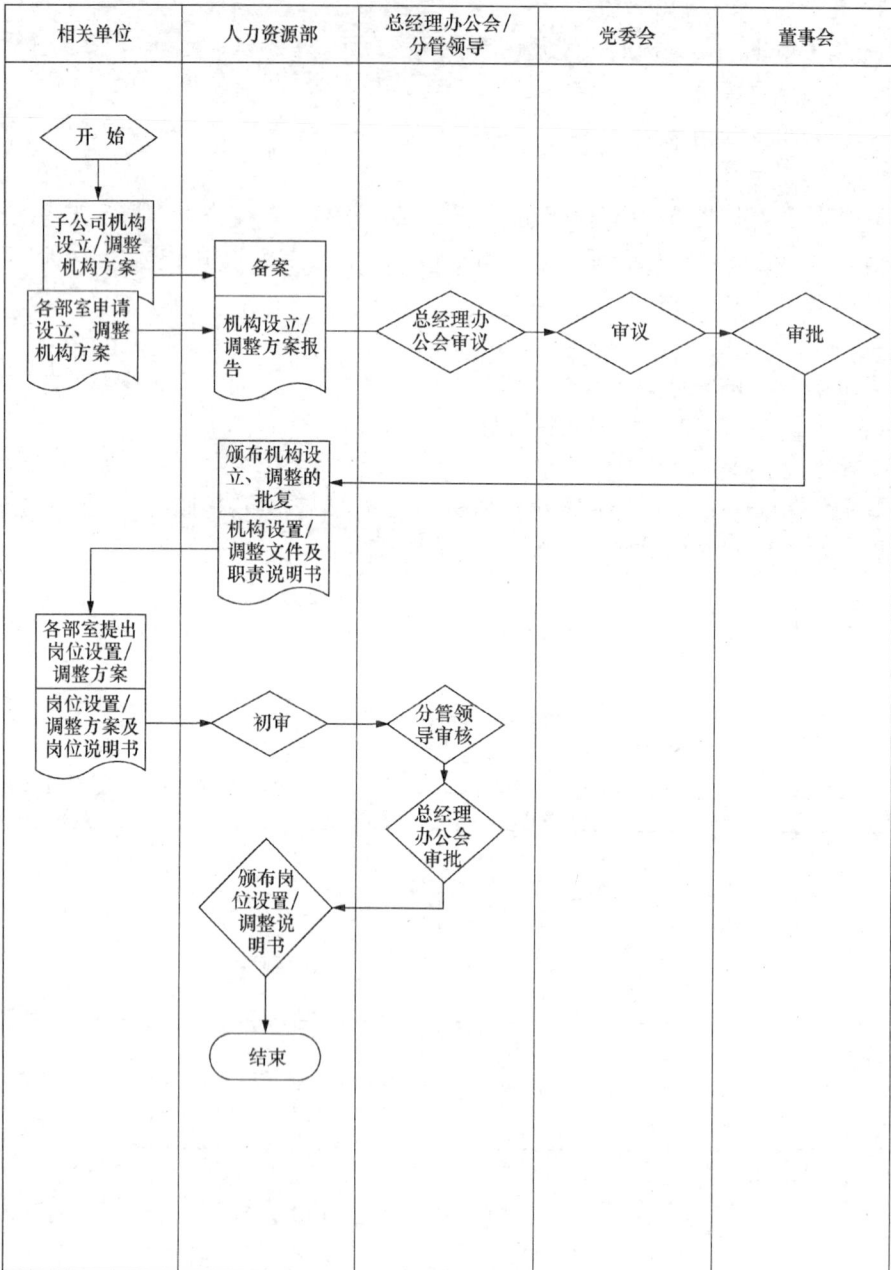

图1-3 组织架构管理流程

（七）控制目标

表1-6　控制目标

序号	《内控手册》具体控制目标编号	拟实现的内控目标	内控目标具体描述
1	OS－CO－1	合法合规性目标	保证组织架构管理工作开展符合国家有关法律法规规定
2	OS－CO－2	财务报告目标	不适用
3	OS－CO－3	资产安全目标	不适用
4	OS－CO－4	经营效率和效果目标	提升公司运营效率和经营效果
5	OS－CO－5	发展战略目标	促进公司发展战略目标的实现

（八）风险控制矩阵

表1-7　风险控制矩阵

对应控制目标编号	风险编号	风险事项描述	关键控制措施编号	关键控制措施	对应制度	控制痕迹	风险责任部门	风险责任岗位
OS－CO－1 OS－CO－4 OS－CO－5	OS－R－201	公司未制定组织架构管理制度，使得组织架构的设计、变更管理不规范，可能导致组织架构管理混乱，影响战略目标实现	OS－CA－201	第一条　为规范公司组织机构和岗位设置、调整和更新工作，进而达到建立高效、精干的组织机构、防范潜在经营管理风险的目的，根据《中华人民共和国公司法》及公司《章程》规定，结合公司经营管理状况，特制定本组织架构与定岗定编管理制度	组织架构和定岗定编管理制度	组织架构图	人力资源部	经理

续表

对应控制目标编号	风险编号	风险事项描述	关键控制措施编号	关键控制措施	对应制度	控制痕迹	风险责任部门	风险责任岗位
OS－CO－1 OS－CO－4 OS－CO－5	OS－R－202	组织架构设计不科学，权责分配不合理、不清晰，可能导致机构重叠、职能交叉或缺失、推诿扯皮，运行效率低下	OS－CA－202	第八条 组织机构的设立应根据公司的战略规划和经营管理工作需要，以提高管理效率、降低经营成本为原则。第九条 组织机构设立，必须要求执行机构与监督机构实行分离。第十条 组织机构间职能设置不能重叠、不能遗漏，部室岗位工作职责应明确界定	组织架构和定岗定编管理制度	部门机构职责权限说明书	人力资源部	经理
OS－CO－1 OS－CO－4 OS－CO－5	OS－R－203	公司审计部未保持独立性，可能导致不符合相关法规规定，存在舞弊的可能	OS－CA－203	第十一条 （二）为保证公司内部审计工作的独立性，审计监察室应定期向董事会报批审计计划，报审计报告	组织架构和定岗定编管理制度	年度审计计划及相关审批文件	审计监察室	主任
OS－CO－1 OS－CO－4 OS－CO－5	OS－R－204	组织架构变更未经过授权审批，可能导致组织架构设置混乱，管理信息传递不畅，影响经营效率	OS－CA－204	第十三条 集团人力资源部进行相关调研，审核架构设置及调整的必要性、架构职责分工的合理性，并拟定相应方案，经公司总经理办公会议通过，作为"三重一大"事项报党委会后，报董事会审议批准后实施	组织架构和定岗定编管理制度／党委会议事规则	组织架构调整方案及相关审批文件／落实"三重一大"决策制度的实施意见	人力资源部	经理

三、职责权限

（一）概述

职责权限规定了公司及其控股子公司（以下简称"子公司"）有关完善公司治理结构，强化公司对各部室及所属单位的统一管理，实现集中决策和适当分权相结合，达到合理平衡，以满足为实现公司战略目标和对由此产生的各项运营风险进行策略控制的经营管理的需要方面的各项具体工作，努力降低和避免公司职责权限设置与赋权存在的风险。

（二）适用范围

适用于公司及子公司。

（三）相关制度

➢《公司章程》。

➢《董事会议事规则》。

➢《党委会议事规则》。

➢《总经理办公会议事规则》。

➢《组织架构和定岗定编管理制度》。

➢《职责权限管理制度》。

➢《落实"三重一大"决策制度的实施意见》。

（四）职责分工

1. 股东

➢ 负责设立、调整公司董事会、监事会等权力与监督机构。

➢ 负责赋予公司最高权力机构的经营运作的最高决策权力。

➢ 负责赋予公司监事机构监督权力。

2. 董事会

➢ 负责常规职责权限的授权。其形式是通过公司的相关规章制度中的业务环节流程条款体现的。经过公司权力机构审议通过，并公开颁发后生效实施。

➢ 负责对临时设立机构以文件形式颁发的临时机构职责权限。

3. 法定代表人

➢ 负责向相关业务岗位责任人的《委托授权书》。

4. 相关终审权岗位领导（如董事长、总经理等）

➢ 由于临时离开工作岗位而授予公司其他岗位责任人，代行其终审岗位职责权限的《委托授权书》。

（五）不相容职责

表1-8 不相容职责

岗位职责	职责权限设置与调整申请	职责权限设置与调整批准
职责权限设置与调整申请		×
职责权限设置与调整批准	×	

注：×表示不相容职责。

（六）关键流程

各单位/事权岗位	办公室	总经理办公会	党委会	董事会	股东

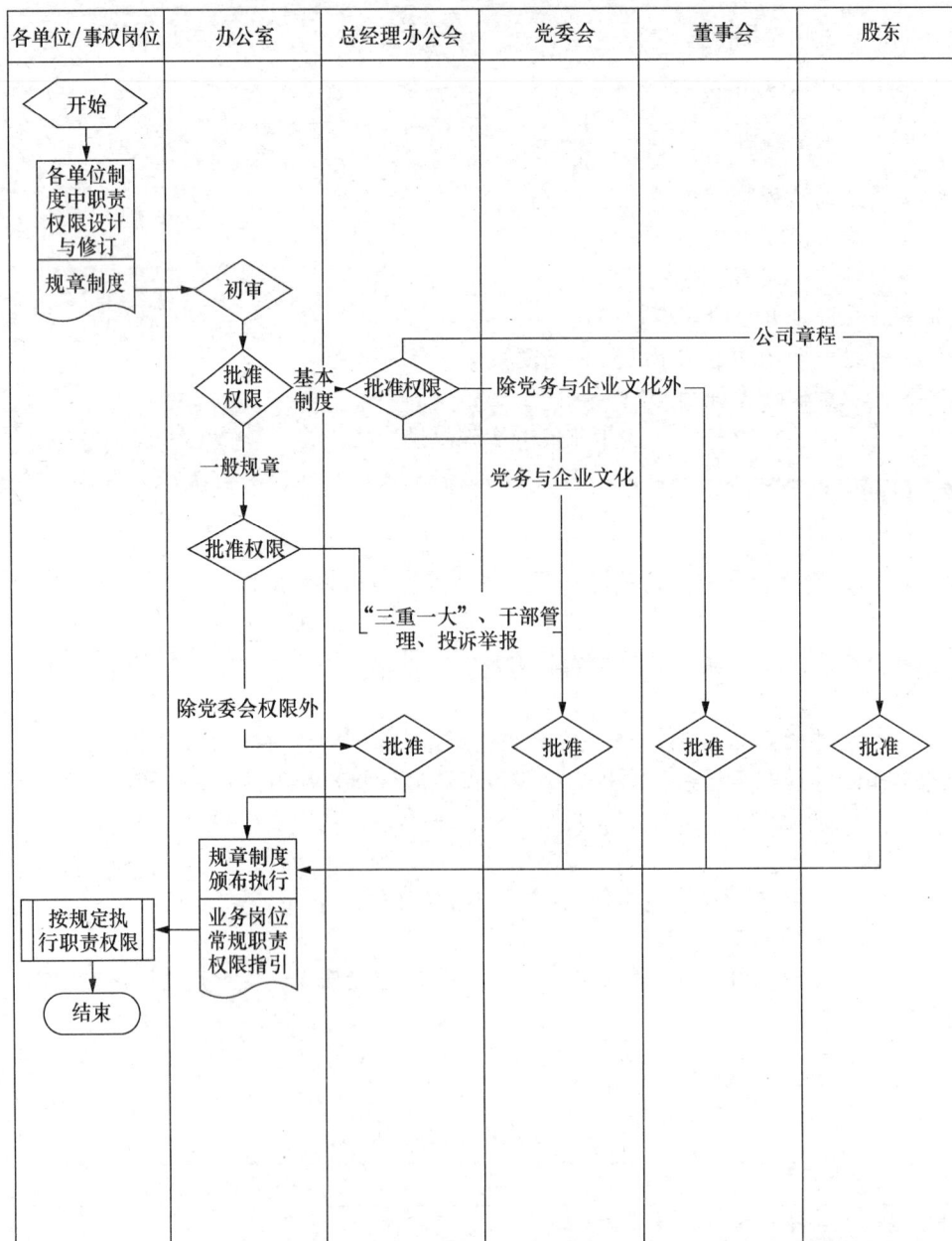

图1-4 常规职责权限授权管理流程

董事会	法人代表	终审权岗位领导	办公室	被授权人/单位	审计监察室及分管领导

开始

临时机构职责权限书

临时机构职责权限撤销书

委托授权书
委托授权变更/取消书

委托授权书
委托授权变更/取消书

备案并公示

特别授权公示书

按授权履行职责权限

审计监察室对被授权人履权行为监督检查

监督检查记录/变更

特别授权文件资料存档

分管领导对监督检查变更备案

结束

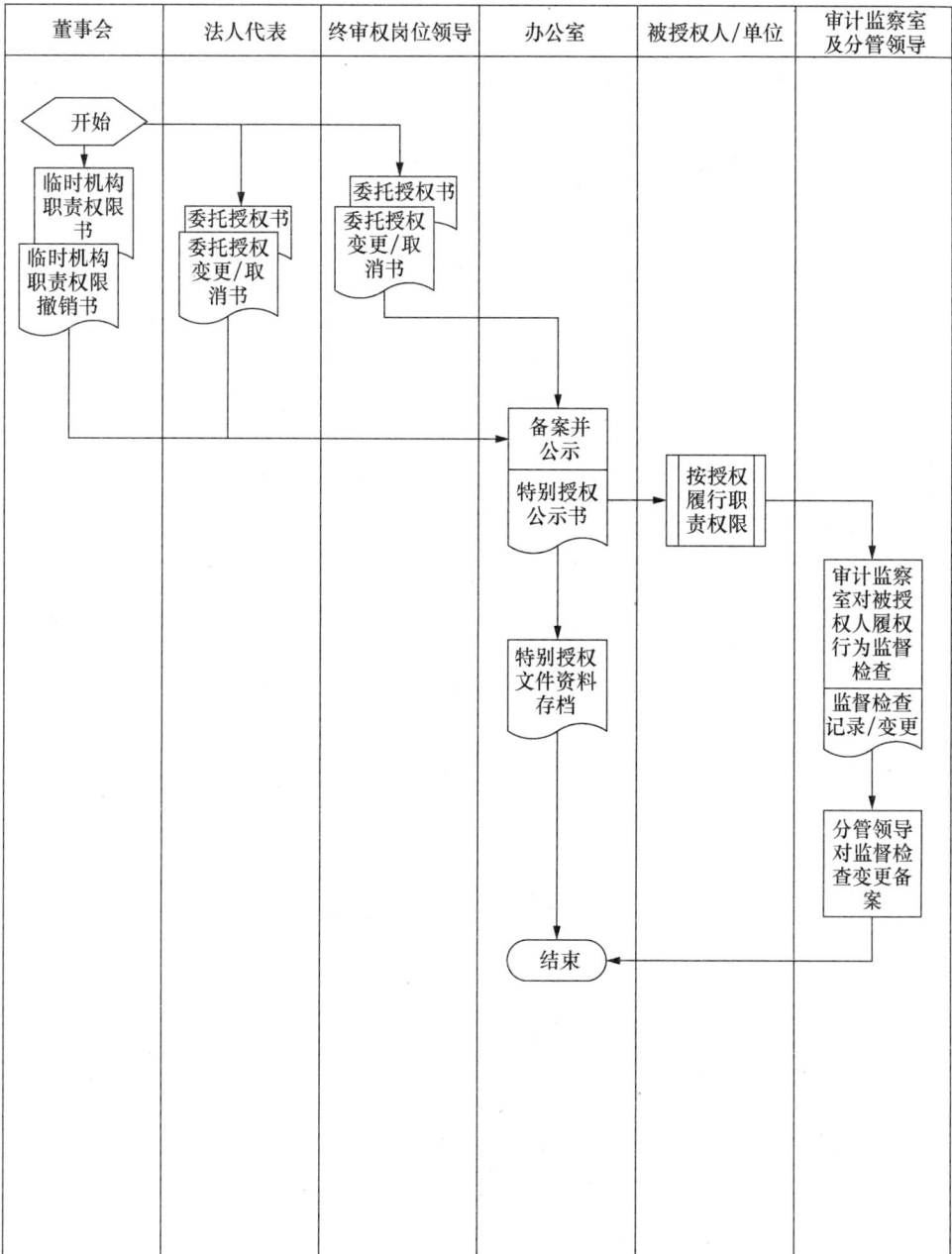

图 1-5　特别职责权限授权管理流程

（七）控制目标

表1-9　控制目标

序号	《内控手册》具体控制目标编号	拟实现的内控目标	内控目标具体描述
1	OS - CO - 1	合法合规性目标	保证职责权限管理工作开展符合国家有关法律法规规定
2	OS - CO - 2	财务报告目标	不适用
3	OS - CO - 3	资产安全目标	不适用
4	OS - CO - 4	经营效率和效果目标	提升公司运营效率和经营效果
5	OS - CO - 5	发展战略目标	促进公司发展战略目标的实现

（八）风险控制矩阵

表1-10　风险控制矩阵

对应控制目标编号	风险编号	风险事项描述	关键控制措施编号	关键控制措施	对应制度	控制痕迹	风险责任部门	风险责任岗位
OS - CO - 1 OS - CO - 4 OS - CO - 5	OS - R - 301	公司未制定授权管理办法，使得授权的程序管理不规范，可能导致授权管理混乱，影响工作效率与效果	OS - CA - 301	第一条　为完善公司的治理结构，强化公司对各部室及所属单位的统一管理，达到集中决策和适当分权相结合，达到合理平衡，以满足为实现公司战略目标和由此产生的各项运营风险进行策略控制的经营管理的需要，依据《中华人民共和国公司法》、《公司章程》等的规定，特制定本制度。第三条　公司各个业务环节的岗位事主（责任人），必须在各自的岗位职责权限的定位范围内进行经营活动，不得越权或不作为	职责权限管理制度	业务岗位常规职责权限指引及相关审批文件	办公室	主任

对应控制目标编号	风险编号	风险事项描述	关键控制措施编号	关键控制措施	对应制度	控制痕迹	风险责任部门	风险责任岗位
OS－CO－1 OS－CO－4 OS－CO－5	OS－R－302	公司未进行特别授权或采用口头授权，缺少书面依据，可能导致被授权人的授权范围缺乏约束产生越权现象，危及公司资金、财产的安全，可能造成公司经济损失	OS－CA－302	特别职责权限的授权形式及批准生效，包括以下三个方面：①特别职责权限的授权形式包括公司法定代表人向相关业务岗位责任人的《委托授权书》。②公司董事会对临时设立机构以文件形式颁发的临时机构职责权限。③公司相关终审权岗位事主（董事长、总经理等）由于临时离开工作岗位而授予公司其他岗位责任人，代行其终审岗位职责权限的《委托授权书》。④特别授权是由授权人签发书面授权文件并提交公司办公室备案并公示后生效	职责权限管理制度	特别授权委托书及相关公示文件	行政办公室	主任

第二章　战略管理（DS）

提示：战略是企业在分析外部环境、内部条件基础上，对企业未来发展的总体设想和谋划，是企业的长远发展目标与规划。关系到企业发展方向、经营范围与目标。是企业向何处去、如何去的行动纲领和具体规划，是关系到企业生死存亡的，因此什么都可以失败，唯独战略不能失败。

战略管理流程规定了公司及其控股子公司（以下简称"子公司"）有关涉及公司战略的编制、审批、分解执行、评价等工作流程。旨在规范公司战略管理的具体流程，努力避免或降低公司在战略管理工作中存在的风险。

本流程涉及的具体子流程如表 2 - 1 所示。

表 2 - 1　具体子流程

子流程编号	涉及主要环节/内容
DS - 01 战略管理	涉及公司战略的编制、审批、分解执行、评价等

战略管理流程

（一）概述

战略管理流程规定了公司及其控股子公司（以下简称"子公司"）涉及公司战略的编制、审批、分解执行、评价等工作流程。旨在规范公司战略管理方面的各项具体工作，努力降低和避免公司战略管理中存在的风险。

（二）适用范围

适用于公司及子公司。

（三）相关制度

➤ 《公司章程》。

➤ 《战略管理制度》。

（四）职责分工

1. 股东大会

➤ 负责审批战略规划。

2. 董事会

➤ 集团公司董事会是公司战略规划的最高决策机构，根据公司经营宗旨、经营方针，提出公司战略发展愿景和战略目标。

➤ 审批公司战略规划及修订方案。

➤ 审批与公司战略规划有关的各项重大事项。

3. 战略发展管理委员会

➤ 负责对公司重大战略决策进行研究，为董事会提供决策辅助和建议，为编制战略规划指明方向及重点。

4. 总经理办公会议

➤ 负责审核及组织编制与修订公司战略规划。

➤ 负责组织实施战略计划。

5. 企业发展部

➤ 企业发展部是集团公司战略规划的归口管理部门，是战略规划的编制与修订的执行与协调部门。

➤ 负责汇总子规划初稿，与专业机构共同编制形成战略规划（讨论稿）提交公司总经理办公会议审核。

➤ 汇总战略规划修订建议形成修订方案提交公司总经理办公会议审核。

➤ 根据公司战略规划，实施战略投资计划，协助下属子公司实施子规划。

6. 其余职能部门

➤ 其余各职能部门是战略规划实施的责任部门。

➤ 负责根据公司战略规划编制要求，制定本部门与战略规划相关的信息与分析报告。

➤ 负责根据公司战略规划和年度工作目标，制订本部门年度综合计划并实施，定期总结实施情况提交战略委员会。

7. 下属子公司

➤ 下属子公司是公司战略规划的子公司战略规划责任部门。

➤ 负责编制、实施、总结、修订子公司战略规划。

（五）不相容职责

表 2 - 2　不相容职责

岗位职责	战略规划的拟定	战略规划的审批	战略规划的执行
战略规划的拟定		×	
战略规划的审批	×		×
战略规划的执行		×	

注：×表示不相容职责。

（六）关键流程

下属公司	企业发展部	总经理办公会	战略委员会	董事会

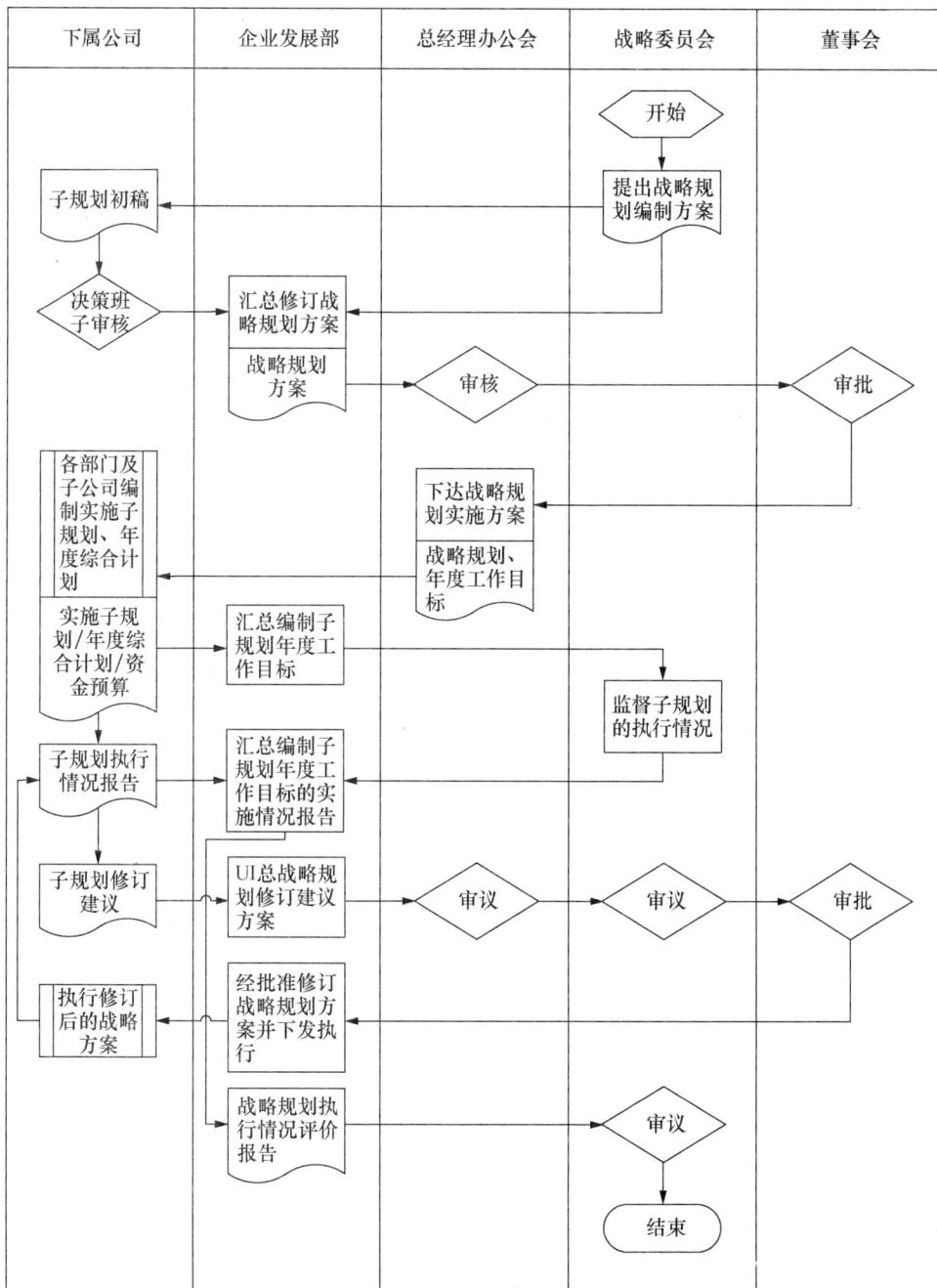

图 2-1 战略规划管理流程

（七）控制目标

表 2 - 3　控制目标

序号	《内控手册》具体控制目标编号	拟实现的内控目标	内控目标具体描述
1.	DS - CO - 1	合法合规性目标	保证战略管理工作的开展符合国家有关法律法规规定
2	DS - CO - 2	财务报告目标	不适用
3	DS - CO - 3	资产安全目标	不适用
4	DS - CO - 4	经营效率和效果目标	提升公司运营效率和经营效果
5	DS - CO - 5	发展战略目标	促进公司发展战略目标的实现

（八）风险控制矩阵

表 2 - 4　风险控制矩阵

对应控制目标编号	风险编号	风险事项描述	关键控制措施编号	关键控制措施	对应制度	控制痕迹	风险责任部门	风险责任岗位
DS - CO - 1 DS - CO - 4 DS - CO - 5	DS - R - 101	缺乏明确的发展战略，可能导致公司盲目发展，难以形成竞争优势，丧失发展机遇和动力	DS - CA - 101	第二条　集团公司在对现实状况和未来趋势进行综合分析和科学预测的基础上，制定并实施的公司中长期（五年）的发展战略规划。公司战略规划管理包括确定公司的使命、愿景，明确战略目标、制定工作方针与措施、战略实施与修订等内容	战略管理制度	所属本期公司战略规划书	企业发展部	经理
DS - CO - 1 DS - CO - 5	DS - R - 102	公司未制定战略管理制度，导致公司战略管理不规范，影响公司战略实施效果	DS - CA - 102	第一条　目的：为提升公司战略管理水平，进一步规范战略制度的编制、实施及修订，确保战略目标的实现，促进企业核心竞争力，保障集团公司长期可持续、稳定、健康发展，结合集团公司经营业务的实际情况，特制定本制度	战略管理制度	公司战略管理制度	企业发展部	经理

对应控制目标编号	风险编号	风险事项描述	关键控制措施编号	关键控制措施	对应制度	控制痕迹	风险责任部门	风险责任岗位
DS－CO－4 DS－CO－5	DS－R－103	公司经营环境复杂，外部不确定因素多，约束与阻力对公司影响巨大，可能导致企业战略定位失误，难以取得战略成功	DS－CA－103	第十条 环境分析：对集团公司内外部环境、现有核心业务的市场前景、经营状况、核心竞争力做出系统分析和综合评价；战略规划：分析并确定集团公司愿景、使命、价值观、现有业务和规划业务的战略定位、发展目标及业务组合选择、阶段量化战略目标；核心业务发展战略：规划集团公司核心业务的发展策略、盈利模式和支持体系；子规划发展战略：必须符合公司发展战略目标	战略管理制度	公司内外部环境、现有核心业务的市场前景、经营状况、核心竞争力做出系统分析和综合评价报告	企业发展部	经理
DS－CO－4 DS－CO－5	DS－R－104	公司发展战略制定过程不科学、不合理，对内部因素缺乏准确认识，可能导致企业内部管理不能满足战略发展需要，甚至战略失败	DS－CA－104	第十二条 集团公司战略规划每五年编制一次，采用外聘专业机构协助完成的编制方式。集团公司董事会在战略规划启动编制前一年提出公司下一个五年发展的愿景、战略目标，作为公司战略规划编制的依据和基础。由战略委员会启动战略规划编制工作。子规划责任部门收集公司内、外部与子规划相关的信息与分析报告，进行必要的调研，形成调研报告。报告内容包括但不限于行业、市场、法律规范等方面，在充分调研的基础上编制子规划初稿。子规划责任部门将子规划初稿及调研报告一同报送战略委员会	战略管理制度	战略规划编制方案、子规划调研报告	企业发展部	经理

对应控制目标编号	风险编号	风险事项描述	关键控制措施编号	关键控制措施	对应制度	控制痕迹	风险责任部门	风险责任岗位
DS－CO－4 DS－CO－5	DS－R－105	战略规划未能得到合理分解，可能导致规划未得到执行，偏离预期计划，影响公司发展战略的实现	DS－CA－105	第七条　企业发展部负责汇总子规划初稿，与专业机构共同编制形成战略规划（讨论稿）提交公司总经理办公会议审核；汇总战略规划修订建议，形成修订方案提交公司总经理办公会议审核；根据公司战略规划，实施战略投资计划，协助下属子公司实施子规划	战略管理制度	公司最近战略子规划及相关审批文件	企业发展部	经理
DS－CO－4 DS－CO－5	DS－R－106	战略规划未能得到定期评估和调整，可能导致发展战略脱离实际，偏离预期计划，影响公司发展战略的实现	DS－CA－106	第十四条　每年由战略管理部门定期组织专家团队对集团公司战略运行情况进行评估，形成集团公司战略规划执行情况评估报告，报总经理办公会议；应调整集团公司战略规划，由集团公司总经理办公会议审核战略规划修订方案后提交董事会战略发展管理委员会，董事会战略发展管理委员会形成审议意见提交董事会审批	战略管理制度	年度战略规划评估报告、战略规划调整方案及相关审议文件	企业发展部	经理

第三章　企业文化管理（CC）

> **提示**：企业文化是企业在生产经营实践中逐步形成的，被整体团队认同并遵守的价值观、经营理念和企业精神，以及在此基础上形成的行为规范的总称。它不是一个空洞的概念，而是企业信奉并付诸实践的企业哲学、使命、愿景和价值观，它决定企业发展方针和政策，也是企业生存、发展的生命线，必须高度重视。

　　企业文化管理流程规定了公司及其控股子公司（以下简称"子公司"）涉及公司文化的培育、普及推广以及公司企业文化项目的计划、项目方案、项目实施和项目后评价的工作流程。旨在规范公司企业文化管理的具体流程，努力避免或降低公司在企业文化管理工作中存在的风险。

　　本流程涉及的具体子流程如表 3 – 1 所示。

表 3 – 1　具体子流程

子流程编号	涉及主要环节/内容
CC – 01 企业文化管理	涉及公司企业文化项目的计划、项目方案、项目实施和项目后评价等

企业文化管理

（一）概述

　　企业文化管理流程规定了公司及其控股子公司（以下简称"子公司"）有关公司文化的培育、普及推广以及公司企业文化项目的计划、项目方案、项目实施和项目后评价的工作流程。旨在规范公司企业文化管理的具体流程，努力避免或降低公司在企业文化管理工作中存在的风险。

（二）适用范围

适用于公司及子公司。

（三）相关制度

➢《企业文化管理制度》。

（四）职责分工

1. 企业文化建设委员会
➢ 负责集团公司企业文化建设的组织领导。

2. 党委办公室
➢ 集团公司董事会是公司战略规划的最高决策机构，根据公司经营宗旨、经营方针，提出公司战略发展愿景和战略目标。

➢ 负责企业文化各项工作的目标策划、组织与开展。应向企业文化建设委员会定期进行工作汇报。

➢ 制订并实施年度企业文化工作计划；编制和执行企业文化建设费用预算。

➢ 承担企业文化内刊、网站及其他宣传渠道的维护工作。

➢ 策划与组织集团公司层面企业文化相关活动；负责对新进员工企业文化的培训工作；开展合理化建议活动。

➢ 协助集团公司有关部门对各项管理制度的制定、修订和实施工作，使管理制度与企业文化相适应；指导各职能部门开展企业文化相关活动。

3. 集团公司各职能部门及所属公司
➢ 为集团公司企业文化工作的落实和实施机构。
➢ 配合落实集团公司组织的企业文化活动及自行组织企业文化活动。

（五）不相容职责

表3-2　不相容职责

岗位职责	活动申请	活动审批	活动执行	考核/评估
活动申请		×	×	×
活动审批	×		×	×
活动执行	×	×		×
考核/评估	×	×	×	

注：×表示不相容职责。

（六）关键流程

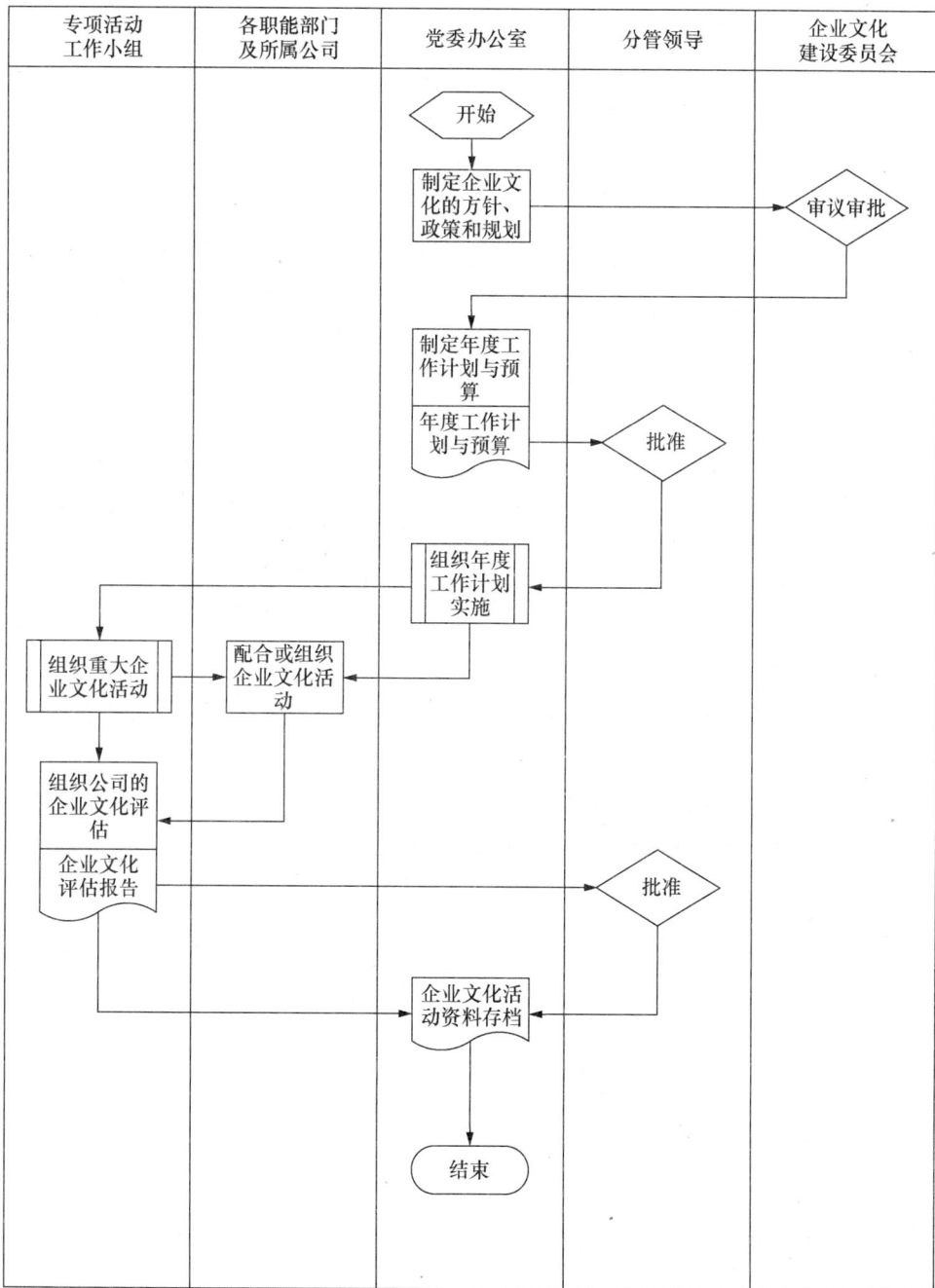

图 3-1　企业文化管理流程

（七）控制目标

表 3-3　控制目标

序号	《内控手册》具体控制目标编号	拟实现的内控目标	内控目标具体描述
1	CC-CO-1	合法合规性目标	保证企业文化管理工作的开展符合国家有关法律法规规定
2	CC-CO-2	财务报告目标	不适用
3	CC-CO-3	资产安全目标	不适用
4	CC-CO-4	经营效率和效果目标	提升公司运营效率和经营效果
5	CC-CO-5	发展战略目标	促进公司发展战略目标的实现

（八）风险控制矩阵

表 3-4　风险控制矩阵

对应控制目标编号	风险编号	风险事项描述	关键控制措施编号	关键控制措施	对应制度	控制痕迹	风险责任部门	风险责任岗位
CC-CO-1 CC-CO-4 CC-CO-5	CC-R-101	公司缺乏企业文化管理制度，未能明确积极向上公司价值观和为社会创造财富并积极履行社会责任的企业精神的经营理念，可能导致员工丧失对企业的信心和认同感、缺乏凝聚力和竞争力，影响企业整体发展和高效管理	CC-CA-101	第一条　根据集团公司发展战略规划、企业文化发展战略以及企业文化理念体系，制定企业文化管理制度	企业文化管理制度	最新企业文化管理制度文本	党委办公室	主任

对应控制目标编号	风险编号	风险事项描述	关键控制措施编号	关键控制措施	对应制度	控制痕迹	风险责任部门	风险责任岗位
CC-CO-1 CC-CO-5	CC-R-102	公司缺乏企业文化年度目标与标准及审批程序，缺乏企业文化活动年度计划及审批程序，可能导致可能导致企业文化建设偏离公司价值观	CC-CA-102	第三条　2.制订并实施年度企业文化工作计划；编制和执行企业文化建设费用预算；年度工作计划与费用预算经部门负责人审核，交分管领导审批后，提交集团公司党委办公室执行	企业文化管理制度	年度企业文化工作计划及相关审批文件	党委办公室	主任
CC-CO-4 CC-CO-5	CC-R-103	公司未对企业文化进行有效宣导、沟通，可能影响对公司企业文化、核心价值的认知和个人价值的实现	CC-CA-103	第二条　2.企业文化建设委员会制定积极向上的集团公司价值观和为社会创造财富并积极履行社会责任的企业精神的经营理念，编制《公司企业文化手册》，向员工宣贯集团公司企业文化理念。第三条　4.策划与组织集团公司层面企业文化相关活动；负责对新进员工企业文化的培训工作；开展合理化建议活动	企业文化管理制度	年度企业文化工作开展记录文件	党委办公室	主任
CC-CO-4 CC-CO-5	CC-R-104	公司缺乏高级管理人员带头营造良好的企业文化环境的相关措施及绩效考核办法。可能导致企业文化未能在日常经营管理活动中得到有效贯彻	CC-CA-104	第二条　企业文化建设委员会是集团公司企业文化工作的最高领导机构，负责集团公司企业文化建设的组织领导，由集团公司党政班子成员组成。1.企业文化建设委员会成员包括：集团公司党政班子成员、各职能部门主要负责人等	企业文化管理制度	公司班子成员参加公司企业文化活动记录	党委办公室	主任

第四章 风险评估管理（RM）

提示：风险评估是一个包括风险识别、风险分析和风险评价的过程。风险识别是回答在实现目标过程中存有哪些风险，以及风险产生的根源是什么；风险分析是对已识别的风险分析其发生的可能性及对目标的影响程度；风险评价是在风险分析基础上将风险分析结果与风险准则相比较，以确定风险的大小及其是否可接受或可容忍。可见风险评估管理是否风险管理中的核心部分，必须加以重视。

风险评估管理流程规定了公司及其控股子公司（以下简称"子公司"）有关风险信息收集、风险识别、分析和风险评级等工作流程。旨在规范公司风险评估管理的具体流程，努力避免或降低公司在风险评估管理工作中存在的风险。

本流程涉及的具体子流程如表4-1所示。

表4-1 具体子流程

子流程编号	涉及主要环节/内容
RM-01 风险评估管理	涉及公司风险信息收集、风险识别、分析和风险评级等工作环节和内容

风险评估管理

（一）概述

风险评估管理规定了公司及其控股子公司（以下简称"子公司"）有关风险

信息收集、风险识别、分析和风险评级等工作流程。旨在规范公司风险评估管理的具体流程，努力避免或降低公司在风险评估管理工作中存在的风险。

（二）适用范围

适用于公司及子公司。

（三）相关制度

➤《全面风险管理指引》。

（四）职责分工

1. 董事会
➤ 负责批准风险分析评估报告。
2. 总经理办公会
➤ 负责构建公司内部控制与全面风险管理体系。
➤ 负责制定风险管理策略，确定公司的风险偏好及风险承受度。
➤ 负责审议风险分析报告，结合风险偏好和业务层面的风险承受度，划分风险等级，确定应重点关注和优先控制的风险及风险管理策略。
3. 审计监察室
➤ 负责组织协调公司内部控制和全面风险管理工作。
➤ 牵头组织公司各部门进行风险识别，汇总、分析和研究各部门提出的关键风险控制点。
➤ 组织对已识别的风险采用定性和定量相结合的方式，按照风险发生的可能性及其影响程度等，对已识别的风险进行分析排序，形成风险分析报告。
➤ 根据经总经理办公会审议结论，组织公司相关部门对以往的风险控制措施进行修订和修正。
4. 集团公司各职能部门及所属公司
➤ 负责全面系统持续地收集政策法规、项目管理、运营管理、财务、法律等方面的相关风险信息，提出关键风险控制点。
➤ 建立部门内部控制的自查机制，自我识别和评估本部门的风险变化并留存相关自查资料。

（五）不相容职责

不适用。

（六）关键流程

各部门	审计监察室	总经理办公会	董事会
开　始			
持续收集相关风险信息			
关键风险控制点	组织收集相关风险信息，形成风险分析报告		
	风险分析报告 →	审议 →	审批
组织公司相关部门对以往的风险控制措施进行修订和修正			
结束			

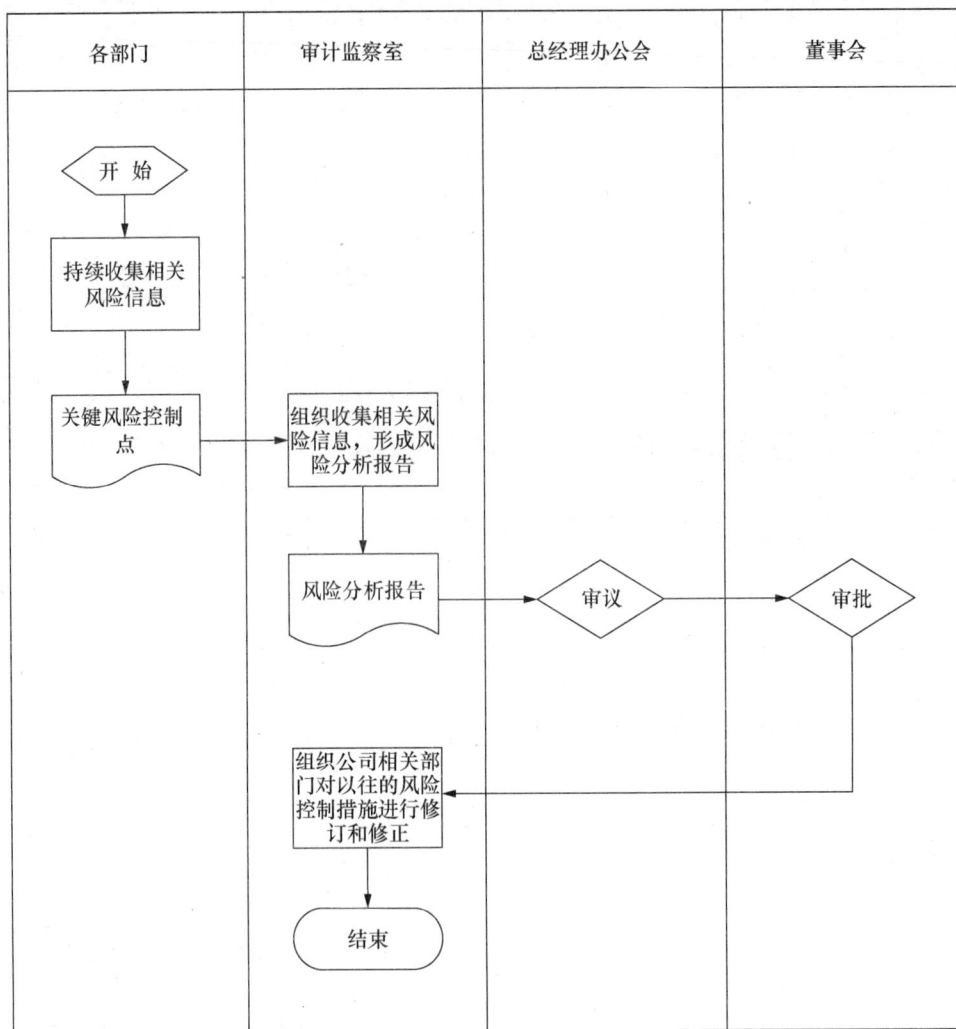

图 4-1　风险评估流程

（七）控制目标

表4-2　控制目标

序号	《内控手册》具体控制目标编号	拟实现的内控目标	内控目标具体描述
1	RM-CO-1	合法合规性目标	保证风险评估工作的开展符合国家有关法律法规规定
2	RM-CO-2	财务报告目标	不适用
3	RM-CO-3	资产安全目标	保证风险评估可以促进公司资产安全目标的实现
4	RM-CO-4	经营效率和效果目标	提升公司运营效率和经营效果
5	RM-CO-5	发展战略目标	促进公司发展战略目标的实现

（八）风险控制矩阵

表4-3　风险控制矩阵

对应控制目标编号	风险编号	风险事项描述	关键控制措施编号	关键控制措施	对应制度	控制痕迹	风险责任部门	风险责任岗位
RM-CO-1 RM-CO-3 RM-CO-4 RM-CO-5	RM-R-101	公司未制定风险管理规范，缺乏风险识别机制，对公司面临的内部和外部风险未能有效识别，作为风险评估和风险应对的基础	RM-CA-101	第十七条　风险评估步骤：企业应对收集的风险管理初始信息和企业各项业务管理及其重要业务流程进行风险评估。风险评估包括风险辨识、风险分析、风险评价三个步骤	全面风险管理指引	公司风险识别策略文件	审计监察室	主任

对应控制目标编号	风险编号	风险事项描述	关键控制措施编号	关键控制措施	对应制度	控制痕迹	风险责任部门	风险责任岗位
RM - CO - 1 RM - CO - 3 RM - CO - 4 RM - CO - 5	RM - R - 102	未对公司所面临的风险进行分析和评估，缺乏风险的应对策略，可能导致因风险分析失效而致使管理层做出错误的风险应对策略，无法及时降低重大风险，给公司带来重大损失	RM - CA - 102	第二十四条 策略选择：企业应根据不同业务特点统筹考虑确定风险偏好和风险承受度。一般情况下，对战略、财务、运营和法律风险，可采取风险承担、风险规避、风险转换、风险控制等方法。对能够通过保险、期货、对冲等金融手段进行理财的风险，可以采用风险转移、风险对冲、风险补偿等方法	全面风险管理指引	企业风险评估及相关应对策略	审计监察室	主任
RM - CO - 1 RM - CO - 3 RM - CO - 4 RM - CO - 5	RM - R - 103	公司每年未能定期地开展风险评估，可能导致风险应对措施失效（不准确、不合理、滞后），给公司造成损失	RM - CA - 103	第二十二条 风险管理信息的动态管理：企业应对风险管理信息实行动态管理，每年定期或不定期实施风险辨识、分析、评价，以便对新的风险和原有风险的变化重新评估	全面风险管理指引	年度企业风险评估方案及实施结果	审计监察室	主任

第五章　子公司管理（SC）

提示：子公司是母公司重要构成部分，为提高子公司经济效益，必须明确对子公司管控方式，考核与激励约束，以及重大事项的报告做出明确规定，并形成流程加以规范化。

　　子公司管理流程规定了公司对子公司的管控方式、业绩考核与激励约束、重大事项内部报告、定期财务报告和管理报告的工作流程。旨在规范公司对子公司管理的具体流程，努力避免或降低公司在子公司管理工作中存在的风险。

　　本流程涉及的具体子流程如表5-1所示。

表5-1　具体子流程

子流程编号	涉及主要环节/内容
SC-01 子公司管理	涉及对子公司的管控方式、业绩考核与激励约束、重大事项内部报告、定期财务报告和管理报告等工作环节和内容

子公司管理

（一）概述

　　子公司管理规定了公司及其控股子公司（以下简称"子公司"）有关对子公司的管控方式、业绩考核与激励约束、重大事项内部报告、定期财务报告和管理报告的工作流程。旨在规范公司对子公司管理的具体流程，努力避免或降低公司在子公司管理工作中存在的风险。

（二）适用范围

适用于公司及子公司。

（三）相关制度

➢ 《公司章程》。
➢ 《董事会议事规则》。
➢ 《投资管理办法》。
➢ 《子公司管理制度》。
➢ 《委派董事、监事管理办法》。
➢ 《干部任免管理规定》。
➢ 《委派会计管理规定》。
➢ 《财务管理与会计核算制度》。
➢ 《集团所属企业员工招聘录用与退出管理实施办法》。
➢ 《所属企业领导人任期经济责任审计管理规定》。

（四）职责分工

1. 股东
➢ 批准对设立子公司的投资计划。
➢ 批准子公司投资产权转移（含抵押）的处置方案。
➢ 批准子公司的投资企业（项目）发生破产、歇业、解散的处置方案。
➢ 批准子公司投资损失报告。

2. 董事会
➢ 审议对设立子公司的投资计划。
➢ 审议子公司投资产权转移（含抵押）的处置方案。
➢ 审议子公司的投资企业（项目）发生破产、歇业、解散的处置方案。

3. 总经理办公会
➢ 负责组织协调股份公司内部控制和全面风险管理工作。

4. 总经理
➢ 审核子公司的投资企业（项目）发生破产、歇业、解散的处置方案。
➢ 审核子公司投资产权转移（含抵押）的处置方案。
➢ 审核子公司投资损失报告。

5. 企业发展部

➢负责接受并处理子公司经济活动分析报告和投资进度效益报告。

➢审核子公司的投资企业（项目）发生破产、歇业、解散的处置方案。

➢审核子公司投资产权转移（含抵押）的处置方案。

➢审核子公司投资损失报告。

➢负责年度检查子公司经营成果。

➢负责备案子公司股东会、董事会会议决议文件。

➢负责委派董事的提名。

6. 人力资源部

➢负责子公司人力资源政策、福利政策和组织机构的设置，以及改组、人员定编定岗等。

➢负责对子公司派出董事、监事、经营管理人员、委派会计提名及办理委派手续。

➢负责年度检查子公司经营成果。

7. 计划财务部

➢负责定期对所属子公司进行内部会计监督检查。

➢负责年度检查子公司经营成果。

➢负责接受备案子公司财务报表和年度财务报告（或审计报告）。

➢负责委派会计的提名。

8. 审计监察室

➢负责定期或不定期实施对子公司的审计监督。

➢负责具体组织实施子公司领导人员的任期经济责任审计工作。

➢负责委派监事的提名。

（五）不相容职责

表 5-2　不相容职责

岗位职责	方案提出	审核审批	委派提名	管控监督
方案提出		×	×	×
审核审批	×		×	×
委派提名	×	×		×
管控监督	×	×	×	

注：×表示不相容职责。

（六）关键流程

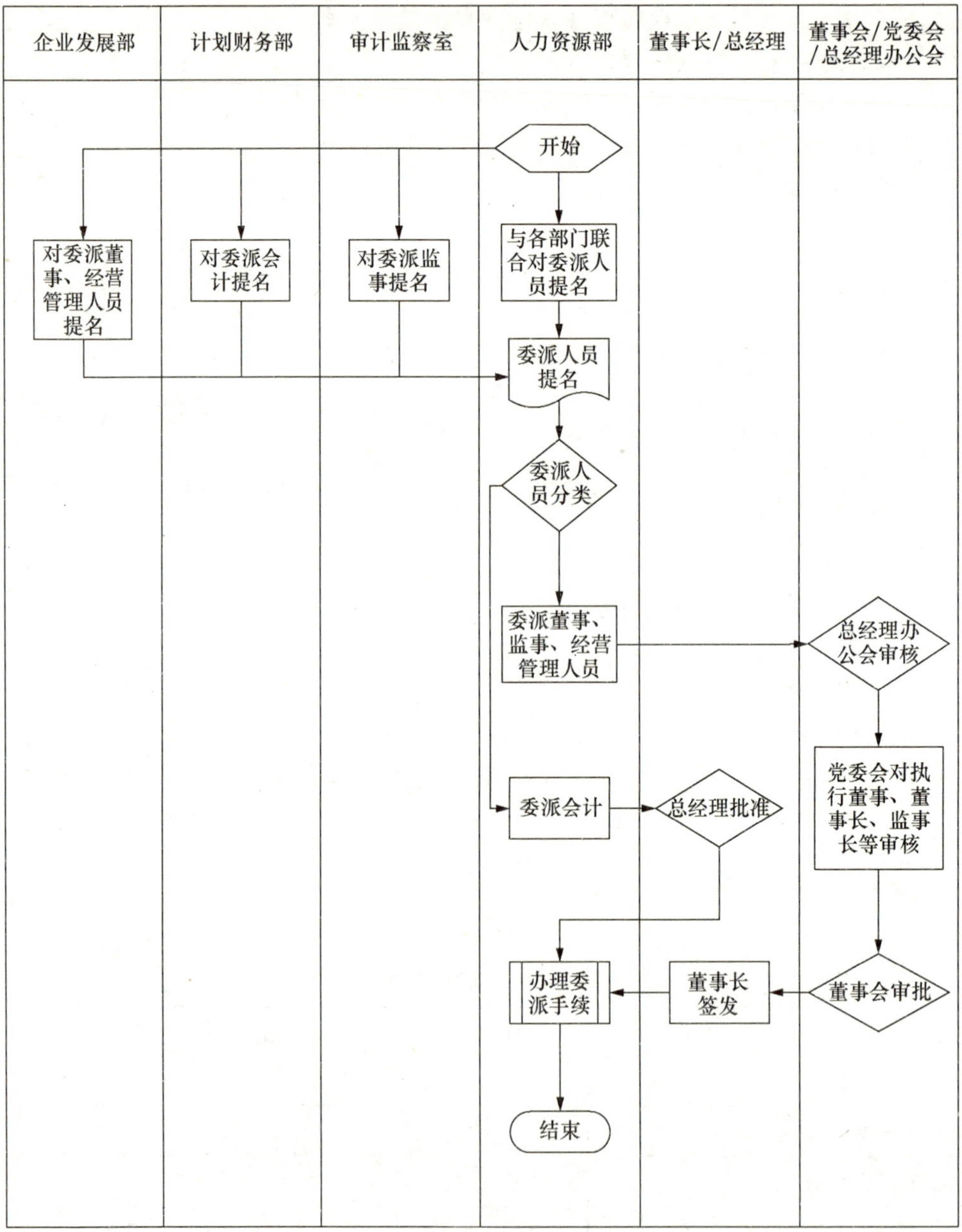

企业发展部	计划财务部	审计监察室	人力资源部	董事长/总经理	董事会/党委会/总经理办公会

开始

与各部门联合对委派人员提名

委派人员提名

委派人员分类

委派董事、监事、经营管理人员

总经理办公会审核

党委会对执行董事、董事长、监事长等审核

委派会计 — 总经理批准

办理委派手续 — 董事长签发 — 董事会审批

结束

对委派董事、经营管理人员提名

对委派会计提名

对委派监事提名

图 5-1　委派人员管理流程

子公司相关部门	派驻子公司董事、监事	子公司领导	企业发展部	相关领导、部门

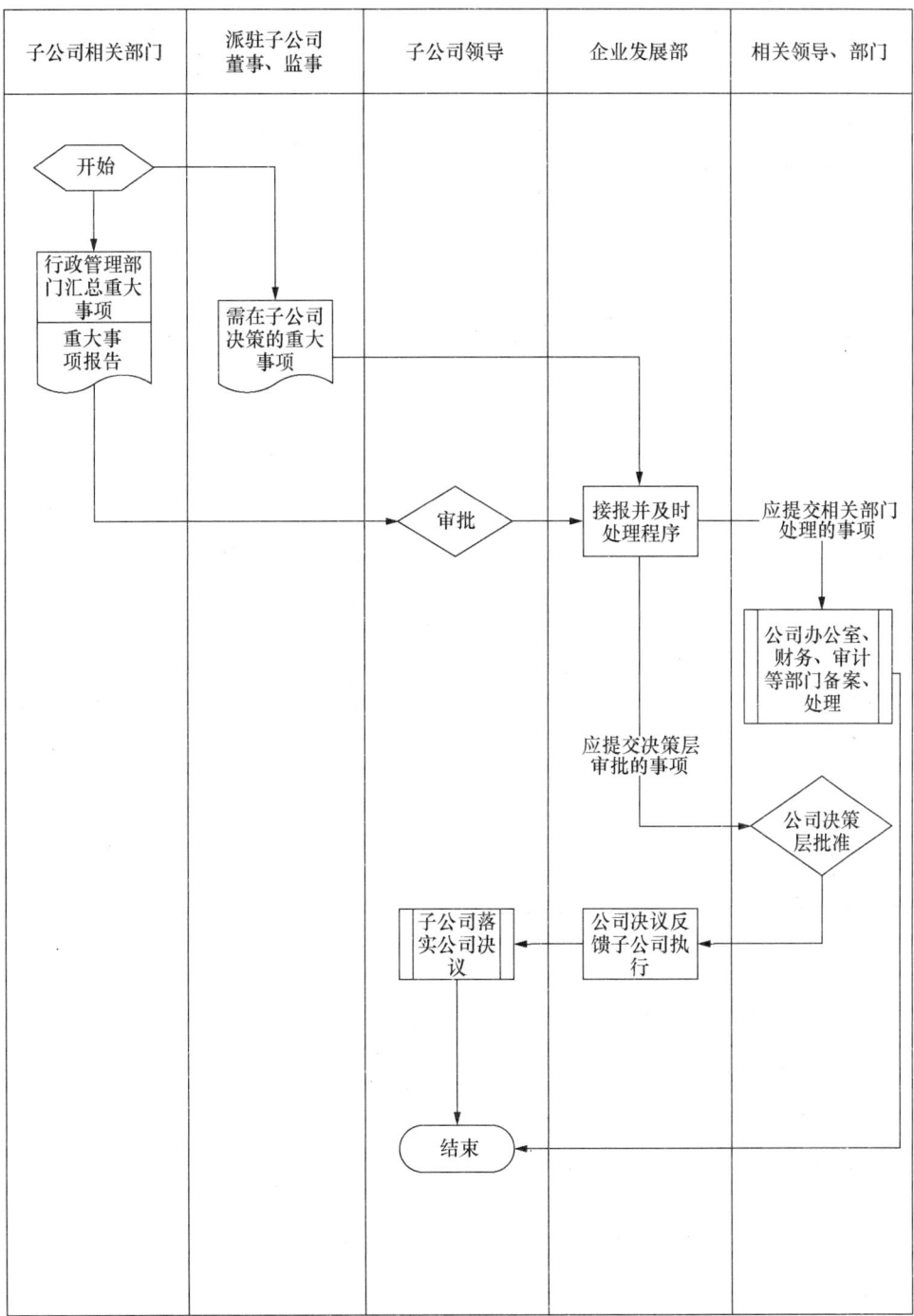

图 5-2　重大事项报告流程

（七）控制目标

表 5-3　控制目标

序号	《内控手册》具体控制目标编号	拟实现的内控目标	内控目标具体描述
1	SC-CO-1	合法合规性目标	保证子公司管理工作符合国家有关法律法规规定
2	SC-CO-2	财务报告目标	保证子公司的会计信息真实、准确
3	SC-CO-3	资产安全目标	保证子公司管理可以促进公司资产安全目标的实现
4	SC-CO-4	经营效率和效果目标	提升公司运营效率和经营效果
5	SC-CO-5	发展战略目标	促进公司发展战略目标的实现

（八）风险控制矩阵

表 5-4　风险控制矩阵

对应控制目标编号	风险编号	风险事项描述	关键控制措施编号	关键控制措施	对应制度	控制痕迹	风险责任部门	风险责任岗位
SC-CO-1 SC-CO-3 SC-CO-4 SC-CO-5	SC-R-101	公司未制定对子公司的控制政策及程序，未明确子公司主管责任部门，使得公司对子公司的管理原则不清晰、管理职能交叉，可能导致对子公司管理混乱，管理效率低下或缺乏管理	SC-CA-101	第四条　控制原则：公司加强对子公司的管理，旨在建立有效的控制机制，对公司的组织、资源、资产、投资等和公司的运作进行风险控制，提高公司整体运作效率和抗风险能力	子公司管理制度	子公司管理制度文本	企业发展部	经理

对应控制目标编号	风险编号	风险事项描述	关键控制措施编号	关键控制措施	对应制度	控制痕迹	风险责任部门	风险责任岗位
SC－CO－1 SC－CO－3 SC－CO－4 SC－CO－5	SC－R－102	未明确向控股子公司委派的董事、监事及重要高级管理人员的选任方式和职责权限等，可能导致对子公司的管理控制政策未得到落实	SC－CA－102	第六条 董事、监事、经营管理人员、会计的委派：（一）委派董事、监事程序：董事、监事的委派按照公司《委派董事、监事管理办法》执行。（二）委派经营管理人员程序：经营管理人员的委派按照公司《干部任免管理办法》执行。（三）委派财务人员程序：财务人员的委派按照公司《委派会计管理规定》执行	子公司管理制度	派驻管理人员文件	企业发展部	经理
SC－CO－1 SC－CO－3 SC－CO－4 SC－CO－5	SC－R－103	参控股公司派出人员的日常监管，各相关业务部门之间职责不清晰且缺乏系统和有效的协同管控措施和手段，可能造成管理失误，影响公司利益	SC－CA－103	第十三条 （三）对于子公司进行重大事项决策，派出人员应密切关注按照规定行使表决权，并及时向公司企业发展部提交书面汇报。（四）委派董事、监事应督促子公司及时向公司计划财务部提供财务报表和年度财务报告（或审计报告）	子公司管理制度	子公司重大事项报告书	企业发展部	经理

对应控制目标编号	风险编号	风险事项描述	关键控制措施编号	关键控制措施	对应制度	控制痕迹	风险责任部门	风险责任岗位
SC-CO-1 SC-CO-2 SC-CO-3 SC-CO-4 SC-CO-5	SC-R-104	未对子公司发展战略、年度财务预决算、重大投融资、重大担保、大额资金使用、主要资产处置、重要人事任免、内部控制体系建设等重要事项采取有效的管理控制措施，可能导致子公司发展脱离规划、面临重大风险或承担重大损失，使母公司利益受损	SC-CA-104	第十六条 （二）公司权力主体和职能部室根据董事会授权范围，对直接管控子公司的重大事项及重要人、财、物事项等经营运作过程进行管控和信息备案。同时，负有对子公司指导、监督和相关服务的义务	子公司管理制度	对子公司重大事项管理文件	企业发展部	经理
SC-CO-1 SC-CO-2 SC-CO-3 SC-CO-4 SC-CO-5	SC-R-105	公司内部财务与审计监督职能效果受主观及客观因素限制，未深入子公司经营管理层面，可能导致财务监督与审计监督职能弱化，影响对子公司管理效果	SC-CA-105	第十条 对子公司的内部审计监督：（一）公司定期或不定期实施对子公司的审计监督	子公司管理制度	年度子公司审计报告	纪检监察审计室	主任

第六章 全面预算管理（PB）

> **提示**：全面预算管理是一种全方位、全过程、全员参与编制并实施的预算管理模式，它凭借计划、协调、激励、评价等综合管理功能，将企业的战略目标与日常经营管理活动有机结合起来，综合考虑企业拥有和控制的所有资源，并在合理分配资源的基础上，监督与衡量企业及各部门的经营绩效，全方位地调动起各个层面及员工的积极性，实现企业的战略目标。此外，全面预算管理在战略管理、风险控制、成本控制、绩效考评、价值预算管理等方面充当一种联系工具，是促进战略目标实现的有效内控手段。正确规范其流程对提高企业经营效率、实现企业战略目标具有重要意义。

全面预算管理流程规定了公司及其控股子公司（以下简称"子公司"）全面预算的编制、审批、执行监督、调整、分析和考核的工作流程。旨在规范公司全面预算管理的具体流程，努力避免或降低公司在全面预算管理工作中存在的风险。

本流程涉及的具体子流程如表 6-1 所示。

表 6-1 具体子流程

子流程编号	涉及主要环节/内容
PB-01 全面预算管理	涉及公司全面预算的编制、审批、执行监督、调整、分析和考核

全面预算管理

(一) 概述

全面预算管理规定了公司及其控股子公司全面预算的编制、审批、执行、监督、调整、分析和考核的工作流程。旨在规范公司全面预算管理的具体流程，努力避免或降低公司在全面预算管理工作中存在的风险。

(二) 适用范围

适用于公司及子公司。

(三) 相关制度

➢《公司章程》。
➢《董事会议事规则》。
➢《总经理办公会议事规则》。
➢《财务管理与会计核算制度》。
➢《集团公司本部绩效管理实施办法》。

(四) 职责分工

1. 股东
➢审议批准公司的年度财务预算方案、决算方案。
2. 董事会
➢制定公司的年度财务预算方案、决算方案。
3. 总经理办公会
➢拟定公司的年度财务预算方案、决算方案。
➢负责决定全面预算中的重大问题及领导全面预算编制工作。
4. 预算工作小组
➢由公司总经理为组长，计划财务部及相关职能部门负责人为工作小组成员。
➢负责对预算目标拟定、预算拟稿、初审、申报。
5. 计划财务部
➢负责对各部门上报的预算进行汇总和平衡。

➤ 向相关部门提示并沟通遗漏事项和指标不符合公司总体经营目标的方面。

➤ 编制报表并撰写编制说明。

➤ 负责预算执行结果汇总考核，对预算偏离度指标进行考核。

6. 人力资源部

➤ 负责公司人工成本部分的预算工作。

➤ 负责预算执行情况考核汇总等具体工作。

7. 办公室

➤ 负责日常各项办公费用开支及固定资产更新的预算。

➤ 负责预算执行情况的考核。

8. 企业发展部

➤ 负责租金收入与房产资产与股权投资增减的预算。

➤ 负责预算执行结果绩效考核。

9. 审计监察室

➤ 负责预算执行结果的监督与绩效考核。

10. 各项目公司

➤ 负责当年项目投资支出、销售费用与销售资金回笼的预算。

11. 其他部门

➤ 负责其经办的支出与收入的预算。

（五）不相容职责

表6-2　不相容职责

岗位职责	预算目标设立	预算编制	预算审批	预算执行	预算考核	预算监督
预算目标设立		×	×	×	×	×
预算编制	×		×		×	×
预算审批	×	×		×	×	×
预算执行	×		×		×	×
预算考核	×	×	×	×		×
预算监督	×	×	×	×	×	

注：×表示不相容职责。

（六）关键流程

各预算执行机构	计划财务部	预算工作小组	总经理办公会	董事会/股东

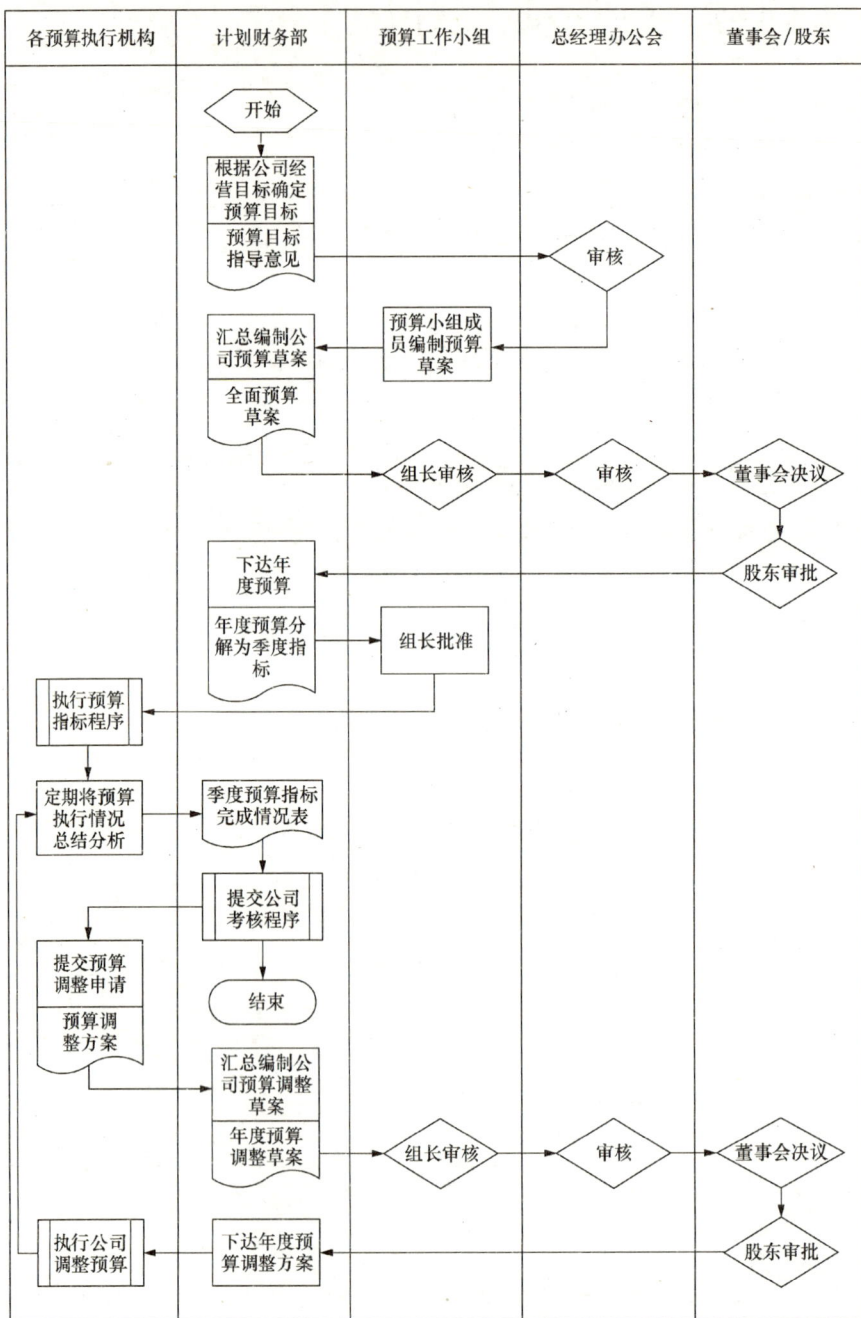

图6－1　全面预算管理流程

（七）控制目标

表6-3　控制目标

序号	《内控手册》具体控制目标编号	拟实现的内控目标	内控目标具体描述
1	PB - CO - 1	合法合规性目标	保证全面预算管理工作符合国家有关法律法规规定
2	PB - CO - 2	财务报告目标	不适用
3	PB - CO - 3	资产安全目标	不适用
4	PB - CO - 4	经营效率和效果目标	提升公司运营效率和经营效果
5	PB - CO - 5	发展战略目标	促进公司发展战略目标的实现

（八）风险控制矩阵

表6-4　风险控制矩阵

对应控制目标编号	风险编号	风险事项描述	关键控制措施编号	关键控制措施	对应制度	控制痕迹	风险责任部门	风险责任岗位
PB - CO - 1 PB - CO - 4 PB - CO - 5	PB - R - 101	公司未制定全面预算管理制度，不编制全面预算或全面预算主管机构不健全，可能导致企业经营缺乏约束或盲目经营，影响公司战略目标的实现	PB - CA - 101	第三十一条　预算管理依据：根据公司《全面预算管理办法》编制公司的全面预算管理。每年根据公司制定的经营发展目标及工作思路，确定年度经营目标，并逐层将目标分解，落实预算管理责任，同时每季度结合财务分析报告做好全面预算执行分析工作，提高全面预算执行力	财务管理与会计核算制度	公司预算规范文件	计划财务部	经理

对应控制目标编号	风险编号	风险事项描述	关键控制措施编号	关键控制措施	对应制度	控制痕迹	风险责任部门	风险责任岗位
PB－CO－1 PB－CO－4 PB－CO－5	PB－R－102	公司预算内容不完整,预算指标不合理,可能导致预算资源统筹、经营指导绩效考核的功能未能全面释放	PB－CA－102	第三十二条 人力资源部主要负责公司人工成本部分的预算工作;办公室负责日常各项办公费用开支及固定资产更新的预算;企业发展部负责租金收入与房产资产与股权投资增减的预算;各项目公司负责当年项目投资支出、销售费用与销售资金回笼的预算;其他部门负责其经办的支出与收入的预算。计划财务部门的主要职责是对各部门上报的预算进行汇总和平衡,向相关部门提示并沟通遗漏事项和指标不符合公司总体经营目标的方面,最后编制报表并撰写编制说明	财务管理与会计核算制度	年度预算	计划财务部	经理
PB－CO－1 PB－CO－4 PB－CO－5	PB－R－103	公司全面预算未按公司规定的程序进行有效沟通、审核、审批程序不完整,可能导致全面预算脱离实际、缺乏约束效力,造成全面预算执行困难	PB－CA－103	第三十三条 预算审批流程:预算经总经理办公会审核通过后,报公司董事会决议审批后上报公司	财务管理与会计核算制度	年度预算审批文件	计划财务部	经理

对应控制目标编号	风险编号	风险事项描述	关键控制措施编号	关键控制措施	对应制度	控制痕迹	风险责任部门	风险责任岗位
PB - CO - 1 PB - CO - 4 PB - CO - 5	PB - R - 104	公司年度预算目标未分解到季度或月度，无法及时反映预算阶段性目标及达成情况进入绩效考核程序，可能会造成预算管理不及时、预算控制不力	PB - CA - 104	第三十四条　计划财务部将年度预算目标分解到季度，报总经理批准后，下发各单位、部室执行；各单位、部室每季度终了后及时编制预算指标的完成情况表，报计划财务部汇总，计划财务部将汇总后季度预算指标完成情况表	财务管理与会计核算制度	预算分解为季度预算及审批文件	计划财务部	经理
PB - CO - 1 PB - CO - 4 PB - CO - 5	PB - R - 105	公司预算调整规定不合理，或未按履行审批程序，预算缺乏应有的约束，可能造成舞弊或预算流于形式	PB - CA - 105	第三十五条　调整年度预算：调整年度全面预算应上报书面申请，内容应包括：预算调整原因、预算调整方案和调整后的各预算表格，经公司总经理办公会审核、董事会审批后上报公司	财务管理与会计核算制度	年度预算调整及审批文件	计划财务部	经理

第七章 投资与担保管理（LA）

提示：投资是企业经营中的一项重要内容，企业应根据自身的发展战略和规划，结合资金状况及筹资可能性，拟定投资目标，制订投资计划。合理安排资金投放的数量、结构、方向与时机，慎选投资项目，突出主业。慎选从事股票或衍生金融工具等高风险投资。境外投资不应考虑政治、经济、法律、市场等因素影响。

担保是指企业根据《中华人民共和国担保法》和担保合同或协议，按照公平、自愿、互利的原则向被担保人提供一定方式的担保，并依法律规定和合同协议承担相应法律责任的行为。加强担保流程及管理，可及时了解被担保人财务情况，防范风险发生。

投资与担保管理流程规定了公司有关投资的调研与决策、实施、后评价以及对外担保上的申请、担保审批、反担保及注销担保等工作流程。旨在规范股份公司投资与担保具体流程，努力避免或降低公司在投资与担保管理工作中存在的风险。

本流程涉及的具体子流程如表7-1所示。

表7-1 具体子流程

子流程编号	涉及主要环节/内容
LA-01 投资管理	涉及股份公司投资的可行性研究与尽职调查；投资的立项；投资的决策与审批等内容
LA-02 担保管理	涉及担保管理程序，在对外担保上的申请、担保审批、反担保及注销担保等工作程序

一、投资管理

（一）概述

投资管理规定了公司及其控股子公司（以下简称"子公司"）有关投资的调研与决策、实施、后评的工作流程。旨在规范公司投资管理的具体流程，努力避免或降低公司在投资管理工作中存在的风险。

（二）适用范围

适用于公司及子公司。

（三）相关制度

➢ 《公司章程》。
➢ 《董事会议事规则》。
➢ 《总经理办公会议事规则》。
➢ 《投资管理办法》。

（四）职责分工

1. 股东
➢ 决定公司的投资计划。
2. 董事会和总经理办公会
➢ 是公司对外投资管理的决策机构。
➢ 负责审批对外投资项目（包括但不限于项目立项、可行性研究报告等）。
➢ 针对不同的对外投资项目，依据公司章程、法律、法规对决策权限的划分和决策事项的内容的规定，分别召开相关决策会议，按照议事规则，集体决策公司对外投资事项。
3. 企业发展部
➢ 负责有关投资管理的日常工作。
➢ 负责项目投资计划、方案及预算，逐级报批并执行已批准的对外投资项目，监管已投资项目。
4. 办公室
➢ 主要根据企业发展部提交的投资材料，拟定项目内部审批程序，组织召开董事会。

5. 计划财务部

➤负责参与尽职调查,负责项目进入或转让退出的财务分析和盈利预测。

➤根据已签署的对外投资(转让)合同,按时足额支付相应款项及监督收付款项。

➤根据集团公司分析和管理的需要,取得被投资公司的财务报告,对被投资公司的财务状况进行分析,维护集团公司的权益,确保集团公司利益不受损害。

6. 审计监察室(法务)

➤负责参与尽职调查,负责投资项目进入或转让退出过程中涉及的法律事项的调查,相关外部审批流程咨询,以及相关法律文件的起草、审核等。

7. 人力资源部

➤负责所属各单位人力资源政策、福利政策和组织机构的设置,以及改组、人员定编、定岗等。

➤对外投资组建参、控股公司,应根据公司《委派董、监事管理办法》相应派出董事、监事;应根据公司《干部任免管理办法》相应派出经营管理人员;应根据公司《委派会计管理办法》相应派出委派会计,参与或监督影响被投资公司的运营决策。

(五)不相容职责

表7-2 不相容职责

岗位职责	投资预算的编制	投资预算的审批	投资立项申请	投资立项审批
投资预算的编制		×		
投资预算的审批	×			
投资立项申请				×
投资立项审批			×	

注:×表示不相容职责。

（六）关键流程

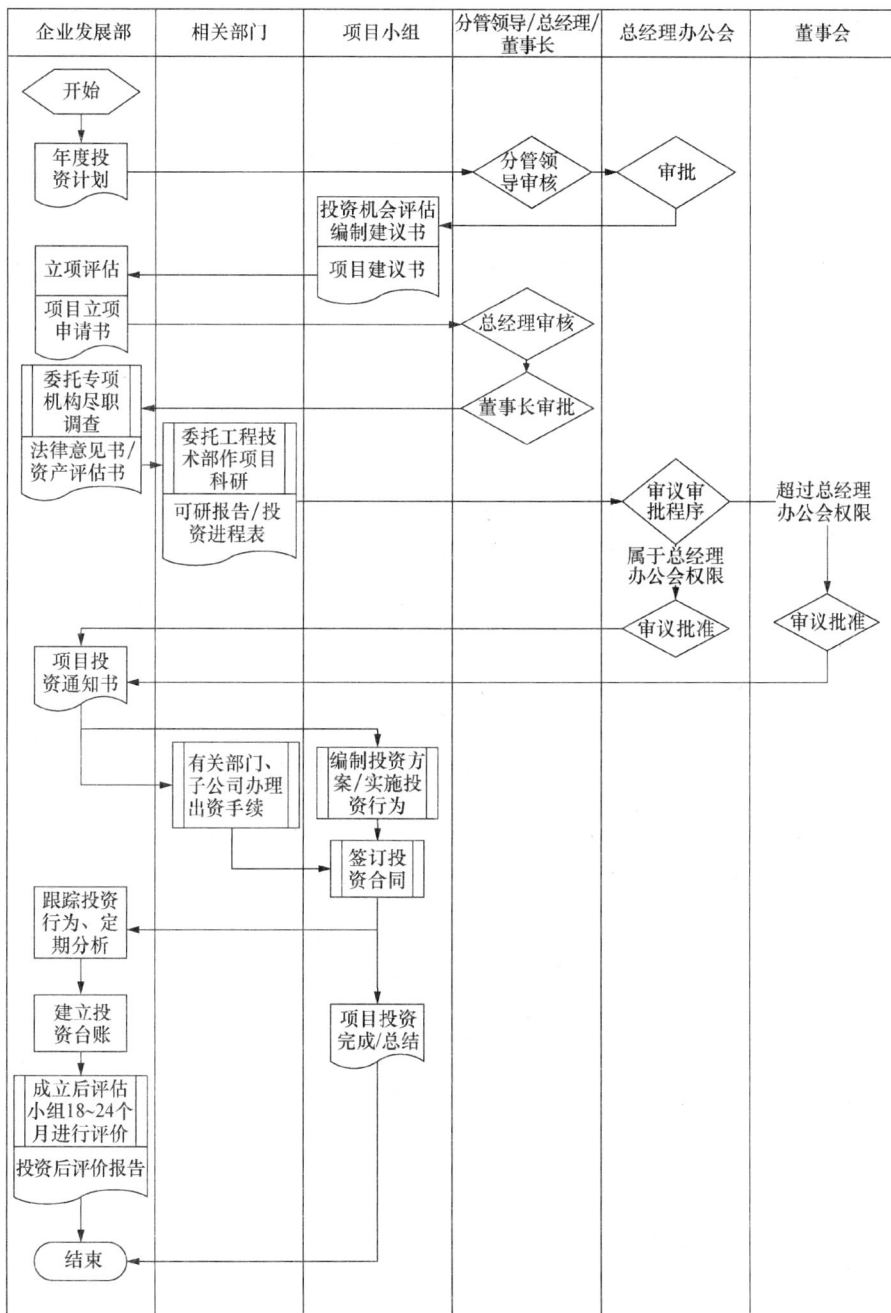

图 7－1　投资管理流程

（七）控制目标

表 7－3　控制目标

序号	《内控手册》具体控制目标编号	拟实现的内控目标	内控目标具体描述
1	LA－CO－1	合法合规性目标	保证投资管理工作符合国家有关法律法规规定
2	LA－CO－2	财务报告目标	保证投资行为所反映的财务信息真实、准确
3	LA－CO－3	资产安全目标	保证投资资产的安全、完整
4	LA－CO－4	经营效率和效果目标	提升公司运营效率和经营效果
5	LA－CO－5	发展战略目标	促进公司发展战略目标的实现

（八）风险控制矩阵

表 7－4　风险控制矩阵

对应控制目标编号	风险编号	风险事项描述	关键控制措施编号	关键控制措施	对应制度	控制痕迹	风险责任部门	风险责任岗位
LA－CO－1 LA－CO－4 LA－CO－5	LA－R－101	公司未制定投资管理的规范制度，投资管理职能不明确，可能导致投资流程管理混乱，影响投资效率和效果	LA－CA－101	第二条　1. 本办法中投资是指与公司战略规划相关的股权投资及其管理工作。2. 本办法以公司战略规划为前提，对对外投资工作的流程、周期与内容做出规定	投资管理办法	投资管理办法文本	企业发展部	经理
LA－CO－1 LA－CO－4 LA－CO－5	LA－R－102	未能制订合理的投资计划，可能使投资活动与公司发展战略不匹配，难以实现公司既定的战略目标	LA－CA－102	第五条　投资计划与投资机会选择：（一）企业发展部根据公司战略规划及投资任务要求，编制年度投资计划，经分管领导签署后报总经理办公会审议通过执行	投资管理办法	年度投资计划及相关审批文件	企业发展部	经理

对应控制目标编号	风险编号	风险事项描述	关键控制措施编号	关键控制措施	对应制度	控制痕迹	风险责任部门	风险责任岗位
LA－CO－1 LA－CO－4 LA－CO－5	LA－R－103	投资项目未提交投资方案，可能导致盲目投资，投资项目与公司战略目标不符。投资方案未按制度规定审批或审批流程流于形式，可能导致投资方案与公司战略目标不符或存在重大风险的项目通过审批	LA－CA－103	第七条　投资立项申请：（一）评估完成后，由企业发展部起草立项申请表（附投资方案项目建议书或调研报告），报公司总经理、董事长批准（立项申请表见附件一：项目立项申请表）	投资管理办法	投资方案项目建议书或调研报告及审批文件	企业发展部	经理
LA－CO－1 LA－CO－4 LA－CO－5	LA－R－104	进行投资前尽职调查不到位，可行性论证不科学、不全面，未能全面认识投资项目所在行业不确定性高或受外部因素巨大影响，可能导致投资方案难以对项目预期进行判断可能导致对后续投资带来风险，甚至失败	LA－CA－104	第八条　（一）企业发展部着手对项目进行审慎研究，委托专业机构开展尽职调查……（三）尽职调查是对外投资的必要程序，内容包括但不限于项目及项目方的运营状况、规章制度、财务状况，或有纠纷、债务、股权质押、冻结、行政处罚、未完成法院执行案件等多个方面，须委托具备相应资质的专业机构（如律师事务所、评估师事务所等）调查，提供专业性服务并出具独立的调查报告	投资管理办法	尽职调查报告	企业发展部	经理

对应控制目标编号	风险编号	风险事项描述	关键控制措施编号	关键控制措施	对应制度	控制痕迹	风险责任部门	风险责任岗位
LA－CO－1 LA－CO－4 LA－CO－5	LA－R－105	未与被投资方签订投资合同或协议，可能导致双方权责不清，影响投资进度或发生纠纷	LA－CA－105	第十条 （三）项目小组根据投资合作协议与被投资方签订书面投资合同，明确双方权利、责任和义务；投资合同履行集团公司会签程序	投资管理办法	投资合作合同或协议文本	企业发展部	经理
LA－CO－1 LA－CO－2 LA－CO－3 LA－CO－4 LA－CO－5	LA－R－106	未建立对已投资项目有效的监控管理机制，未对投资进行台账登记。对投资项目监管失控，可能导致投资项目严重偏离预期目标而未采取及时有效措施，造成投资损失、投资失败	LA－CA－106	第十一条 （四）企业发展部应建立投资管理台账，重点记录投资项目、投资金额、投资比例、投资期限等	投资管理办法	投资管理台账	企业发展部	经理
LA－CO－1 LA－CO－3 LA－CO－4 LA－CO－5	LA－R－107	对投资活动过程中形成的有关材料、法律文件没进行妥善保管和归档，未能有效执行投资台账和档案保管规定，可能影响投资项目信息完整性，造成投资权益受损或有瑕疵	LA－CA－107	第十七条 （一）企业发展部应设专人将投资的全部资料进行整理、汇总、排序、保存，按集团公司档案管理规定及时归档	投资管理办法	投资资料档案目录	企业发展部	经理

对应控制目标编号	风险编号	风险事项描述	关键控制措施编号	关键控制措施	对应制度	控制痕迹	风险责任部门	风险责任岗位
LA－CO－1 LA－CO－3 LA－CO－4 LA－CO－5	LA－R－108	未及时进行有效的、系统化的投资后评价，未将实际投资效果与预期进行比较，可能造成投资管理权责不清、奖罚不明，影响投资管理绩效	LA－CA－108	第十二条 投资总结及投资后评估：（一）对完成投资的项目由项目小组及时进行总结。（二）企业发展部牵头组织成立项目投资后评估小组，对项目进行评估。在投资项目实施并运营 18～24 个月后，企业发展部应对项目进行投资后评价，将投资项目实际运行的情况与可行性分析报告进行对比分析，并形成投资后评价报告	投资管理办法	投资评估报告	企业发展部	经理

二、担保管理

（一）概述

担保管理规定了公司及其控股子公司（以下简称"子公司"）涉及担保的管理程序，在对外担保上的申请、担保审批、反担保及注销担保等工作程序。旨在规范对外担保管理方面的各项具体工作，努力降低和避免各环节存在的风险。

（二）适用范围

适用于公司及子公司。

（三）相关制度

➢ 《公司章程》。

➢ 《董事会议事规则》。

➢ 《总经理办公会议事规则》。

➢ 《财务管理与会计核算制度》。

（四）职责分工

1. 董事会

➢决定公司对外担保事项。

2. 总经理办公会

➢拟定公司对外担保事项。

3. 计划财务部

➢审核公司对外提供的担保。

➢审核担保及抵押报告。

➢提出对外提供担保申请。

➢每月登记担保台账，按时编制《担保及抵押报告》。

➢担保合同到期时间，及时到银行办理注销手续。

➢被担保人之偿还债务能力已经或将要发生重大不利变化的情况，及时制定应急方案。

（五）不相容职责

表 7-5　不相容职责

岗位职责	对外担保申请	审核	审批
对外担保申请		×	×
审核	×		×
审批	×	×	

注：×表示不相容职责。

（六）关键流程

计划财务部	财务总监	总经理	总经理办公会	董事会

开始

主办会计填写对外担保申请

担保合同文本 → 审核 → 审核 → 审核 → 审批

签署担保合同、履行合同会签

登记备案，登记担保台账

担保台账

定期编制担保及抵押报告

担保及抵押报告 → 审核

监管被担保人偿债能力

办理到期担保注销手续

结束

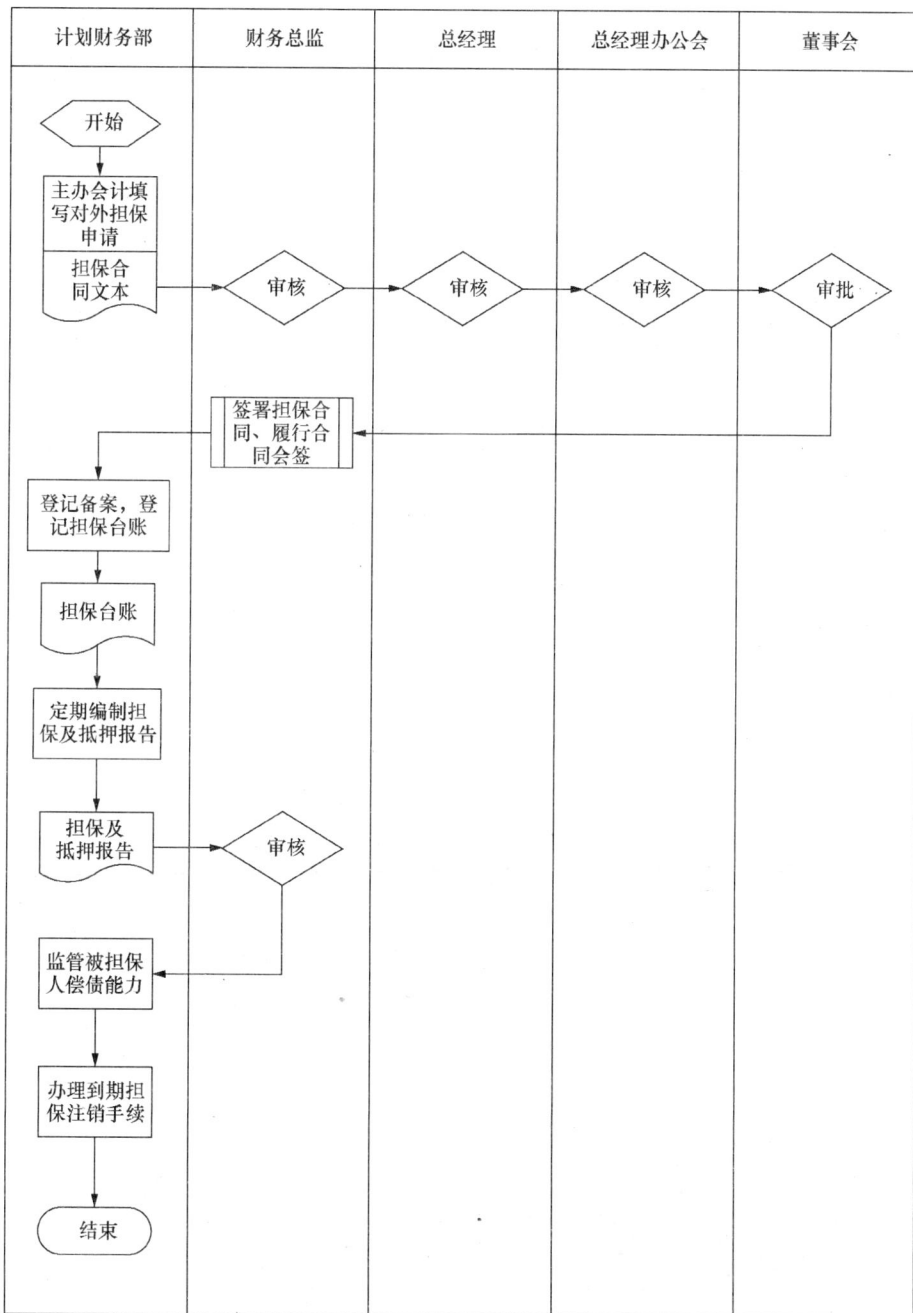

图 7－2 担保管理流程

（七）控制目标

表7-6 控制目标

序号	《内控手册》具体控制目标编号	拟实现的内控目标	内控目标具体描述
1	LA-CO-1	合法合规性目标	保证担保工作符合国家有关法律法规规定
2	LA-CO-2	财务报告目标	不适用
3	LA-CO-3	资产安全目标	保证担保资产的安全、完整
4	LA-CO-4	经营效率和效果目标	提升公司运营效率与经营效果
5	LA-CO-5	发展战略目标	促进公司发展战略目标的实现

（八）风险控制矩阵

表7-7 风险控制矩阵

对应控制目标编号	风险编号	风险事项描述	关键控制措施编号	关键控制措施	对应制度	控制痕迹	风险责任部门	风险责任岗位
LA-CO-1 LA-CO-3 LA-CO-4 LA-CO-5	LA-R-201	公司未制定担保管理制度，使得担保管理混乱，违规担保，可能无法对担保及债务进行统筹管理，造成资产损失，损害公司利益	LA-CA-201	第七十六条 公司担保管理根据公司下发的《担保管理办法》，规范担保行为，有效防范企业经营和财务风险	财务管理与会计核算制度	财务管理与会计核算制度文本	计划财务部	经理
LA-CO-1 LA-CO-3 LA-CO-4 LA-CO-5	LA-R-202	未建立担保台账，担保数据未被真实、准确、完整地记录，导致财务报表错报或披露与事实不符	LA-CA-202	第七十七条 （一）计划财务部应建立担保台账，及时将担保数据真实、准确、完整地记录下来	财务管理与会计核算制度	担保台账	计划财务部	经理

对应控制目标编号	风险编号	风险事项描述	关键控制措施编号	关键控制措施	对应制度	控制痕迹	风险责任部门	风险责任岗位
LA－CO－1 LA－CO－3 LA－CO－4 LA－CO－5	LA－R－203	在担保期内未定期对被担保单位及项目的财务和生产经营情况进行了解以及调查分析，未及时发现担保人出现财务困难或经营陷入困境等状况，可能导致企业承担法律责任	LA－CA－203	第七十七条 （二）计划财务部应在担保期内定期对被担保单位及项目的财务和生产经营情况进行了解以及调查分析，及时发现担保人出现财务困难或经营陷入困境等状况，采取应急措施程序完结担保行为	财务管理与会计核算制度	对被担保单位资信调查记录	计划财务部	经理
LA－CO－1 LA－CO－3 LA－CO－4 LA－CO－5	LA－R－204	担保期满后未及时终止担保关系并清理担保资产及相关凭证，可能导致债权人因债务人未及时还清债务而处置相关抵押资产，造成公司资产损失	LA－CA－204	第七十七条 （三）计划财务部在担保期满后应及时终止担保关系并清理担保资产及相关凭证，防止债权人因债务人未及时还清债务而处置相关抵押资产	财务管理与会计核算制度	担保清理文件资料	计划财务部	经理

第八章 市场营销管理（MD）

提示：旧的商业模式已经解体，要想生存就必须进行改革。营销的本质是理解消费者，关注消费者的思维和生活方式，而不是按照企业的思维，更不是研究同行或用同行的思维决定自己的思维。营销战略就是在合适的时间做合适的事情，在实现顾客价值上有所作为。市场营销管理流程为房地产企业指明了道路。掌握它有利于防范风险、实现目标。

市场营销流程规定了公司涉及市场营销策略与市场营销计划、市场营销活动（土地"招、拍、挂"）管理、市场营销活动评价等工作流程。旨在规范公司房地产开发活动中市场营销管理的具体流程，努力避免或降低公司在市场营销管理工作中存在的风险。

本流程涉及的具体子流程如表 8-1 所示。

表 8-1　具体子流程

子流程编号	涉及主要环节/内容
MD-01 市场营销管理	涉及市场营销策略与市场营销计划、市场营销活动（土地"招、拍、挂"）管理、市场营销活动评价等环节

市场营销管理

（一）概述

市场营销管理规定了公司及其控股子公司（以下简称"子公司"）有关市场

营销策略与市场营销计划、市场营销活动（土地"招、拍、挂"）管理、市场营销活动评价等工作流程。旨在规范公司房地产开发活动中市场营销管理的具体流程，努力避免或降低公司在市场营销管理工作中存在的风险。

（二）适用范围

适用于公司及子公司。

（三）相关制度

➤ 《市场营销管理制度》。

（四）职责分工

1. 总经理
➤ 负责批准《销售方案》。
2. 分管领导
➤ 负责审核《销售方案》。
3. 工程技术部
➤ 在公司前期调研准备与策划的基础上，策划本项目的市场营销活动，编制《销售方案》，《销售方案》必须具备完整的市场调研的相关资料。
➤ 提出委托销售活动申请，根据集团公司《内部招标管理规定》确定第三方"销售公司"；与中标人签订房地产销售活动代理合同，履行公司合同会审程序。
➤ 定期对第三方的市场营销活动开展过程进行应有的督导，形成督导记录。并进入对第三方服务考核程序。
4. 相关部门
➤ 负责会审《销售方案》。

（五）不相容职责

表 8 - 2　不相容职责

岗位职责	战略规划的拟定	战略规划的审批	战略规划的执行
销售方案的拟定		×	
销售方案的审批	×		×
销售方案的执行		×	

注：×表示不相容职责。

（六）关键流程

调研小组	工程技术部	相关部门	分管领导/总经理	总经理办公会

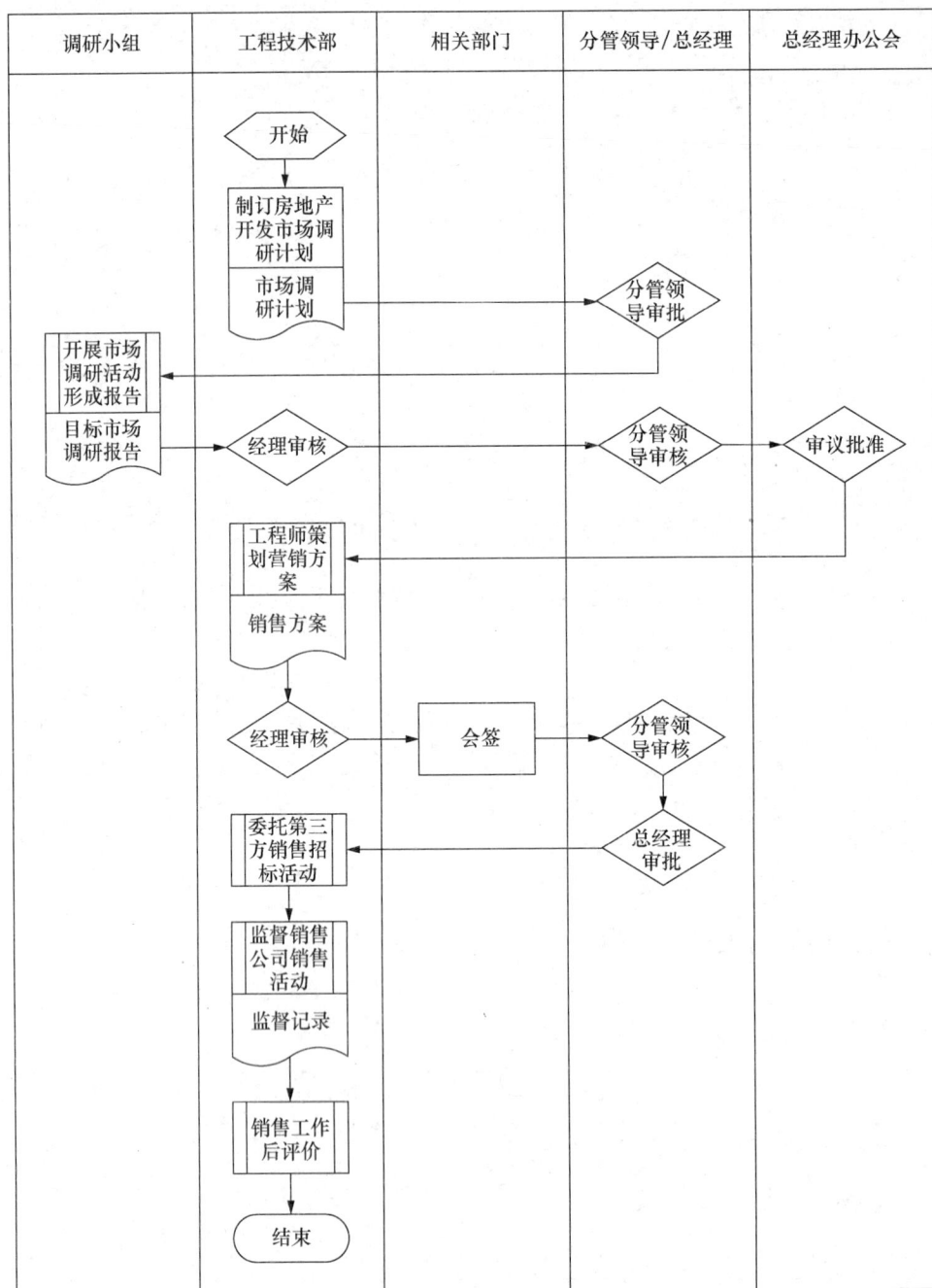

图8-1 市场营销管理流程

（七）控制目标

表 8-3　控制目标

序号	《内控手册》具体控制目标编号	拟实现的内控目标	内控目标具体描述
1	MD-CO-1	合法合规性目标	保证市场营销管理工作的开展符合国家有关法律法规规定
2	MD-CO-2	财务报告目标	不适用
3	MD-CO-3	资产安全目标	保证市场营销管理所涉及公司资产的安全、完整
4	MD-CO-4	经营效率和效果目标	提升公司运营效率和经营效果
5	MD-CO-5	发展战略目标	促进公司发展战略目标的实现

（八）风险控制矩阵

表 8-4　风险控制矩阵

对应控制目标编号	风险编号	风险事项描述	关键控制措施编号	关键控制措施	对应制度	控制痕迹	风险责任部门	风险责任岗位
MD-CO-1 MD-CO-2 MD-CO-3 MD-CO-4	MD-R-101	公司未制定市场营销管理制度，市场营销管理程序不明确，市场营销职能不明确或多头管理，可能导致企业市场营销管理混乱，浪费营销资源，影响企业市场拓展	MD-CA-101	第一条　目的：为加强对公司房地产市场营销策划事务的管理，明确责任，使工作有序开展，特制定市场营销制度	市场营销管理制度	市场营销管理制度文本	工程技术部	经理

对应控制目标编号	风险编号	风险事项描述	关键控制措施编号	关键控制措施	对应制度	控制痕迹	风险责任部门	风险责任岗位
MD - CO - 1 MD - CO - 1 MD - CO - 4 MD - CO - 5	MD - R - 102	公司市场营销缺乏总体规划或市场企划，市场营销缺乏方向和推进计划，可能导致市场营销长期目标缺失或与公司发展战略不匹配，浪费营销资源，丧失企业市场拓展机会或企业形象	MD - CA - 102	第九条 工程技术部在公司前期调研准备与策划的基础上，策划本项目的市场营销活动，编制《销售方案》，《销售方案》必须具备完整的市场调研的有关资料。销售方案内容应包括销售方式及渠道、销售单位组织设计、广告方案、价格定位及策略、"VI形象设计"等	市场营销管理制度	销售方案	工程技术部	经理
MD - CO - 1 MD - CO - 1 MD - CO - 4 MD - CO - 5	MD - R - 103	公司市场营销手段单一或营销策略针对性不强，市场营销效果差，可能导致营销资源浪费，或市场增长不力、市场份额下降	MD - CA - 103	第十一条 市场营销活动可委托第三方"销售公司"进行；由工程技术部提出委托销售活动申请，根据集团公司《内部招标管理规定》确定第三方"销售公司"；与中标人签订房地产销售活动代理合同，履行公司合同会审程序	市场营销管理制度	委托代理销售合同	工程技术部	经理
MD - CO - 1 MD - CO - 1 MD - CO - 4 MD - CO - 5	MD - R - 104	公司市场营销活动缺乏前期调研准备与策划，市场营销活动方案未履行相应的审批程序，可能导致营销活动效果差，营销资源浪费	MD - CA - 104	第三条 公司工程技术部根据房地产开发需要及目标市场的要求，制订详细、周密的房地产开发项目市场调研计划，其内容应当包括：确定调查的具体内容，包括具体实施调查的对象个体，确定具体的调查范围；针对本次调查目的和内容确定具体调查方法；调查日期和调查作业进度的安排	市场营销管理制度	目标市场调研计划及相关审批文件	工程技术部	经理

对应控制目标编号	风险编号	风险事项描述	关键控制措施编号	关键控制措施	对应制度	控制痕迹	风险责任部门	风险责任岗位
MD-CO-1 MD-CO-1 MD-CO-4 MD-CO-5	MD-R-105	公司市场营销活动开展过程缺乏应有的督导，营销活动管理混乱，可能导致营销活动效果差，营销资源浪费或舞弊	MD-CA-105	第十二条 工程技术部根据合同约定，应定期对第三方的市场营销活动开展过程进行应有的督导，形成督导记录。并进入对第三方服务考核程序	市场营销管理制度	销售过程督导记录	工程技术部	经理
MD-CO-1 MD-CO-1 MD-CO-4 MD-CO-5	MD-R-106	公司市场营销活动效果缺乏评价与项目考核机制，营销活动职权不清晰，可能导致营销管理水平得不到提升或营销资源浪费	MD-CA-106	第十三条 对第三方所开展的房地产销售活动效果进行评价，并纳入合格供方名录	市场营销管理制度	房地产销售活动评价报告	工程技术部	经理

第九章　人力资源管理（HR）

提示：人力资源是组织中拥有成员的体质、智力、知识、技能、潜能和协作力的总和，是企业拥有资源中最重要的资源，人力资源的管理流程包括进、用、出，薪酬福利，培训，人事关系及绩效考评等流程。合理、有效、简化流程，可有效提升效率，对充分发挥人的积极性具有重要作用。

人力资源管理流程规定了公司及其控股子公司（简称"子公司"）年度用工需求计划、员工招聘与劳动合同、员工培训与后备人才培养、员工薪酬福利与绩效考核、员工职级职称与干部管理、员工退出管理等工作流程。旨在规范公司人力资源管理的具体流程，努力避免或降低公司在人事管理工作中存在的风险。

本流程涉及的具体子流程如表9－1所示。

表9－1　具体子流程

子流程名称与编号	涉及主要环节/内容
HR－01 员工招聘、使用与退出流程	涉及公司年度招聘计划的制订、招聘程序实施、员工使用、员工退出等工作流程
HR－02 员工薪酬与福利管理流程	涉及公司员工薪酬规范与薪资政策制定、薪资核算与审批和发放、薪资调整等工作流程
HR－03 员工培训管理流程	涉及公司培训计划及培训预算的制定和审批、培训实施与考核、培训的检查与监督、培训资料归档等工作流程
HR－04 人事关系管理流程	涉及公司员工劳动合同的签订、履行、解除（包括辞职和辞退）等流程
HR－05 绩效考核管理流程	涉及公司绩效考核体系的设计、绩效考核实施程序及考核结果运用与反馈等流程

一、员工招聘、使用与退出

（一）概述

员工招聘、使用与退出规定了公司及其控股子公司（以下简称"子公司"）涉及定岗定编、招聘需求申报、招聘年度需求计划的编制与审核及招聘实施、员工使用、员工退出等程序。旨在规范招聘、使用与退出管理方面的各项具体工作，努力降低和避免招聘、使用、退出环节存在的风险。

（二）适用范围

适用于公司及子公司。

（三）相关制度

➤《公司本部员工招聘、使用与退出管理实施办法》。

➤《所属企业员工招聘录用与退出管理实施办法》。

➤《干部任免管理规定》。

（四）职责分工

1. 总经理办公会

➤审批年度人力资源计划。

2. 党委会

➤审批本部部门经理（主任）助理及以上中层干部人选任命。

3. 总经理/党委书记

➤总经理审核年度人力资源计划。

➤总经理审批招聘年度需求计划。

➤总经理/党委书记分别决定录用招聘人员。

➤总经理审批试用期合格人员的转正申请。

➤总经理审批辞退员工申请和员工辞职申请。

4. 人事分管领导/用人部门分管领导

➤人事分管领导审核年度人力资源计划。

➤人事分管领导审核招聘年度需求计划。

➤人事分管领导审核录用招聘人员。

➤人事分管领导审核试用期合格人员的转正手续。

➢ 人事分管领导审核员工辞职申请。

➢ 用人部门分管领导审核招聘候选人。

➢ 用人部门分管领导参加初试合格候选人的复试。

➢ 审核辞退员工申请。

➢ 审核员工辞职申请。

5. 各部门、项目公司负责人

➢ 负责制订本部门招聘计划。

➢ 负责提出招聘申请。

➢ 参加招聘候选人的初试。

➢ 审核录用招聘人员。

➢ 审核试用期转正手续。

➢ 提出辞退员工申请。

➢ 审核员工辞职申请。

6. 人力资源部

➢ 负责编制年度人力资源计划。

➢ 负责统一汇总各单位招聘计划。

➢ 编制下年度定岗定编计划。

➢ 发布招聘信息（单位简介、招聘岗位等），并及时变更招聘信息。

➢ 对应聘人员进行筛选、初试。

➢ 反馈候选人信息至用工部门并进行复试安排。

➢ 进行薪酬福利交流、安排体检，并做好应聘者背景调查、个人资料审批等工作。

➢ 办理员工入职手续，签订劳动合同，并及时更新花名册。

➢ 办理员工试用期合格人员的转正手续。

➢ 办理辞退员工手续。

➢ 完成年度招聘回顾总结和分析，形成报告。

（五）不相容职责

表9-2 不相容职责

岗位职责	年度招聘计划编制	年度招聘计划审核	年度招聘计划审批
年度招聘计划编制		×	×
年度招聘计划审核	×		×
年度招聘计划审批	×	×	
人员招聘初试		×	×
人员招聘复试	×		×
人员招聘确认	×	×	

注：×表示不相容职责。

（六）关键流程

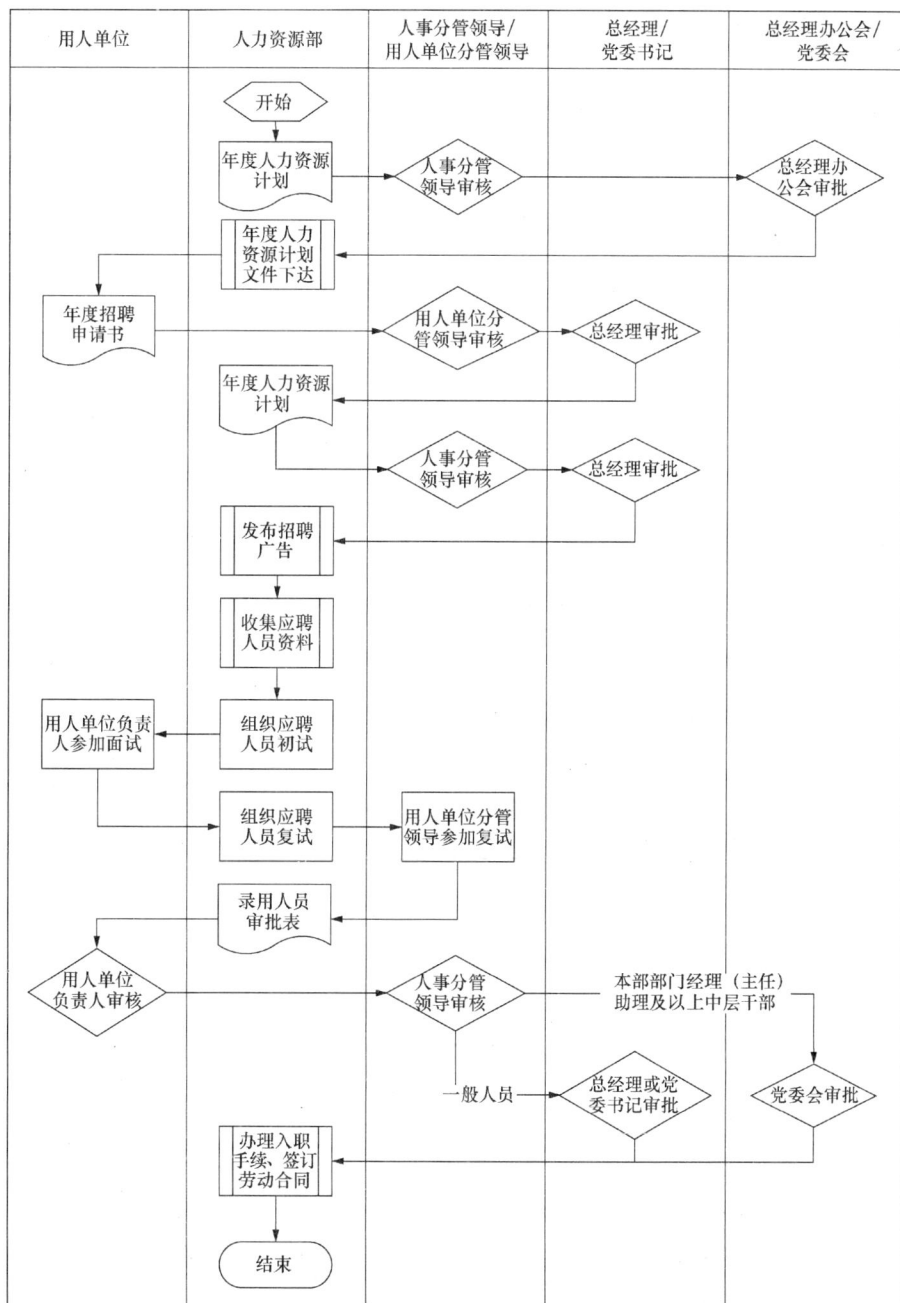

用人单位	人力资源部	人事分管领导/ 用人单位分管领导	总经理/ 党委书记	总经理办公室/ 党委会
	开始			
	年度人力资源计划	人事分管领导审核		总经理办公会审批
	年度人力资源计划文件下达			
年度招聘申请书		用人单位分管领导审核	总经理审批	
	年度人力资源计划			
		人事分管领导审核	总经理审批	
	发布招聘广告			
	收集应聘人员资料			
用人单位负责人参加面试	组织应聘人员初试			
	组织应聘人员复试	用人单位分管领导参加复试		
	录用人员审批表			
用人单位负责人审核		人事分管领导审核	本部部门经理（主任）助理及以上中层干部	
		一般人员	总经理或党委书记审批	党委会审批
办理入职手续、签订劳动合同				
	结束			

图 9-1　员工招聘管理流程

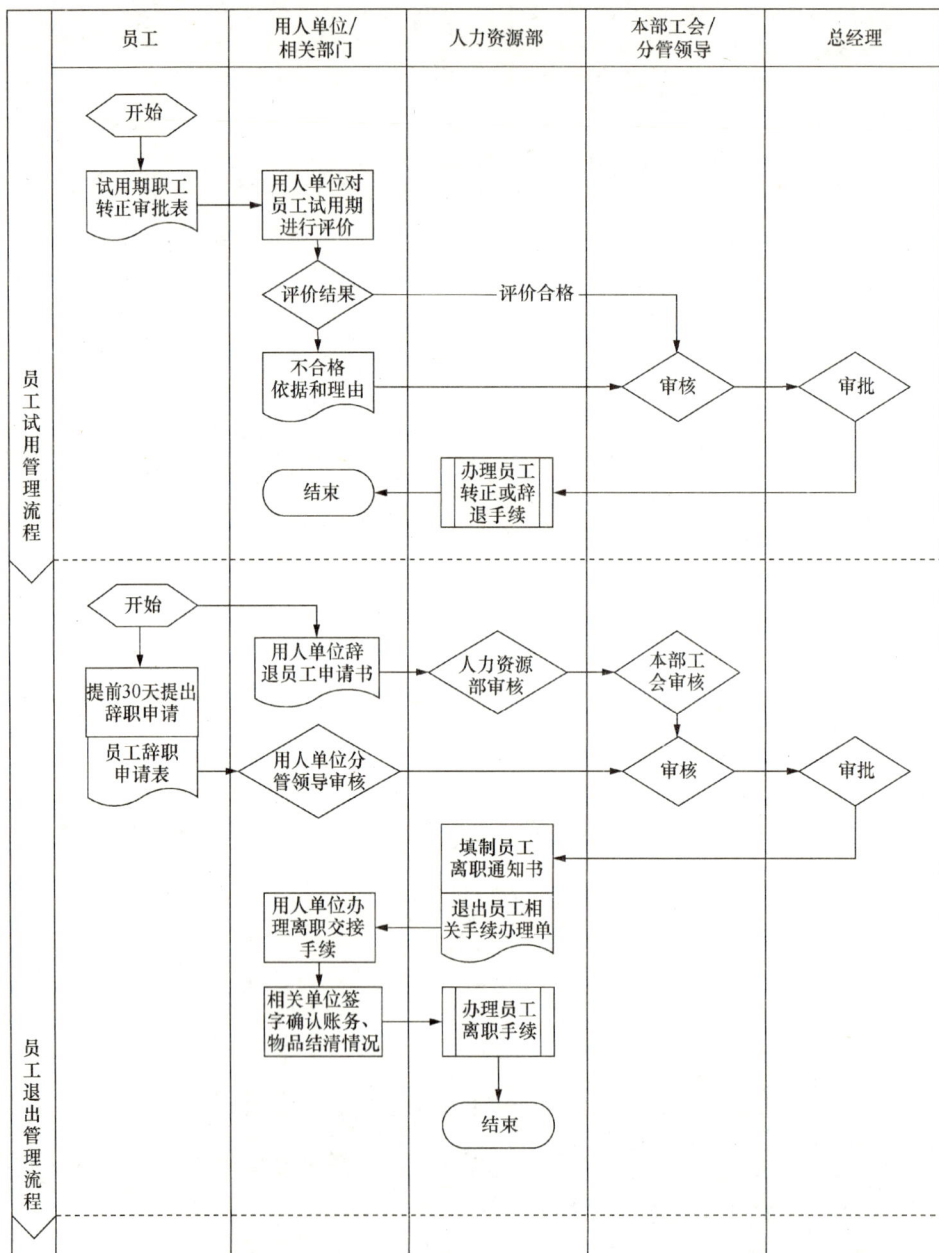

图9－2　员工试用与退出管理流程

（七）控制目标

表 9-3　控制目标

序号	《内控手册》具体控制目标编号	拟实现的内控目标	内控目标具体描述
1	HR - CO - 1	合法合规性目标	保证员工招聘、使用、退出工作符合国家有关法律法规规定
2	HR - CO - 2	财务报告目标	不适用
3	HR - CO - 3	资产安全目标	保证公司资产的安全、完整
4	HR - CO - 4	经营效率和效果目标	提升公司运营效率和经营效果
5	HR - CO - 5	发展战略目标	促进公司发展战略目标的实现

（八）风险控制矩阵

表 9-4　风险控制矩阵

对应控制目标编号	风险编号	风险事项描述	关键控制措施编号	关键控制措施	对应制度	控制痕迹	风险责任部门	风险责任岗位
HR - CO - 1 HR - CO - 3 HR - CO - 4 HR - CO - 5	HR - R - 101	公司未制定人事管理制度，使得人力资源管理不规范，职责不明确，可能导致人力资源工作效率低，影响正常经营	HR - CA - 101	第一条　目的：为了满足公司持续发展对人才的需求，建立健全、良好的选人、用人等人事管理机制，特制定本办法	集团公司本部员工招聘、使用与退出管理实施办法	集团公司本部员工招聘、使用与退出管理实施办法文本	人力资源部	经理
HR - CO - 1 HR - CO - 3 HR - CO - 4 HR - CO - 5	HR - R - 102	公司未制订人力资源年度计划，未能合理统筹人力资源供求，到岗时间与人员质量得不到保障，临时招聘压力大	HR - CA - 102	第二条　3. 每年年初集团人力资源部根据集团公司战略发展目标所编制的人力资源规划，制订年度人力资源计划	集团公司本部员工招聘、使用与退出管理实施办法	年度人力资源计划	人力资源部	经理

对应控制目标编号	风险编号	风险事项描述	关键控制措施编号	关键控制措施	对应制度	控制痕迹	风险责任部门	风险责任岗位
HR－CO－1 HR－CO－3 HR－CO－4 HR－CO－5	HR－R－103	人力资源部未能对初步面试合格的重要岗位应聘人进行背景调查，可能导致对应聘者的背景了解不够充分，录用后引发纠纷或不满足岗位要求	HR－CA－103	第六条 6. 经审批同意录用的人员，集团人力资源部根据其提供的信息，对其进行背景资料核实调查，同时负责通知应聘者确认入职时间，签订劳动合同	集团公司本部员工招聘、使用与退出管理实施办法	重要岗位录用人员背景调查资料	人力资源部	人事管理岗
HR－CO－1 HR－CO－3 HR－CO－4 HR－CO－5	HR－R－104	应聘者未经过规定审批或重要人事任用未通过集体决策，可能导致被录用人员不符合岗位要求，影响岗位工作绩效	HR－CA－104	第六条 5. 对于面试合格的关键岗位候选人，集团人力资源部负责通知应聘者填写《集团本部及所属项目公司招聘录用员工审批表》，报用人部门负责人、分管领导、总经理/党委书记审批	集团公司本部员工招聘、使用与退出管理实施办法	录用人员审批表	人力资源部	经理
HR－CO－1 HR－CO－3 HR－CO－4 HR－CO－5	HR－R－105	新聘员工试用期考核不规范，可能导致录用人员不符合岗位要求，影响岗位工作绩效	HR－CA－105	第八条 试用期：1. 新录用员工劳动合同期限为 2~3 年，试用期一般为 2~6 个月，试用期满后，领岗人及用人部门负责人须认真填写《试用期职工转正审批表》，对新录用员工进行试用期工作评价，并提出是否转正建议，报集团人力资源部，并提交分管领导、总经理审批后，办理转正手续	集团公司本部员工招聘、使用与退出管理实施办法	使用期职工转正审批表	人力资源部	人事管理岗

对应控制目标编号	风险编号	风险事项描述	关键控制措施编号	关键控制措施	对应制度	控制痕迹	风险责任部门	风险责任岗位
HR－CO－1 HR－CO－3 HR－CO－4 HR－CO－5	HR－R－106	未能及时与职工签订书面劳动合同，关键岗位聘用人员未签订保密协议，可能导致劳动法律纠纷或公司机密泄露	HR－CA－106	第七条　3. 新录用员工入职后，集团人力资源部应及时与其签订《劳动合同》（含附属文件）。并办理相关社会保险、公积金缴纳等手续。4. 对于涉及集团公司商业秘密和知识产权等关键岗位，集团公司与员工签订保密协议，主要包括集团公司高层经营管理人员、职能部门负责人；信息披露、投融资、技术研发、经营、财务、审计风控、人力资源等关键岗位人员	集团公司本部员工招聘、使用与退出管理实施办法	当年录用员工劳动合同、关键岗位保密协议	人力资源部	人事管理岗
HR－CO－1 HR－CO－3 HR－CO－4 HR－CO－5	HR－R－107	公司未建立关键岗位定期轮换制度，使得关键岗位人员长期垄断业务内控信息，可能导致舞弊风险	HR－CA－107	8. 建立轮岗机制：首先识别应轮岗的关键岗位名册，予以公布；制定轮岗定期（1～3年期间）期限；轮岗的形式。本部各部门之间的轮岗（特别是关键岗位的人员）；本部与所属公司人员之间的轮岗；轮岗条件。集团人力资源部根据工作需要、专业匹配统筹安排轮岗计划，经分管领导审核后，报总经理办公会批准后执行	集团公司本部员工招聘、使用与退出管理实施办法	当年轮岗名单及审批文件	人力资源部	经理

对应控制目标编号	风险编号	风险事项描述	关键控制措施编号	关键控制措施	对应制度	控制痕迹	风险责任部门	风险责任岗位
HR-CO-1 HR-CO-3 HR-CO-4 HR-CO-5	HR-R-108	人力资源退出机制不当，缺乏淘汰竞争机制，可能导致企业人浮于事，工作效率低下或人力资源成本较高	HR-CA-108	第九条 劳动合同的解除：根据集团公司与员工签订的劳动合同条款，其中一方违反解除劳动合同条款的，另一方可提出解除劳动合同。1. 在劳动合同期内，员工因个人原因提出辞职或调离公司，原则上须提前30天以书面形式向部门负责人申请	集团公司本部员工招聘、使用与退出管理实施办法	员工离职申请、辞退员工通知书	人力资源部	经理
HR-CO-1 HR-CO-3 HR-CO-4 HR-CO-5	HR-R-109	员工离职（辞职、辞退）未能按照公司相关规定流程进行批准与审核，可能导致公司正常运营受干扰，工作交接不清	HR-CA-109	第九条 2. 员工辞职申请须经部门负责人审核、分管领导和总经理审批同意后，人力资源部办理有关手续后方可离职	集团公司本部员工招聘、使用与退出管理实施办法	员工离职批准文件	人力资源部	经理
HR-CO-1 HR-CO-3 HR-CO-4 HR-CO-5	HR-R-110	企业关键岗位人员离职前，未执行工作交接或离任审计，可能导致交接岗位权责不清，影响工作正常开展，或经济责任不明确	HR-CA-110	第十条 所有员工离职前，必须根据集团公司的要求，配合所在部门及相关部门办理完所有的工作移交手续	集团公司本部员工招聘、使用与退出管理实施办法	员工离职交接书	人力资源部	经理

二、员工薪酬与福利管理

（一）概述

员工薪酬与福利管理规定了公司及其控股子公司（以下简称"子公司"）涉及工资总额预算、薪酬分配、薪酬结构、薪酬确定、薪酬调整、福利标准与发放等程序。旨在规范员工薪酬福利管理方面的各项具体工作，努力降低和避免薪酬福利管理环节存在的风险。

（二）适用范围

适用于公司及子公司。

（三）相关制度

➢《集团公司本部薪酬福利管理规定》。

（四）职责分工

1. 总经理办公会
➢审议、审批整体薪酬福利体系标准与整体薪酬福利调整方案。
➢批准特殊职级调整。
➢批准工作业绩突出或特殊贡献员工薪酬职级调升。
➢批准公司助理任职满 1 年后，考核后的工资职级上调一档。

2. 总经理
➢审核整体薪酬福利体系标准与整体薪酬福利调整方案。
➢审核特殊职级调整。
➢审批员工一般职级调整。
➢审批派驻会计人员提出职级上调申请。
➢审批享受工地津贴人员名单。
➢审批员工工资核算与发放表。

3. 分管领导
➢审核整体薪酬福利体系标准与整体薪酬福利调整方案。
➢审核特殊职级调整。

➢审核员工一般职级调整。

➢负责审核派驻会计人员提出职级上调申请。

➢负责审核享受工地津贴人员名单。

4. 人力资源部

➢负责提出整体薪酬福利体系标准与整体薪酬福利调整方案。

➢负责提出审核员工一般职级调整。

➢负责办理员工职级调整手续。

➢负责编制员工工资核算与发放表。

➢拟定和完善公司薪酬制度和年度工资预算方案。

➢监督并指导各子企业的薪酬管理工作。

5. 计划财务部

➢负责派驻会计人员提出职级上调申请。

➢审核员工工资核算与发放表。

6. 各部门、项目公司

➢负责提出员工调整职级申请。

➢负责提出享受工地津贴人员名单。

（五）不相容职责

表9-5 不相容职责

岗位职责	薪酬核算	薪酬审核	薪酬审批
薪酬核算		×	×
薪酬审核	×		×
薪酬审批	×	×	
薪酬福利调整方案申请		×	×
薪酬福利调整方案审核	×		×
薪酬福利调整方案审批	×	×	

注：×表示不相容职责。

（六）关键流程

各部门、项目公司	人力资源部	分管领导	总经理	总经理办公会

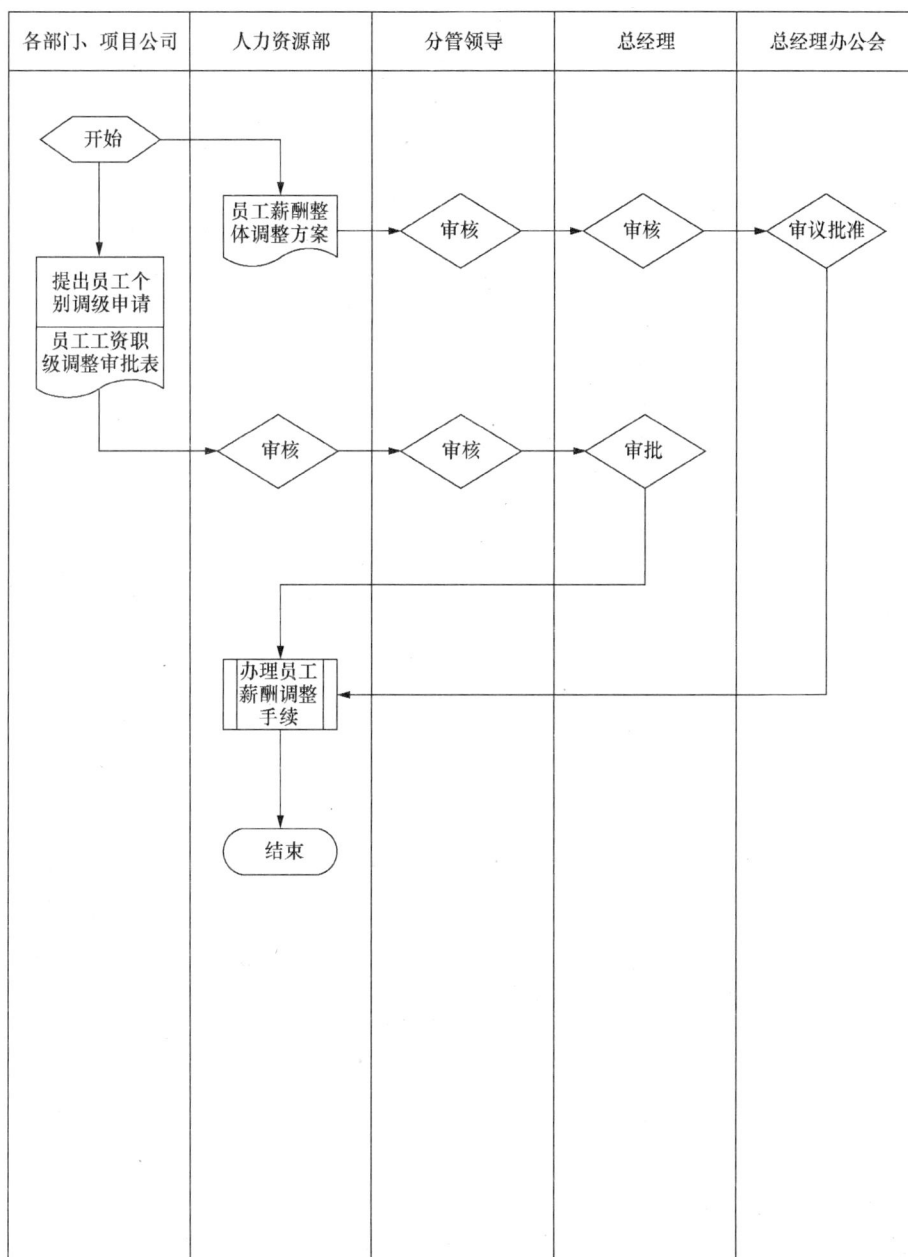

图 9－3 员工薪酬调整流程

（七）控制目标

表9-6　控制目标

序号	《内控手册》具体控制目标编号	拟实现的内控目标	内控目标具体描述
1	HR-CO-1	合法合规性目标	保证薪酬福利工作符合国家有关法律法规规定
2	HR-CO-2	财务报告目标	保证薪酬福利核算会计信息真实、准确
3	HR-CO-3	资产安全目标	保证公司资产的安全、完整
4	HR-CO-4	经营效率和效果目标	提升公司运营效率和经营效果
5	HR-CO-5	发展战略目标	促进公司发展战略目标的实现

（八）风险控制矩阵

表9-7　风险控制矩阵

对应控制目标编号	风险编号	风险事项描述	关键控制措施编号	关键控制措施	对应制度	控制痕迹	风险责任部门	风险责任岗位
HR-CO-1 HR-CO-2 HR-CO-3 HR-CO-4 HR-CO-5	HR-R-201	员工薪酬变动未经恰当审核、审批程序，可能导致薪酬变动不合理或薪酬舞弊风险	HR-CA-201	附件1（三）2.由集团人力资源部制定调整方案，经总经理办公会议审议通过后实施	本部薪酬福利管理规定	薪酬调整审批表	人力资源部	经理

对应控制目标编号	风险编号	风险事项描述	关键控制措施编号	关键控制措施	对应制度	控制痕迹	风险责任部门	风险责任岗位
HR－CO－1 HR－CO－2 HR－CO－3 HR－CO－4 HR－CO－5	HR－R－202	未按劳动合同及相关法规条例要求，为职工及时、准确缴纳各种社会保险费，可能导致法律风险和财务报告信息不准确	HR－CA－202	第十条　员工社会保险机制：1.凡与集团公司签订劳动合同的员工，集团公司均为其办理国家规定的社会保险，缴纳社会保险费	本部薪酬福利管理规定	月度缴纳社保明细表	人力资源部	劳动工资管理岗

三、员工培训管理

（一）概述

员工培训管理规定了公司及其控股子公司（以下简称"子公司"）年度培训计划的编制、审核（批）、颁布实施及临时培训的申请、审批以及培训情况总结与评估等程序。旨在规范员工培训方面的各项具体工作，努力降低和避免培训工作环节存在的风险。

（二）适用范围

适用于公司及子公司。

（三）相关制度

➤ 《培训管理规定》。

➤ 《员工培训激励管理规定》。

➤ 《财务人员培训基地的实施办法（试行）》。

（四）职责分工

1. 总经理办公会
➢ 审批年度培训计划。

2. 党政领导
➢ 批准临时培训申请。
➢ 批准外派培训（进修）人员的工资待遇、费用报销事宜。

3. 分管领导
➢ 审核年度培训计划。
➢ 审核临时培训申请。
➢ 审核外派培训（进修）人员的工资待遇、费用报销事宜。

4. 人力资源部
➢ 负责协调、审核、指导公司培训管理工作。
➢ 提出外派培训（进修）人员的工资待遇、费用报销事宜。
➢ 负责制定新员工培训方案。
➢ 负责公司统一培训考勤，并对其他培训考勤资料备案。
➢ 负责对公司培训计划执行情况跟踪、分析、总结。

5. 培训需求部门
➢ 负责提出培训需求表。
➢ 负责提出部门临时培训申请。
➢ 负责自行组织开展的培训，将培训方案报集团人力资源部备案。
➢ 负责协助集团人力资源部进行与本部门及所属企业相关培训的需求分析与计划、项目设计、组织实施、成果转化与效果评价等。

6. 员工
➢ 提出临时培训申请。

（五）不相容职责

表9-8 不相容职责

岗位职责	培训计划编制	培训计划审核	培训计划实施
培训计划编制		×	
培训计划审核	×		×
培训计划实施		×	

注：×表示不相容职责。

（六）关键流程

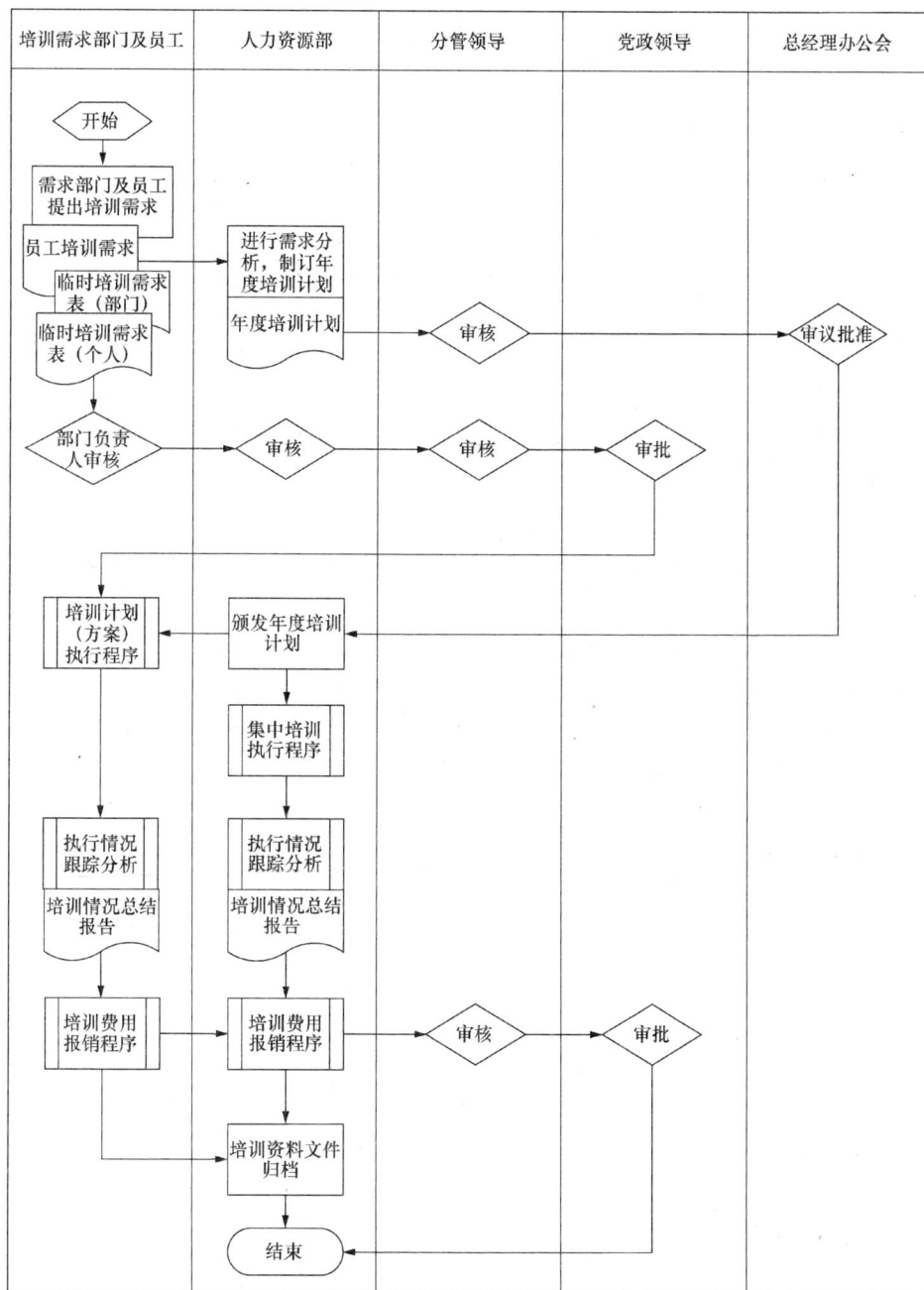

培训需求部门及员工	人力资源部	分管领导	党政领导	总经理办公会
开始				
需求部门及员工提出培训需求				
员工培训需求	进行需求分析，制订年度培训计划			
临时培训需求表（部门）	年度培训计划	审核		审议批准
临时培训需求表（个人）				
部门负责人审核	审核	审核	审批	
培训计划（方案）执行程序	颁发年度培训计划			
	集中培训执行程序			
执行情况跟踪分析	执行情况跟踪分析			
培训情况总结报告	培训情况总结报告			
培训费用报销程序	培训费用报销程序	审核	审批	
	培训资料文件归档			
	结束			

图 9－4　员工培训管理流程

（七）控制目标

表9-9　控制目标

序号	《内控手册》具体控制目标编号	拟实现的内控目标	内控目标具体描述
1	HR-CO-1	合法合规性目标	保证员工培训工作符合国家有关法律法规规定
2	HR-CO-2	财务报告目标	不适用
3	HR-CO-3	资产安全目标	不适用
4	HR-CO-4	经营效率和效果目标	提升公司运营效率和经营效果
5	HR-CO-5	发展战略目标	促进公司发展战略目标的实现

（八）风险控制矩阵

表9-10　风险控制矩阵

对应控制目标编号	风险编号	风险事项描述	关键控制措施编号	关键控制措施	对应制度	控制痕迹	风险责任部门	风险责任岗位
HR-CO-1 HR-CO-4 HR-CO-5	HR-R-301	未结合公司实际情况及岗位设置制订员工培训计划，可能导致无法实现提高员工素质与操作技能的目标	HR-CA-301	第十四条　培训计划的制订：集团人力资源部或所属企业人力资源部门根据培训需求分析制订年度培训计划，培训计划内容应包括培训部门、培训对象、培训目标、培训内容、培训方式、培训经费预算、培训时间等。年度培训计划经总经理办公会议通过后实施	培训管理规定	年度培训计划及相关审批文件	人力资源部	人事及贯标管理岗

对应控制目标编号	风险编号	风险事项描述	关键控制措施编号	关键控制措施	对应制度	控制痕迹	风险责任部门	风险责任岗位
HR－CO－1 HR－CO－4 HR－CO－5	HR－R－302	未对培训计划的执行情况做跟踪分析并上报主管领导，可能导致培训计划流于形式，起不到应有的作用	HR－CA－302	第二十九条 集团人力资源部或所属企业人力资源部门对公司培训计划执行情况进行跟踪、分析、总结	培训管理规定	培训计划执行情况跟踪、分析、总结记录	人力资源部	人事及贯标管理岗

四、人事关系管理

（一）概述

人事关系管理规定了公司及其控股子公司（以下简称"子公司"）有关员工劳动合同的签订、履行、解除（包括辞职和辞退）等程序。旨在规范公司在人事关系处理上的各项具体工作，努力降低和避免人事关系环节存在的风险。

（二）适用范围

适用于公司及子公司。

（三）相关制度

➢ 《劳动合同管理实施办法》。
➢ 《集团公司本部员工招聘、使用与退出管理实施办法》。

（四）职责分工

1. 法定代表人（或委托代理人）
➢ 负责与员工签订劳动合同。

2. 总经理
➢ 批准员工续订劳动合同期限。

3. 分管领导
➢ 审核员工续订劳动合同期限。

4. 各用人单位
➢ 负责提出本部员工续订劳动合同期限的建议。

5. 人力资源部
➢ 负责建立劳动合同管理台账，对职工的基本情况、工作年限、劳动合同签（续）订的时间等进行动态管理。

➢ 负责在规定的时效内向员工发出《解除或终止劳动合同通知书》，办理劳动合同的解除或终止手续。

➢ 负责在规定时间内为该员工办理结清工资及福利待遇等费用，考核薪酬按照集团公司本部及所属企业目标责任考核规定进行结算。

➢ 负责对依据劳动合同规定解除劳动合同的员工，给予一次性经济补偿，经济补偿的数额根据国家有关政策执行。

➢ 负责为该员工办理档案、社会保险和住房公积金关系等转移手续。

➢ 负责对已经解除或者终止的劳动合同的文本，保存备查。

（五）不相容职责

表 9-11　不相容职责

岗位职责	续订劳动合同建议	续订劳动合同审核	续订劳动合同审批
续订劳动合同建议		×	×
续订劳动合同审核	×		×
续订劳动合同审批	×	×	

注：×表示不相容职责。

（六）关键流程

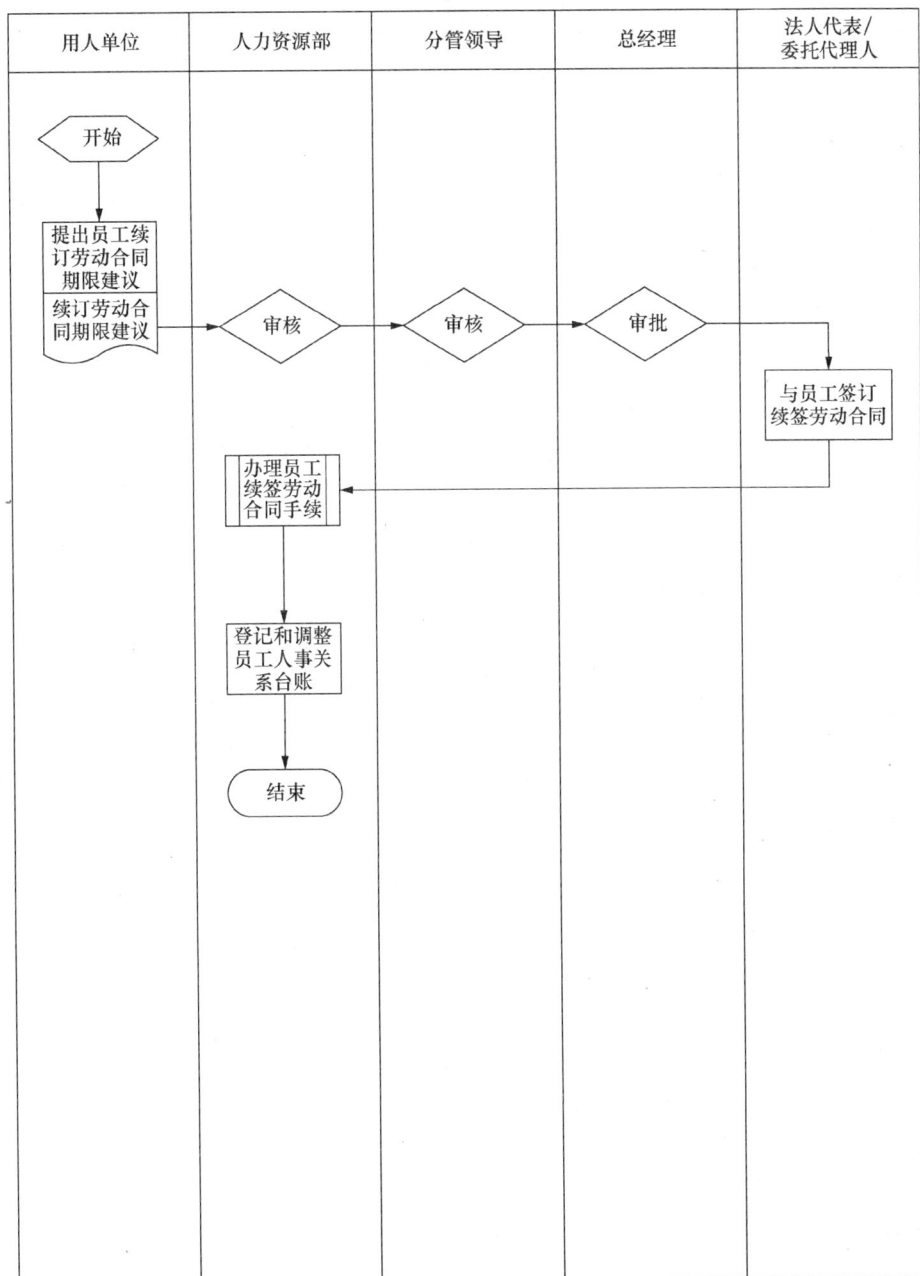

图9-5　续订劳动合同管理流程

（七）控制目标

表 9－12　控制目标

序号	《内控手册》具体控制目标编号	拟实现的内控目标	内控目标具体描述
1	HR－CO－1	合法合规性目标	保证员工劳动关系工作符合国家有关法律法规规定
2	HR－CO－2	财务报告目标	不适用
3	HR－CO－3	资产安全目标	不适用
4	HR－CO－4	经营效率和效果目标	提升公司运营效率和经营效果
5	HR－CO－5	发展战略目标	促进公司发展战略目标的实现

（八）风险控制矩阵

表 9－13　风险控制矩阵

对应控制目标编号	风险编号	风险事项描述	关键控制措施编号	关键控制措施	对应制度	控制痕迹	风险责任部门	风险责任岗位
HR－CO－1 HR－CO－4 HR－CO－5	HR－R－401	未能制定员工劳动合同管理办法，劳动合同的各项条款未能满足国家相关法律条例规定，可能导致法律风险	HR－CA－401	第一条　为了保证劳动合同的有效执行，切实保障集团公司和员工的合法权益，构建和发展和谐稳定的劳动关系，维护公司正常的工作秩序，根据《中华人民共和国劳动法》、《中华人民共和国劳动合同法》等有关法规和政策规定，制定本实施办法	劳动合同管理实施办法	劳动合同管理实施办法文本	人力资源部	经理

对应控制目标编号	风险编号	风险事项描述	关键控制措施编号	关键控制措施	对应制度	控制痕迹	风险责任部门	风险责任岗位
HR－CO－1 HR－CO－4 HR－CO－5	HR－R－402	未能及时与职工签订书面劳动合同，可能导致用工合规风险	HR－CA－402	第四条　（一）集团公司本部及所属企业与员工经过相互选择和平等协商，就劳动合同的各项条款达成一致协议，并以书面形式明确规定双方的权利和义务；在用工之日起一个月内集团公司本部及所属企业与员工签订《劳动合同》。第五条　经公司与员工双方协商一致续订劳动合同的，续订期限由员工所在部门负责人提出建议，分管领导和总经理审批后，双方续订劳动合同，续订期限原则上为6年以内	劳动合同管理实施办法	员工劳动合同书	人力资源部	经理
HR－CO－1 HR－CO－4 HR－CO－5	HR－R－403	用人单位未能按照相关程序解除劳动关系或解除劳动合同的经济补偿不符合国家相关规定，可能导致法律风险	HR－CA－403	第四条　（三）集团公司本部及所属企业在规定的时效内向员工发出《解除或终止劳动合同通知书》，办理劳动合同的解除或终止手续；在规定时间内为该员工办理结清工资及福利待遇等费用，考核薪酬按照集团公司本部及所属企业目标责任考核规定进行结算；对依据劳动合同规定解除劳动合同的员工，给予一次性经济补偿，经济补偿的数额根据国家有关政策执行；为该员工办理档案、社会保险和住房公积金关系等转移手续	劳动合同管理实施办法	解除或者终止劳动合同证明文件	人力资源部	经理

对应控制目标编号	风险编号	风险事项描述	关键控制措施编号	关键控制措施	对应制度	控制痕迹	风险责任部门	风险责任岗位
HR－CO－1 HR－CO－4 HR－CO－5	HR－R－404	员工违反劳动合同规定时，未能进行相应处罚，可能造成不良影响	HR－CA－404	第九条 （三）公司辞退员工：1. 年度绩效考核评为需改进者，培训再上岗或调整工作岗位后，考核仍为需改进的，并经用人部门提出解除劳动关系的，公司予以解除劳动关系	集团公司本部员工招聘、使用与退出管理实施办法	辞退员工审批表	人力资源部	经理
HR－CO－1 HR－CO－4 HR－CO－5	HR－R－405	因违纪被辞退的员工，对公司的辞退决定提出异议时，公司未能做出有效应对，可能造成纠纷，引起法律风险	HR－CA－405	第九条 （三）4. 被辞退员工对辞退不服的，可以在收到《辞退通知书》之日起7日之内，向公司劳动争议调解委员会申请调解；调解不成，可向有关劳动争议仲裁委员会申请仲裁；对仲裁不服的，可向人民法院起诉	集团公司本部员工招聘、使用与退出管理实施办法	辞退员工通知书、调解仲裁书	人力资源部	经理

五、绩效考核管理

（一）概述

绩效考核管理规定了公司及其控股子公司（以下简称"子公司"）有关绩效考核体系的设计、考核内容、权重以及考核实施、考核程序和考核结果的认定、运用与反馈等工作流程。旨在规范员工绩效管理方面的各项具体工作，努力降低和避免绩效管理环节存在的风险。

（二）适用范围

适用于公司及子公司。

（三）相关制度

➢ 《绩效管理实施办法》。
➢ 《委派会计管理的规定》。
➢ 《责任追究办法》。

（四）职责分工

1. 考核领导小组
➢ 由公司党政班子成员组成。
➢ 负责对本部部室和员工年度考核工作的指导和考核结果的最终审定。
➢ 负责对经审议后的各部室目标责任书最终审核，完成目标责任书签订。
➢ 负责对中层干部和一般员工的年度考核情况进行审定，形成年度考核结果。
➢ 负责向部门主要负责人反馈部室及本部室员工年度考核结果。
2. 考核工作小组
➢ 由公司本部各部室负责人组成。
➢ 主要负责绩效管理过程中计划拟订、内容审定、实施管理、考核评定等工作。
➢ 对经初步审定的各部室目标责任书内容进行审议，并确定各部室对应的考核部室。

3. 考核办公室

➤ 由党委办公室、办公室、人力资源部、企业发展部、计划财务部、审计监察室相关人员组成，由人力资源部牵头。

➤ 负责落实计划拟订、实施管理、考核评定及配合执行考核实施过程中资料发放、资料收集、沟通联络、分数计算、考核情况汇总等具体工作。

➤ 负责根据集团公司年度主要经济目标分解情况，对各部室目标责任书补充相关内容，并组织考核办公室初步审定。

4. 各部门、项目公司

➤ 负责按照各自年度工作计划制定本部室目标责任书，报人力资源部。

➤ 负责每年一季度由部室负责人与本部室其他中层干部签订，以其工作任务和部室年度分解工作为主要内容，需报人力资源部备案。

➤ 负责每年一季度由部室主要负责人与员工本人签订《个人年度工作职能》，工作职能以岗位工作任务和部室年度分解工作为主要内容，需报人力资源部备案。

➤ 由部室负责人向本部室员工反馈年度考核结果。

➤ 委派会计的考核工作由公司计划财务部牵头，相关部门与受派企业参与。考核结果作为对委派会计续聘、解聘和奖惩的依据。

（五）不相容职责

表 9 – 14　不相容职责

岗位职责	考核结果申报	考核结果审议	考核结果审定
考核结果申报		×	×
考核结果审议	×		×
考核结果审定	×	×	

注：×表示不相容职责。

（六）关键流程

本部部室	人力资源部	考核办公室	考核工作小组	考核领导小组

开始

根据各自年度工作计划制定本部室目标责任书

部室目标责任书

补充相关内容

修订后的部室目标责任书

初步审定

审议，并确定各部室对应的考核部室

终审，完成目标责任书签订

年度终了，提交工作总结

部室工作总结

对应部室负责考核

部室考核结论：考核分值

审议复核

考核结果审定

反馈部室考核结果应答

部室绩效结果处置程序

结束

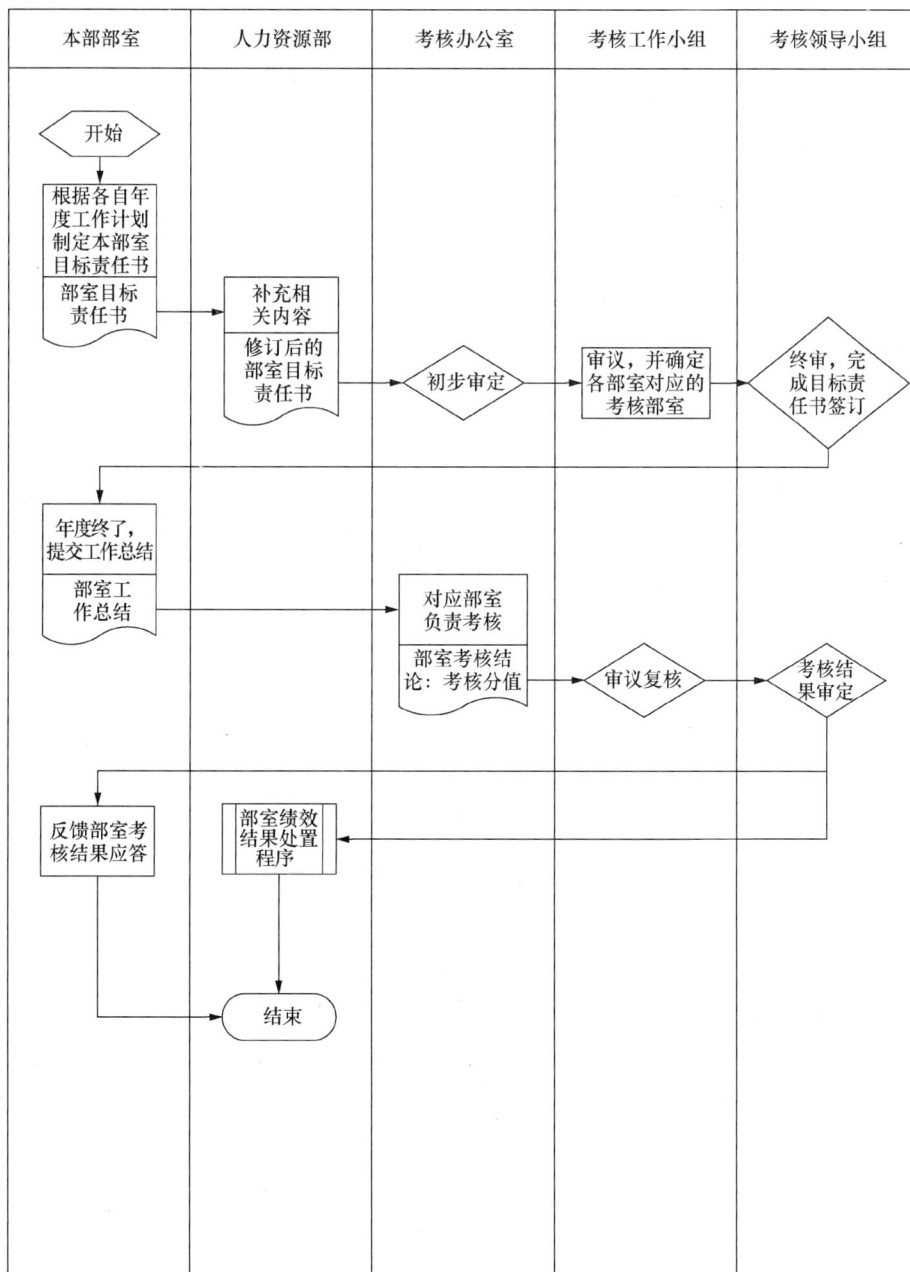

图9-6 公司本部部室考核流程

部室一般员工	部室主要负责人	部室其他中层干部	人力资源部	考核领导小组

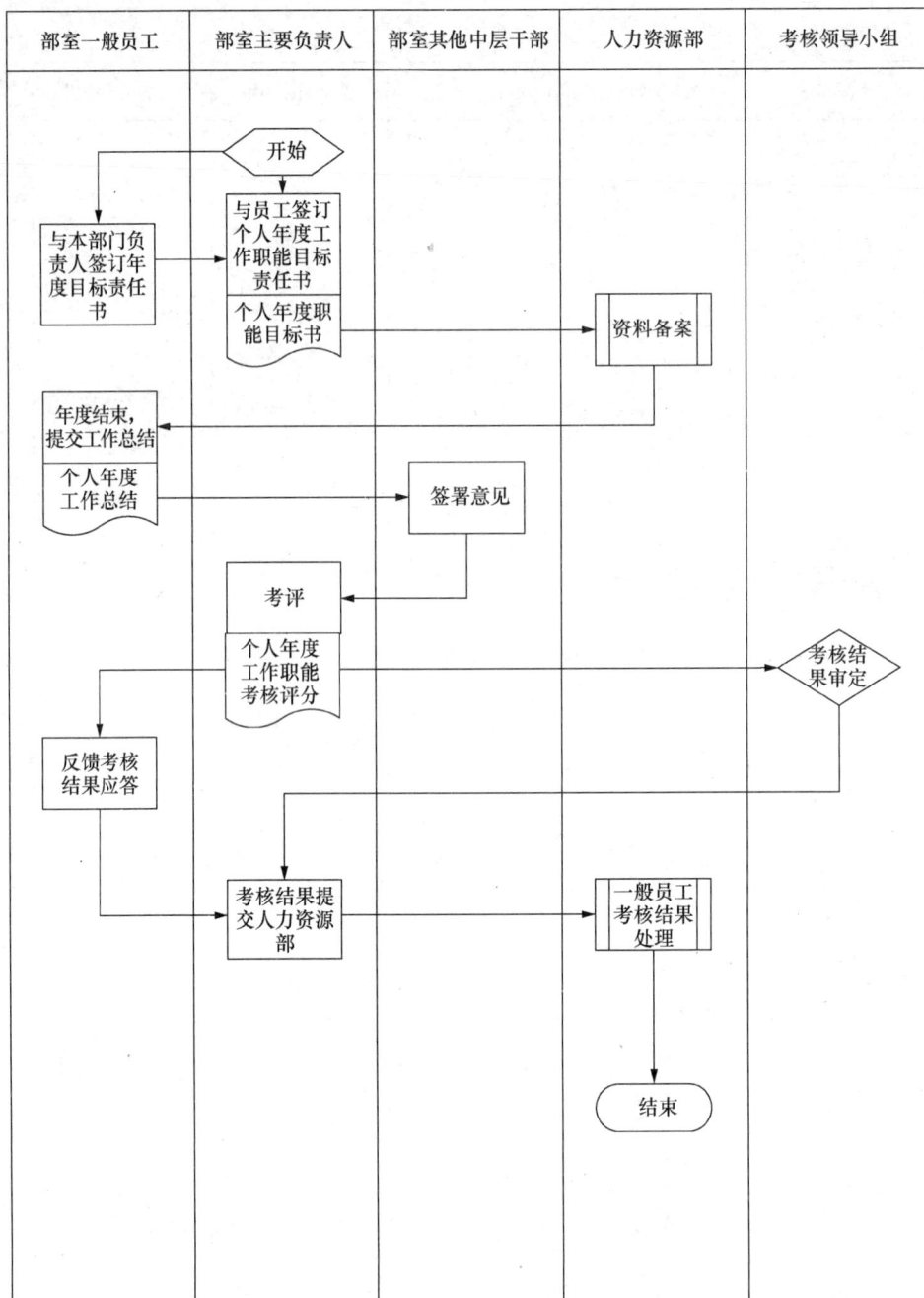

图9-7　公司本部一般员工考核流程

（七）控制目标

表9-15 控制目标

序号	《内控手册》具体控制目标编号	拟实现的内控目标	内控目标具体描述
1	HR - CO - 1	合法合规性目标	保证员工绩效考核工作符合国家有关法律法规规定
2	HR - CO - 2	财务报告目标	不适用
3	HR - CO - 3	资产安全目标	不适用
4	HR - CO - 4	经营效率和效果目标	提升公司运营效率和经营效果
5	HR - CO - 5	发展战略目标	促进公司发展战略目标的实现

（八）风险控制矩阵

表9-16 风险控制矩阵

对应控制目标编号	风险编号	风险事项描述	关键控制措施编号	关键控制措施	对应制度	控制痕迹	风险责任部门	风险责任岗位
HR - CO - 1 HR - CO - 4 HR - CO - 5	HR - R - 501	绩效考核指标设置不合理，可能导致绩效考核脱离实际，影响考核效果，不利于公司战略目标的实现	HR - CA - 501	第六条 3. 部室目标责任书形成年初由各部室按照各自年度工作计划制定本部室目标责任书，报人力资源部；由人力资源部根据集团公司年度主要经济目标分解情况，对各部室目标责任书补充相关内容，并组织考核办公室初步审定；由考核工作小组对经初步审定的各部室目标责任书内容进行审议，并确定各部室对应的考核部室；由考核领导小组对经审议后的各部室目标责任书最终审核，完成目标责任书签订	集团公司本部绩效管理实施办法	部室目标责任书	考核领导小组/人力资源部	组长

对应控制目标编号	风险编号	风险事项描述	关键控制措施编号	关键控制措施	对应制度	控制痕迹	风险责任部门	风险责任岗位
HR－CO－1 HR－CO－4 HR－CO－5	HR－R－502	对部室或员工的考核结果未经过合理确认和结果反馈，可能导致考核结果存在争议，影响员工士气和公司凝聚力	HR－CA－502	第十二条　考核反馈：1. 由集团公司考核领导小组向部门主要负责人反馈部室及本部室员工年度考核结果。2. 由部室负责人向本部室员工反馈年度考核结果。3. 部室或员工对考核结果有异议，可在 7 个工作日内向考核办公室申诉；考核办公室在 15 个工作日内反馈调查情况	集团公司本部绩效管理实施办法	部室目标责任书考核结论及考核小组审议文件	人力资源部	经理

第十章　财务管理（FC）

提示：财务会计是利用价值形态反映并计量企业的生产经营过程及其成果。它如同人的血液贯通全身。通过财务指标变化可以观察企业经营状况及资产、负债、所有者权益状况，加强财务管理，实施会计核算，规范资金运动各阶段的流程，明确潜在风险，采取有效措施，将会提高效率、减少浪费、防范各类风险的发生，促进经济效益的提高。

　　财务管理流程规定了公司及其控股子公司（以下简称"子公司"）涉及现金与银行存款、票据管理、成本与税费、收入与债权、银行借款与资本市场融资管理、对外担保管理和财务核算与财务报告管理等工作流程。旨在规范股份公司财务管理的具体流程，努力避免或降低股份公司在财务管理工作中存在的风险。

　　本流程涉及的具体子流程如表 10 - 1 所示。

表 10 - 1　具体子流程

子流程名称与编号	涉及主要环节/内容
FC - 01 现金、银行账户与票据管理流程	涉及公司现金管理程序，现金使用范围，现金收入和现金支出的核算、日常保管、使用、盘点，库存限额界定银行账户的开立、变更和撤销以及对账单的领取，银行余额调节表的编制、审核，未达账项的追踪和银行预留印鉴的使用与保管，票据的接收、鉴别，日常工作处理，终止确认等程序
FC - 02 资金支付管理流程	涉及公司工程资金的支付申请、审核和审批，集团维修费支付申请、审核、审批及集团咨询、审计、服务采购类等合同资金的支付申请、审核和审批等工作流程。涉及集团费用申请审核审批、支付审核审批等工作流程

子流程名称与编号	涉及主要环节/内容
FC-03 会计核算管理流程	涉及公司会计核算的原则、具体方法，包括会计基础规范：制证、过账、结账、原始凭证等；核算及细分：资产核算规则、清算，会计电算化规范，会计档案管理程序等规范
FC-04 委托贷款管理流程	涉及公司委托贷款合同的签订、审批和委托贷款管理等工作流程
FC-05 收入管理流程	涉及公司收入的认定，包括收入的分类、确认等流程
FC-06 成本与费用管理流程	涉及公司成本与费用的认定，包括计提成本费用的归集、分类、确认、计提、配比等流程
FC-07 税费管理流程	涉及公司税费款计算与审核、纳税申报、涉税事项处理等工作流程
FC-08 财务报告管理流程	涉及公司财务报告的期末结账，财务报告编制、上报，财务分析和运用等工作流程

一、现金、银行账户与票据管理

（一）概述

现金、银行账户与票据管理规定了公司及其控股子公司（以下简称"子公司"）涉及现金管理程序，现金使用范围，现金收入和现金支出的核算，日常保管、使用、盘点，库存限额界定，银行账户的开立、变更和撤销以及对账单的领取，银行余额调节表的编制、审核，未达账项的追踪和银行预留印鉴的使用与保管，票据的接收、鉴别，日常工作处理，终止确认等程序。旨在规范现金、银行账户与票据管理方面的各项具体工作，努力降低和避免现金、银行账户与票据环节存在的风险。

（二）适用范围

适用于公司及子公司。

（三）相关制度

➢《货币资金管理规定》。

➢《财务管理与会计核算制度》。

（四）职责分工

1. 总经理

➢ 负责审批银行账户的开立、变更、撤销。

➢ 负责审批超过 5 万元的现金提取申请。

2. 计划财务部负责人

➢ 审核银行账户的开立、变更、撤销。

➢ 负责审批 5 万元以下的现金提取申请，审核超过 5 万元的现金提取申请。

➢ 签字确认银行存款余额调节表。

➢ 对因特殊原因或事项财务印章带出，批准"借出财务印章申请表"。

➢ 审批发票收据核销审批表。

3. 主管会计

➢ 现金会计核算。

➢ 监盘库存现金。

➢ 银行存款会计核算。

➢ 及时与银行对账单进行核对，并编制"银行存款余额调节表"。

➢ 对公司包括分（子）公司的银行账户信息及时进行登记，包括开户行、账号、账户性质、开销户时间等要素，记录清晰、及时和完整。

➢ 进行票据相关的账务处理。

➢ 监盘票据盘点。

➢ 复核发票收据核销审批表。

4. 出纳

➢ 办理银行提取现金和直接收取现金业务。

➢ 根据记账凭证（含凭证原始单据）办理现金收款事项，在单据上加盖"现金收讫章"。

➢ 根据复核无误的单据履行现金支付手续，并在领款人签字处加盖"现金付讫章"。

➢ 每日对库存现金盘点，并与会计对账，做到日清月结。

➢ 每月末编制库存现金盘点表。

➢ 办理资金收入、支出业务。

➤ 开具支票，登记支票使用记录簿，负责票据的保管。

➤ 接收票据时应仔细审核其真实性、合法性，前手背书转让的合规性，票据粘贴、缝印章使用及相关转让手续的合规性。

5. 其他报销业务部门

➤ 相应的经办人为第一责任人，要对发票的合法、合规性负责。由于发票的合规性而产生的涉税问题，报销人承担直接责任，相关部门负责人也承担相应的连带责任。

6. 市场营销部门

➤ 负责应收票据的接收与审核，传递与交接，对业务真实性负责。

➤ 负责提供《销售发票（收据）开具申请单》。

➤ 妥善保管开具的销售发票、及时送至甲方，并催收相应的销售款。

7. 物资采购部门

➤ 负责审核物资、设备等原始发票的第一责任部门，相应的经办人为第一责任人，必须按照相关规定切实把好审核关。

（五）不相容职责

表 10－2　不相容职责

岗位职责	现金保管	现金盘点	现金监盘
现金保管		×	×
现金盘点	×		×
现金监盘	×	×	

(a)

岗位职责	银行账户开立、撤销申请	审核	审批
银行账户开立、撤销申请		×	×
审核	×		×
审批	×	×	

(b)

岗位职责	调节表的编制	复核	确认
调节表的编制		×	×
复核	×		×
确认	×	×	

（c）

岗位职责	银行印鉴的保管	使用申请	审批
银行印鉴的保管		×	×
使用申请	×		×
审批	×	×	

（d）

岗位职责	票据的保管	盘点	监盘
票据的保管		×	×
盘点	×		×
监盘	×	×	

（e）

岗位职责	发票使用申请	审核	审批
发票使用申请		×	×
审核	×		×
审批	×	×	

注：×表示不相容职责。

（六）关键流程

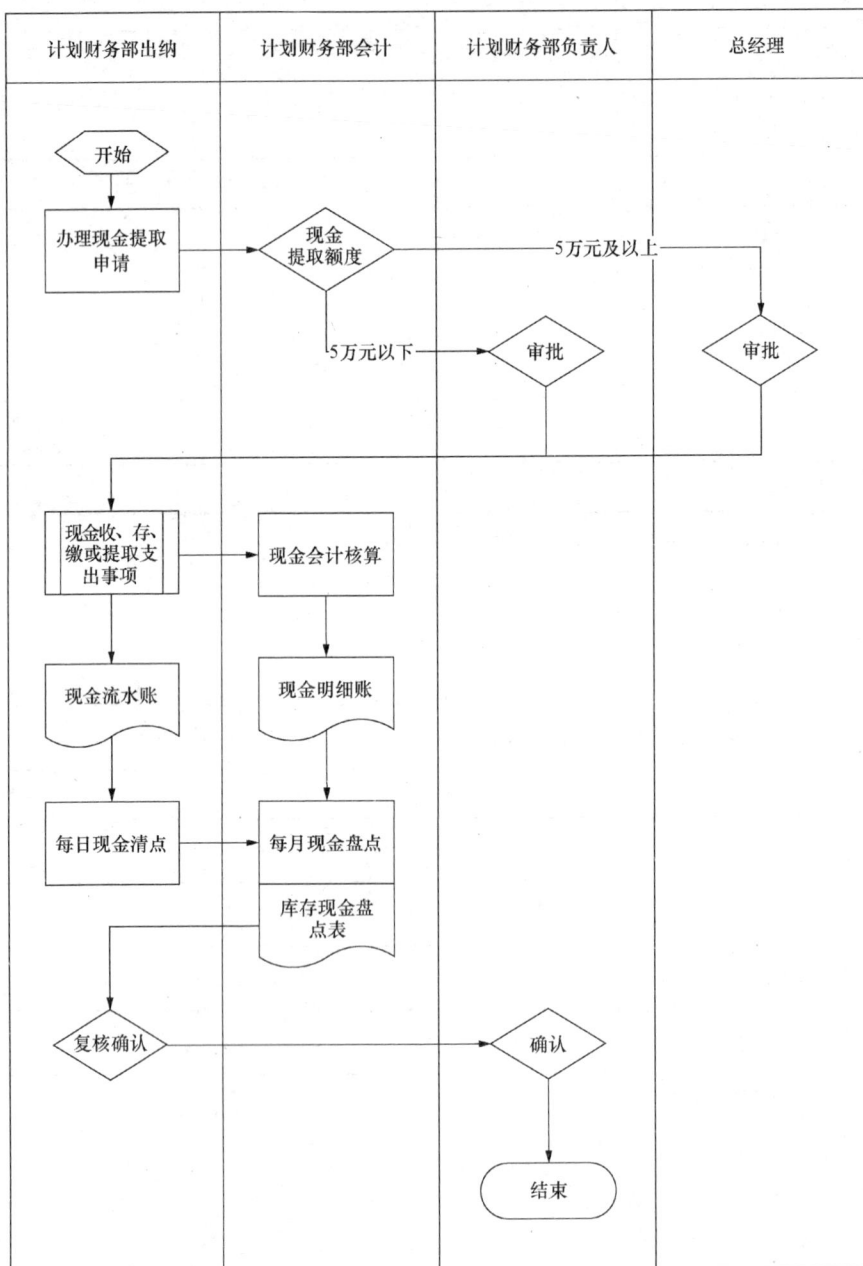

图 10－1　现金管理流程

计划财务部出纳	计划财务部会计	计划财务部负责人	总经理	公司

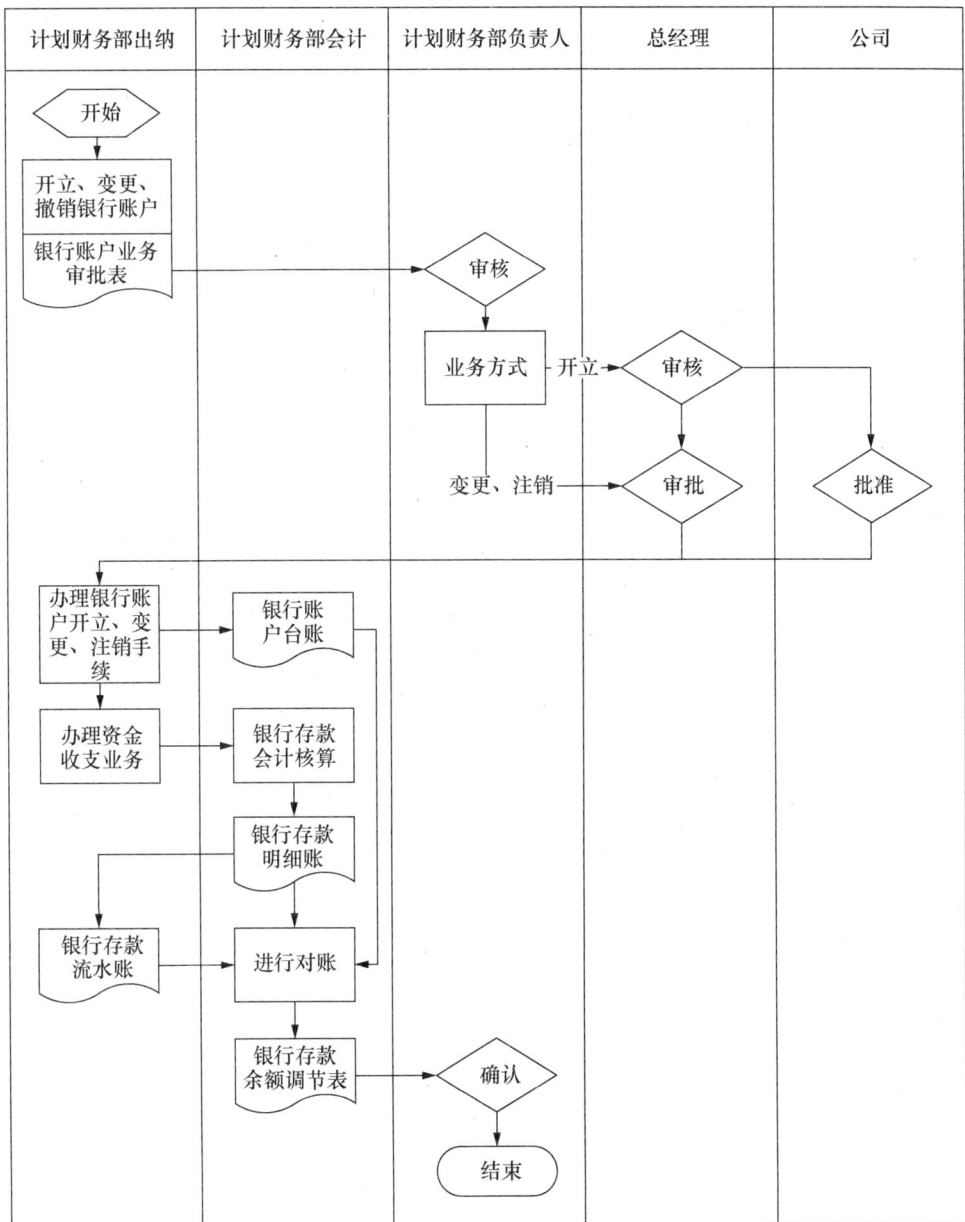

图 10－2　银行账户管理流程

相关部门	计划财务部出纳	计划财务部会计	计划财务部负责人

```
                        ⬡ 开始

   ┌──────────┐
   │ 经济业务  │
   │ 领取或提  │
   │ 交票据    │
   ├──────────┤      ┌──────────┐
   │ 相关票据  │ ───→ │ 取得票据，对 │
   └──────────┘      │ 票据的有效性 │
                     │ 进行鉴别    │
                     ├──────────┤
                     │ 票据登记簿  │
                     └──────────┘

                     ┌──────────┐      ┌──────────┐
                     │ 票据使用  │ ───→ │ 进行账务处理 │
                     │ 程序      │      └──────────┘
                     ├──────────┤
                     │ 票据登记簿  │
                     └──────────┘

                                       ┌──────────┐
                                       │ 进行票据盘点 │
                                       ├──────────┤
                                       │ 票据盘点报告 │
                                       └──────────┘

                     ┌──────────┐              ◇ 审核
                     │ 签字确认  │ ───────────→
                     └──────────┘

                     ┌──────────┐
                     │ 余票和发票 │
                     │ 存根保管  │
                     └──────────┘

                        ⬭ 结束
```

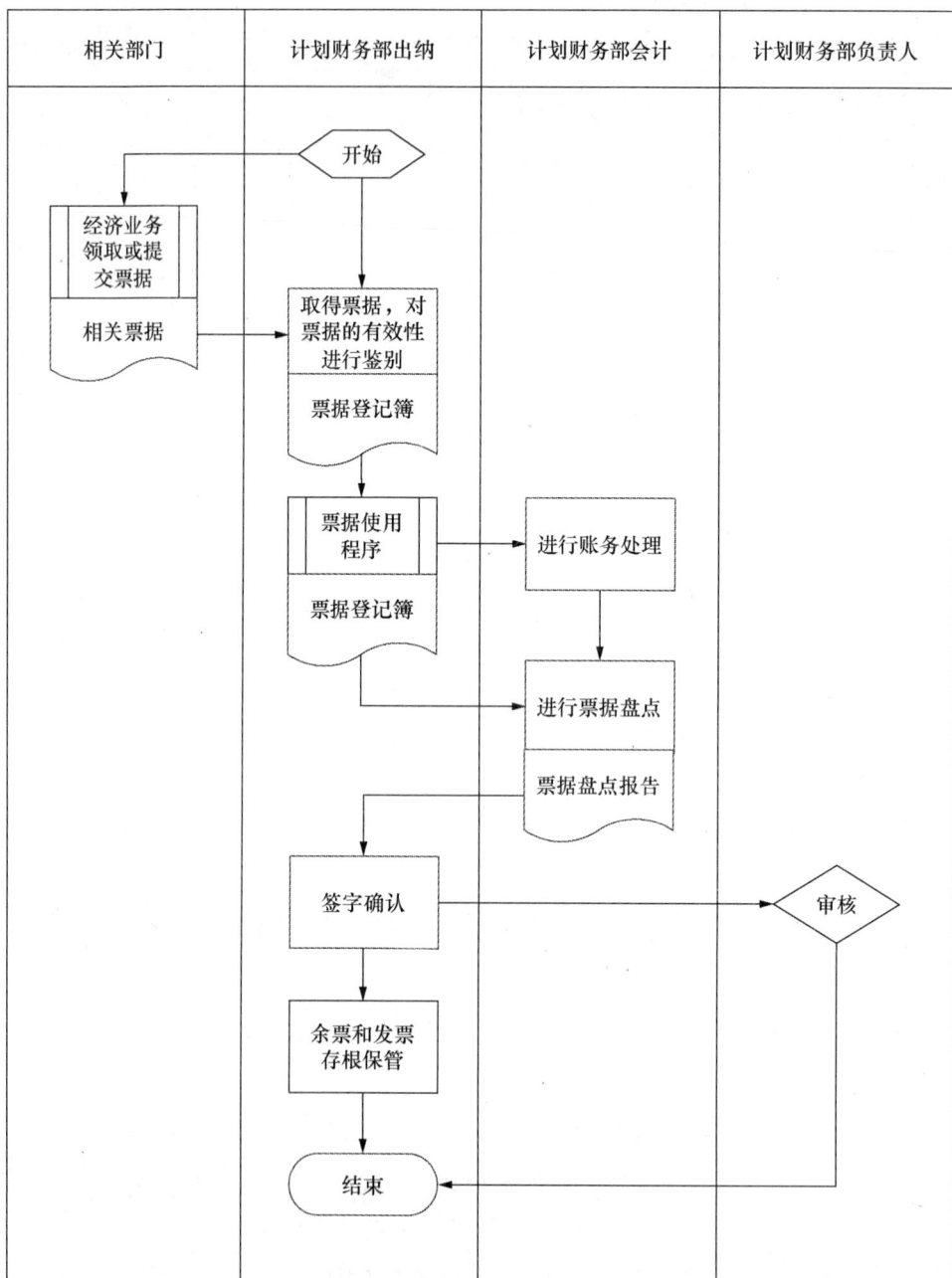

图 10 - 3 票据管理流程

（七）控制目标

表 10 - 3 控制目标

序号	《内控手册》具体控制目标编号	拟实现的内控目标	内控目标具体描述
1	FC - CO - 1	合法合规性目标	保证现金、银行账户与票据管理工作符合国家有关法律法规规定
2	FC - CO - 2	财务报告目标	保证货币资金收支以及票据管理信息真实性、准确性
3	FC - CO - 3	资产安全目标	保证公司资产的安全、完整
4	FC - CO - 4	经营效率和效果目标	提升公司运营效率和经营效果
5	FC - CO - 5	发展战略目标	促进公司发展战略目标的实现

（八）风险控制矩阵

表 10 - 4 风险控制矩阵

对应控制目标编号	风险编号	风险事项描述	关键控制措施编号	关键控制措施	对应制度	控制痕迹	风险责任部门	风险责任岗位
FC - CO - 1 FC - CO - 3 FC - CO - 4 FC - CO - 5	FC - R - 101	未制定资金管理制度或制度不健全，可能导致公司资金管理混乱，资金安全得不到保障	FC - CA - 101	第一条 为了加强公司货币资金管理，保护财产安全，合理、有效地使用资金，特制定本规定	货币资金管理规定	货币资金管理规定文本	计划财务部	负责人
FC - CO - 1 FC - CO - 2 FC - CO - 3 FC - CO - 4 FC - CO - 5	FC - R - 102	出纳提取大额现金，未经过财务经理审核确认，可能导致资金挪用、舞弊风险	FC - CA - 102	第二十三条 根据公司存现金的使用和存量情况需要提取现金时，由出纳提出申请，5 万元及以下的由财务负责人审批后办理；超过 5 万元报总经理审批后办理	货币资金管理规定	提取大额现金会计凭证及相关审批附件	计划财务部	负责人
FC - CO - 1 FC - CO - 2 FC - CO - 3 FC - CO - 4 FC - CO - 5	FC - R - 103	公司未明确库存现金限额的具体金额，可能导致公司库存现金过多，容易造成现金丢失，资金安全得不到保障	FC - CA - 103	第二十四条 公司库存现金限额为 1.5 万元，每日现金盘点核对后，超过部分及时存缴开户银行	货币资金管理规定	现金明细账	计划财务部	负责人

续表

对应控制目标编号	风险编号	风险事项描述	关键控制措施编号	关键控制措施	对应制度	控制痕迹	风险责任部门	风险责任岗位
FC－CO－1 FC－CO－2 FC－CO－3 FC－CO－4 FC－CO－5	FC－R－104	不定期对现金进行盘点，或现金盘点不规范，盘点差异未得到及时处理，可能导致现金账实不符，现金安全得不到保障	FC－CA－104	第二十一条 出纳应每天将现金日记账余额与库存现金数额核对相符，做到日清月结，月末余额与总账相符。每月末进行现金盘点，填写现金盘点表，由会计监盘，并双方签字，现金盘点表装订在当月会计凭证。发生长短款应及时查明原因，不得自行垫支	货币资金管理规定	月度现金盘点表	计划财务部	负责人
FC－CO－1 FC－CO－2 FC－CO－3 FC－CO－4 FC－CO－5	FC－R－105	设立、变更或撤销银行账户未按规定审批，可能导致账户管理混乱，造成资金截留风险	FC－CA－105	第七条 严格按照相关银行账户、资金管理要求办理开立、变更、注销账户手续，办理存款、取款和结算业务，不得违反规定擅自开立和使用银行账户。第八条 严格银行账户管理，确因工作需要公司开立账户，由公司计划财务部人员填写开户申请单，财务负责人审核，总经理审批同意，报经公司批准后开立。所属单位（含统一管理的项目公司）银行账户开立最终审批权在公司，报公司备案	货币资金管理规定	银行账户设立、变更、撤销审批表	计划财务部	负责人

对应控制目标编号	风险编号	风险事项描述	关键控制措施编号	关键控制措施	对应制度	控制痕迹	风险责任部门	风险责任岗位
FC－CO－1 FC－CO－2 FC－CO－3 FC－CO－4 FC－CO－5	FC－R－106	未定期到基本户获取公司账户明细并进行账实核对，无用或失效的银行账户未及时清理，可能导致账户管理混乱，形成资金管理隐患。可能导致公司账户无法得到有效管理	FC－CA－106	第十条　每年末从银行基本户取得银行账户清单，对银行账户清单进行核对。对不需使用的银行账户，经财务负责人审核，报总经理审批同意后及时予以注销	货币资金管理规定	银行基本户账户清单、银行账目清单	计划财务部	负责人
FC－CO－1 FC－CO－2 FC－CO－3 FC－CO－4 FC－CO－5	FC－R－107	公司未设置账户台账，开户行、账号、账户性质、开销户时间等记录不清晰、不完整，账户信息和管理混乱，未定期与银行核对账户信息，可能导致账户被非法使用或挪用账户资金	FC－CA－107	第十一条　公司计划财务部应设置银行账户台账，设专人管理，对公司包括分（子）公司的银行账户信息及时进行登记，包括开户行、账号、账户性质、开销户时间等要素，记录清晰、及时和完整	货币资金管理规定	银行账户台账	计划财务部	负责人
FC－CO－1 FC－CO－3 FC－CO－4 FC－CO－5	FC－R－108	用于支付的全部印章和票据由一人负责保管，可能导致印鉴保管人员发生舞弊行为，造成公司经济损失	FC－CA－108	第九条　银行预留印鉴章由财务专用章与法定代表人章组成，法定代表人章由办公室保管，财务专用章由计划财务部经理保管，财务专用章原则上只用于银行相关凭据的使用	货币资金管理规定	财务部门岗位分工明细单	计划财务部	负责人

续表

对应控制目标编号	风险编号	风险事项描述	关键控制措施编号	关键控制措施	对应制度	控制痕迹	风险责任部门	风险责任岗位
FC - CO - 1 FC - CO - 2 FC - CO - 3 FC - CO - 4 FC - CO - 5	FC - R - 109	由出纳领取、接受银行对账单并编制银行存款余额调节表，未定期编制银行余额调节表，对未达账项未及时进行检查、追踪和落实，可能导致账实不符或舞弊	FC - CA - 109	第十三条 由出纳以外的人员取得银行对账单。每月由会计逐笔勾对银行对账单，留下勾对痕迹，并签字。编制《银行存款余额调节表》，使银行存款账面余额与银行对账单调节相符。《银行存款余额调节表》经财务经理签字确认	货币资金管理规定	全部银行存款余额调节表	计划财务部	负责人
FC - CO - 1 FC - CO - 2 FC - CO - 3 FC - CO - 4 FC - CO - 5	FC - R - 110	支票开具时，开票人员未仔细核对用途、金额和审批情况，可能导致出票错误，公司资金损失	FC - CA - 110	第十六条 支票开具时，开票人员应仔细核对用途、金额和审批情况，核对准确无误后才能开具；支票领用人在领取支票时书面签收	货币资金管理规定	银行存款支付会计凭证及相关付款申请表	计划财务部	负责人
FC - CO - 1 FC - CO - 2 FC - CO - 3 FC - CO - 4 FC - CO - 5	FC - R - 111	支票发放未进行信息登记，作废支票处理、保管不当，未定期进行支票盘点，可能导致支票使用信息不完整，造成公司资金损失	FC - CA - 111	第十七条 所需银行票据由出纳购买和保管，按顺序使用，对支票使用专设登记簿进行记录，防止空白票据的遗失和被盗用。并对支票定期进行盘点。作废支票应加盖"作废"戳记妥善保管	货币资金管理规定	支票登记簿、月度支票盘点表	计划财务部	负责人

续表

对应控制目标编号	风险编号	风险事项描述	关键控制措施编号	关键控制措施	对应制度	控制痕迹	风险责任部门	风险责任岗位
FC－CO－1 FC－CO－2 FC－CO－3 FC－CO－4 FC－CO－5	FC－R－112	未对发票的领用存进行发票登记，发票管理混乱，可能导致发票丢失、盗开等，受到税务部门处罚，公司遭受经济损失	FC－CA－112	第五十七条　对发票管理要求做到合法开具、合法取得，妥善保管、存放有序、查找方便，严防损毁、散失。发票管理员应对发票的领、用、存，进行登记管理，建立发票登记簿	财务管理与会计核算制度	发票登记簿	计划财务部	负责人

二、资金支付管理

（一）概述

资金支付管理规定了公司及其控股子公司（以下简称"子公司"）有关工程资金的支付申请、审核和审批，集团维修费支付申请、审核、审批，集团咨询、审计、服务采购类等合同资金的支付申请、审核和审批等工作流程。涉及集团费用申请审核审批、支付审核审批等工作流程。旨在规范资金支付管理方面的各项具体工作，努力降低和避免资金支付环节存在的风险。

（二）适用范围

适用于公司及子公司。

（三）相关制度

➢《关于资金支付和费用报销管理规定》。
➢《货币资金管理规定》。
➢《财务管理与会计核算制度》。
➢《关于进一步规范报销发票的规定》。

（四）职责分工

1. 股东
➢ 审批年度预算外的捐赠与赞助方案。
➢ 批准委外贷款和对外拆借。
➢ 批准对外投资。
➢ 报备、审议年度预算内捐赠与赞助费用。
➢ 批准年度预算外捐赠与赞助费用。

2. 董事会
➢ 审批预算外单笔费用在 50 万元以上，累计费用 200 万元以上支出申请。
➢ 审议、批准预算外固定资产购置申请。
➢ 审议、批准委外贷款与对外拆借。
➢ 审批对外投资。
➢ 批准年度预算外捐赠与赞助费用。

3. 党委会
➢ 审批预算外单笔费用在 50 万元以内，累计费用 200 万元以内支出申请。
➢ 审议预算外固定资产购置申请。
➢ 负责审议、批准所属企业单笔 2 亿元以内资金拆借。
➢ 审议、批准所属企业单笔 2 亿元及以上资金拆借。
➢ 审议委外贷款与对外拆借。
➢ 审议对外投资。
➢ 审议捐赠与赞助费用。
➢ 党委书记审批总经理费用报销。

4. 总经理办公会
➢ 审议、审批整体薪酬福利体系标准与整体薪酬福利调整方案。
➢ 审议、审批预算内 100 万元及以上的固定资产购置申请。
➢ 审议预算外固定资产购置申请。
➢ 审议、批准所属企业单笔 2 亿元以内资金拆借。
➢ 审议委外贷款与对外拆借。
➢ 审议对外投资。
➢ 审议捐赠与赞助费用。

5. 总经理
➢ 负责审批付款申请。
➢ 负责审批预算内 100 万元以内的固定资产购置申请。

➢ 负责审核预算内 100 万元及以上的固定资产购置申请。

➢ 负责审批工程类合同对外付款申请。

➢ 负责审批公司内部账户间 500 万元及以上的资金划转。

➢ 批准员工工资、奖金等员工薪酬支付。

➢ 审批员工费用报销。

6. 经办部门分管领导

➢ 负责审核付款申请。

➢ 负责审核工程类合同对外付款申请。

➢ 审核员工工资、奖金等员工薪酬支付。

➢ 审核员工费用报销。

7. 计划财务部负责人

➢ 负责审核付款申请。

➢ 负责审核工程类合同对外付款申请。

➢ 负责审批公司内部账户间 500 万元之内的资金划转。

➢ 审核员工工资、奖金等员工薪酬支付。

➢ 审核员工费用报销。

8. 人力资源部

➢ 审核有明确标准的员工费用报销（如车辆使用费、通信费等）、员工福利费报销（如幼托），以及职工教育培训费。

9. 配套部、工程技术部、安全生产办公室、预算合约部

➢ 负责审核工程类合同对外付款申请。

10. 费用报销部门负责人

➢ 审签有明确标准的员工费用报销（如车辆使用费、通信费等）、员工福利费报销（如幼托），以及职工教育培训费。

➢ 审签办公费用、业务招待、差旅等费用报销。

（五）不相容职责

表 10 - 5　不相容职责

岗位职责	资金支付或费用报销申请	资金支付或费用报销审核	资金支付或费用报销审批
资金支付或费用报销申请		×	×
资金支付或费用报销审核	×		×
资金支付或费用报销审批	×	×	

注：×表示不相容职责。

（六）关键流程

付款经办人	项目公司（投资监理、工程师、经理）	配套部/工程技术部/安办/预算合约部	计划财务部	工程项目分管领导	总经理

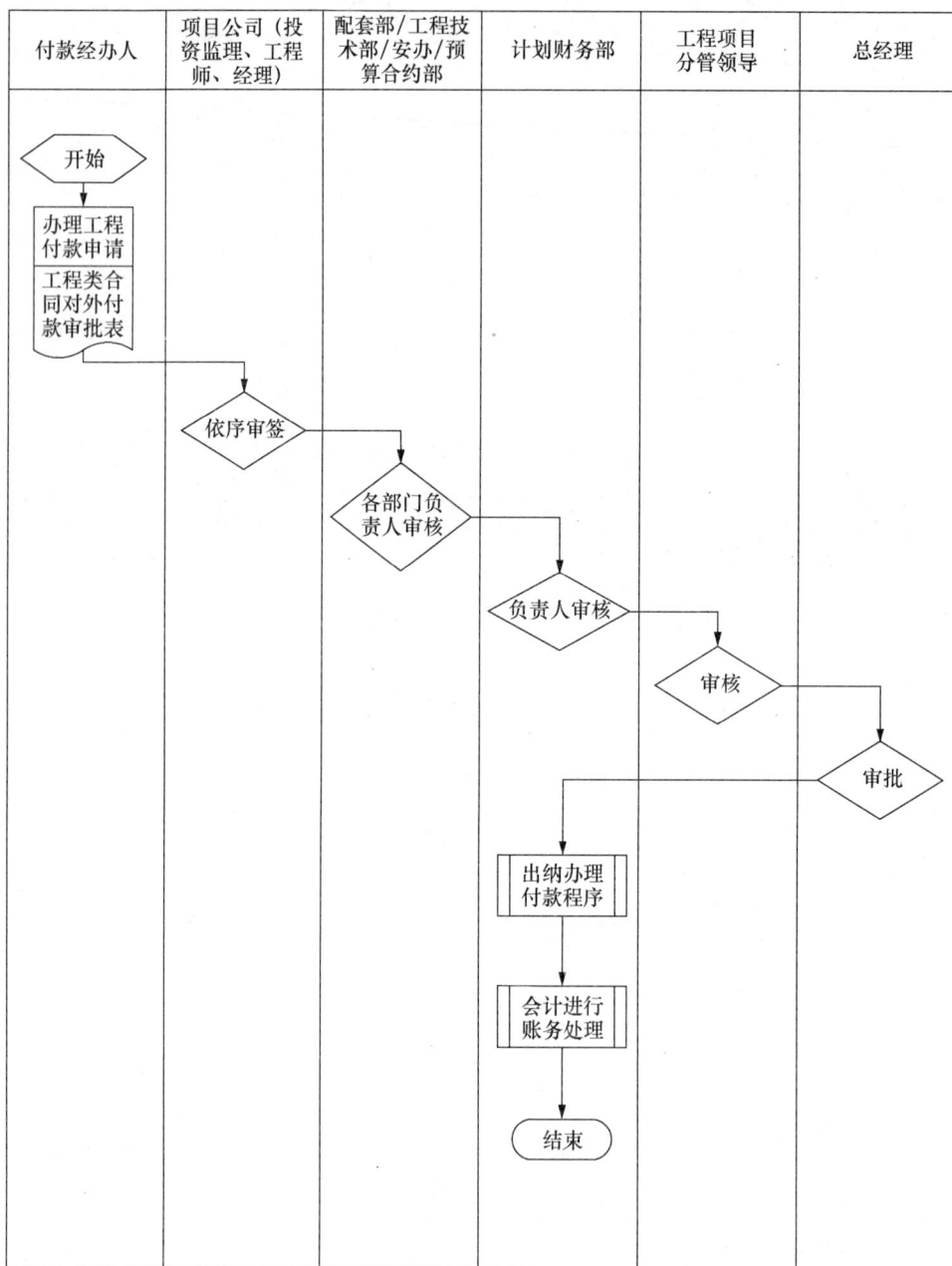

图 10-4　项目资金支付流程

经办人	经办部门负责人	相关部门负责人	计划财务部	分管领导/总经理

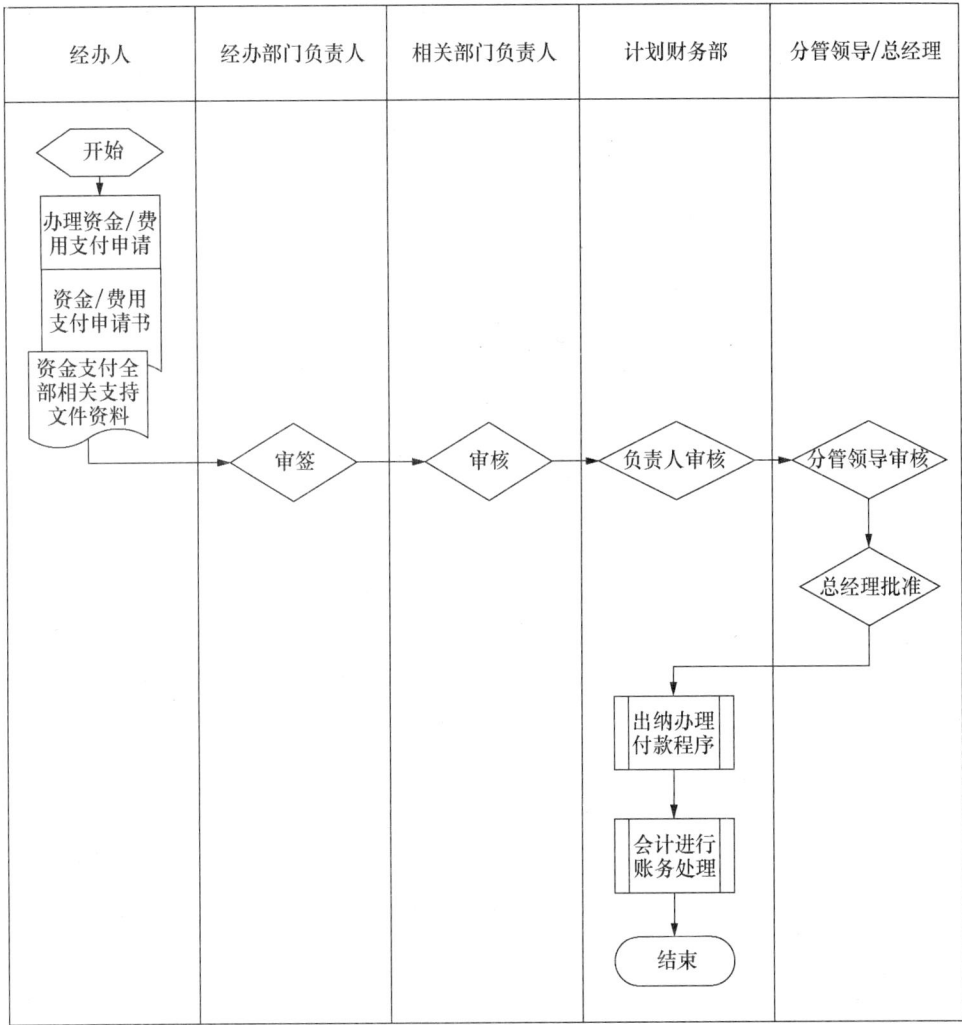

图 10－5　资金、费用支付流程

（七）控制目标

表 10－6　控制目标

序号	《内控手册》具体控制目标编号	拟实现的内控目标	内控目标具体描述
1	FC－CO－1	合法合规性目标	保证资金支付管理符合国家有关法律法规规定

续表

序号	《内控手册》具体控制目标编号	拟实现的内控目标	内控目标具体描述
2	FC – CO – 2	财务报告目标	保证资金支付会计信息真实、准确
3	FC – CO – 3	资产安全目标	保证公司资产的安全、完整
4	FC – CO – 4	经营效率和效果目标	提升公司运营效率和经营效果
5	FC – CO – 5	发展战略目标	促进公司发展战略目标的实现

（八）风险控制矩阵

表 10 – 7　风险控制矩阵

对应控制目标编号	风险编号	风险事项描述	关键控制措施编号	关键控制措施	对应制度	控制痕迹	风险责任部门	风险责任岗位
FC – CO – 1 FC – CO – 2 FC – CO – 3 FC – CO – 4 FC – CO – 5	FC – R – 201	公司未制定专项资金管理制度，未明确专项资金定义、范围，可能导致专项资金管理混乱，不符合专项资金管理要求	FC – CA – 201	第一条　目的：为健全公司资金管理，规范公司资金支付和费用报销的审核流程，明确付款审核审批权限，特制定本规定	关于资金支付和费用报销管理规定	关于资金支付和费用报销管理规定文本	计划财务部	负责人
FC – CO – 1 FC – CO – 2 FC – CO – 3 FC – CO – 4 FC – CO – 5	FC – R – 202	专项资金支付申请未经过规定的审核审批程序，可能导致资金失控，造成财务损失	FC – CA – 202	第四条　（二）2.付款审批流程：经办人填写付款申请，并附上发票和所需的合同或审批单，经办部门负责人审签、计划财务部审核，报经办部门分管领导核批后，报总经理审批	关于资金支付和费用报销管理规定	专项资金付款会计凭证及相关审批附件	计划财务部	负责人

对应控制目标编号	风险编号	风险事项描述	关键控制措施编号	关键控制措施	对应制度	控制痕迹	风险责任部门	风险责任岗位
FC－CO－1 FC－CO－2 FC－CO－3 FC－CO－4 FC－CO－5	FC－R－203	专项资金申请支付时，相关支持性文件不足，如缺失合同、决议或批准文件，项目建设资金支付申请的支持性附件不足或拨付款项与验工报告（工作进展）严重不符，可能导致建设资金结算超过工程进度或造成舞弊。可能导致审批流于形式，财务资金损失	FC－CA－203	第四条　（一） 2. 付款审批流程: 根据合同约定和工作进度，由合同经办人填写"工程类合同对外付款审批表"，并附上发票、合同、进度证明或审批单等相关资料。"工程类合同对外付款审批表"经投资监理、预算工程师和项目经理的审签，报工程配套部、工程技术部、安全生产办公室（有安全生产协议的）、预算合约部与计划财务部审核，报经办部门分管领导核批，报总经理审批同意后付款	关于资金支付和费用报销管理规定	付款凭证及相关支持性附件	计划财务部	负责人

三、会计核算管理

（一）概述

会计核算管理规定了公司及其控股子公司（以下简称"子公司"）有关会计核算的原则、具体方法，包括会计基础规范：制证、过账、结账、原始凭证等；核算及细分：资产核算规则、清算，会计电算化规范，会计档案管理程序等规范。旨在规范会计核算方面的各项具体工作，努力降低和避免会计核算环节存在的风险。

（二）适用范围

适用于公司及子公司。

（三）相关制度

➢《财务管理与会计核算制度》。

（四）职责分工

1. 计划财务部财务负责人

➢ 负责会计核算体系建设，业务部门核算分工及业务督导、协调。

➢ 对各单位的财务关账业务工作的真实性、及时性、完整性全面负责。

➢ 负责主持各单位财务关账业务工作和各类相关报表的审核上报工作，对财务关账质量负责。

➢ 组织并督促相关部门按时、保质完成经济核算工作，督促本部门人员完成工作任务。

➢ 贯彻落实会计人员财务关账业务岗位责任和工作标准，加强与相关部门的工作联系和配合。

2. 主办会计

➢ 负责本单位稽核的组织、分工及职责落实，建立并完善核查机制、整改机制和问责机制。

➢ 负责原始凭证及记账凭证的稽核工作，包括稽核各类记账凭证是否真实、准确反映原始凭证的各项内容。

➤ 负责账簿稽核，包括会计科目的正确使用、合理，账户清理与闲置科目、过渡科目的定期清查，并提出处理意见。

➤ 负责业务报表的稽核，包括稽核相关部门核算报表、统计报表等，稽核相关部门报送资料和财务资料的关联性、一致性。

➤ 编制账务结账复核审批表。

3. 会计核算岗

➤ 具体负责账务核算工作的日常处理，包括填制报销费用、记账凭证、会计科目的设置及账簿管理，并完成装订。

➤ 银行日记账账务核对及现金监盘。

➤ 银行对账调节表的编制。

➤ 内部往来事项核对与管理。

（五）不相容职责

表 10 - 8　不相容职责

岗位职责	核算	稽核	确认
核算		×	×
稽核	×		×
确认	×	×	

(a)

岗位职责	关账申请	审核	审批
关账申请		×	×
审核	×		×
审批	×	×	

(b)

注：×表示不相容职责。

（六）关键流程

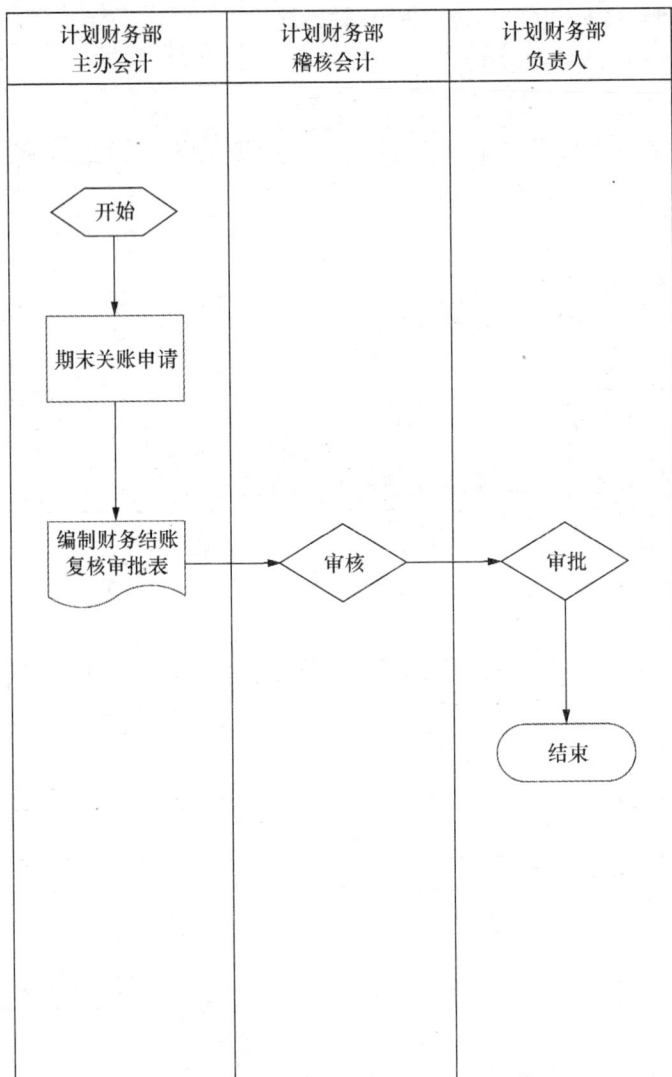

计划财务部 主办会计	计划财务部 稽核会计	计划财务部 负责人
开始		
期末关账申请		
编制财务结账复核审批表	审核	审批
		结束

图 10 － 6　会计核算期末关账流程

（七）控制目标

表 10－9　控制目标

序号	《内控手册》具体控制目标编号	拟实现的内控目标	内控目标具体描述
1	FC－CO－1	合法合规性目标	保证公司会计核算符合国家有关法律法规
2	FC－CO－2	财务报告目标	保证公司会计核算信息真实、准确
3	FC－CO－3	资产安全目标	保证公司会计核算资产安全、完整
4	FC－CO－4	经营效率和效果目标	提升公司运营效率和经营效果
5	FC－CO－5	发展战略目标	促进公司发展战略目标的实现

（八）风险控制矩阵

表 10－10　风险控制矩阵

对应控制目标编号	风险编号	风险事项描述	关键控制措施编号	关键控制措施	对应制度	控制痕迹	风险责任部门	风险责任岗位
FC－CO－1 FC－CO－2 FC－CO－3 FC－CO－4 FC－CO－5	FC－R－301	会计核算规范不完整，未按照国家会计准则、企业会计手册要求开展，可能导致会计信息不准确、不完整	FC－CA－301	第十二条　基本原则：会计核算必须遵循真实性的原则，以实际发生的经济业务为依据，如实反映财务状况和经营成果	财务管理与会计核算制度	账务处理会计凭证	计划财务部	负责人
FC－CO－1 FC－CO－2 FC－CO－3 FC－CO－4 FC－CO－5	FC－R－302	公司会计基础管理存在不足，原始凭证不足以支持会计数据，可能导致会计信息失真，影响会计报告的真实准确性	FC－CA－302	第十九条　会计凭证的要求：原始凭证和自制凭证必须真实、有效、合法、合规，会计凭证必须附足附件（原始凭证或自制凭证），所附原始凭证必须足以支持会计凭证所反映的会计数据。会计凭证上应注明附件数，原始支付凭证必须加盖"付讫"章	财务管理与会计核算制度	会计凭证及相关附件	计划财务部	负责人

续表

对应控制目标编号	风险编号	风险事项描述	关键控制措施编号	关键控制措施	对应制度	控制痕迹	风险责任部门	风险责任岗位
FC－CO－1 FC－CO－2 FC－CO－3 FC－CO－4 FC－CO－5	FC－R－303	会计核算中存在不相容岗位，比如，记账凭证的制证与审核系同一人，可能使得核算错误未被发现，可能导致会计核算不正确	FC－CA－303	第九条 会计机构内部应当建立稽核制度。会计工作岗位，可以一人一岗，一人多岗或一岗多人，但出纳人员不得兼管稽核、会计档案保管、收入、费用、债权、债务账目的登记工作。支票、印鉴必须分别保管	财务管理与会计核算制度	会计凭证及相关附件	计划财务部	负责人
FC－CO－1 FC－CO－2 FC－CO－3 FC－CO－4 FC－CO－5	FC－R－304	期末结账前未对账务处理、重大会计政策和会计估计、合并范围、账项调整等进行核对、检查，可能导致生成了总分类账、财务报告不正确	FC－CA－304	第二十条 期末结账前对账务处理、重大会计政策和会计估计、合并范围、账项调整等进行核对、检查，保证所生成总分类账、财务报告真实、准确	财务管理与会计核算制度	账务处理、重大会计政策和会计估计、合并范围、账项调整等会计凭证	计划财务部	负责人

四、委托贷款管理

（一）概述

委托贷款管理规定了公司及其控股子公司（以下简称"子公司"）涉及委托贷款合同的签订、审批和委托贷款管理等工作流程等程序。旨在规范公司在委托贷款的各项具体工作，努力降低和避免委托贷款环节存在的风险。

（二）适用范围

适用于公司及子公司。

（三）相关制度

➤《财务管理与会计核算制度》。

（四）职责分工

1. 股东
➤ 批准委托贷款方案。

2. 董事会
➤ 审议、批准单笔委托贷款方案。

3. 总经理办公会
➤ 审议单笔委托贷款方案。

4. 计划财务部负责人
➤ 负责审核单笔委托贷款方案。

5. 计划财务部主办会计
➤ 负责提出单笔委托贷款方案。
➤ 负责与受托方办理委托贷款协议，收取抵押物等相关手续。
➤ 负责建立委托贷款台账，及时登录每笔委托贷款的相关信息及变动情况。
➤ 负责对委托贷款进行跟踪管理。
➤ 负责保证及时收取利息及委托贷款本金到期及时收回。

6. 计划财务部出纳
➤ 负责协助主办会计与受托方办理款项交割等相关事宜。

（五）不相容职责

表 10 - 11　不相容职责

岗位职责	委托贷款方案提出	委托贷款方案审核	委托贷款方案审批
委托贷款方案提出		×	×
委托贷款方案审核	×		×
委托贷款方案审批	×	×	

注：×表示不相容职责。

（六）关键流程

计划财务部 主办会计/出纳	计划财务部负责人	总经理办公会 （分管领导/总经理）	董事会	股东

```
        ⬡ 开始

   ┌──────────┐
   │主办会计提出│
   │委托贷款方案│
   ├──────────┤
   │委托贷款方案│──▶◇审签──▶┌────────┐──▶◇审批──▶◇批准
   └──────────┘            │总经理办公会│
                           │   审议   │
                           └────────┘
   ┌──────────┐
   │办理委贷   │◀────────────────────────────────
   │协议、收取  │
   │抵押物     │
   ├──────────┤
   │委贷付款申请│──▶◇审签──▶┌────────┐
   └──────────┘            │分管领导审核│
                           └────────┘
                                │
                           ◇总经理审批
   ┌──────────┐
   │出纳办理   │
   │款项交割   │
   └──────────┘
   ┌──────────┐
   │会计建立委贷│
   │台账,及时登录│
   │委贷信息情况│
   └──────────┘
   ┌──────────┐
   │对受托方跟踪│
   │委贷信息及时│
   │收取利息本金│
   └──────────┘
   ┌──────────┐
   │出纳收取   │
   │利息本金/  │
   │会计账务   │
   │处理程序   │
   └──────────┘

        ⬭ 结束
```

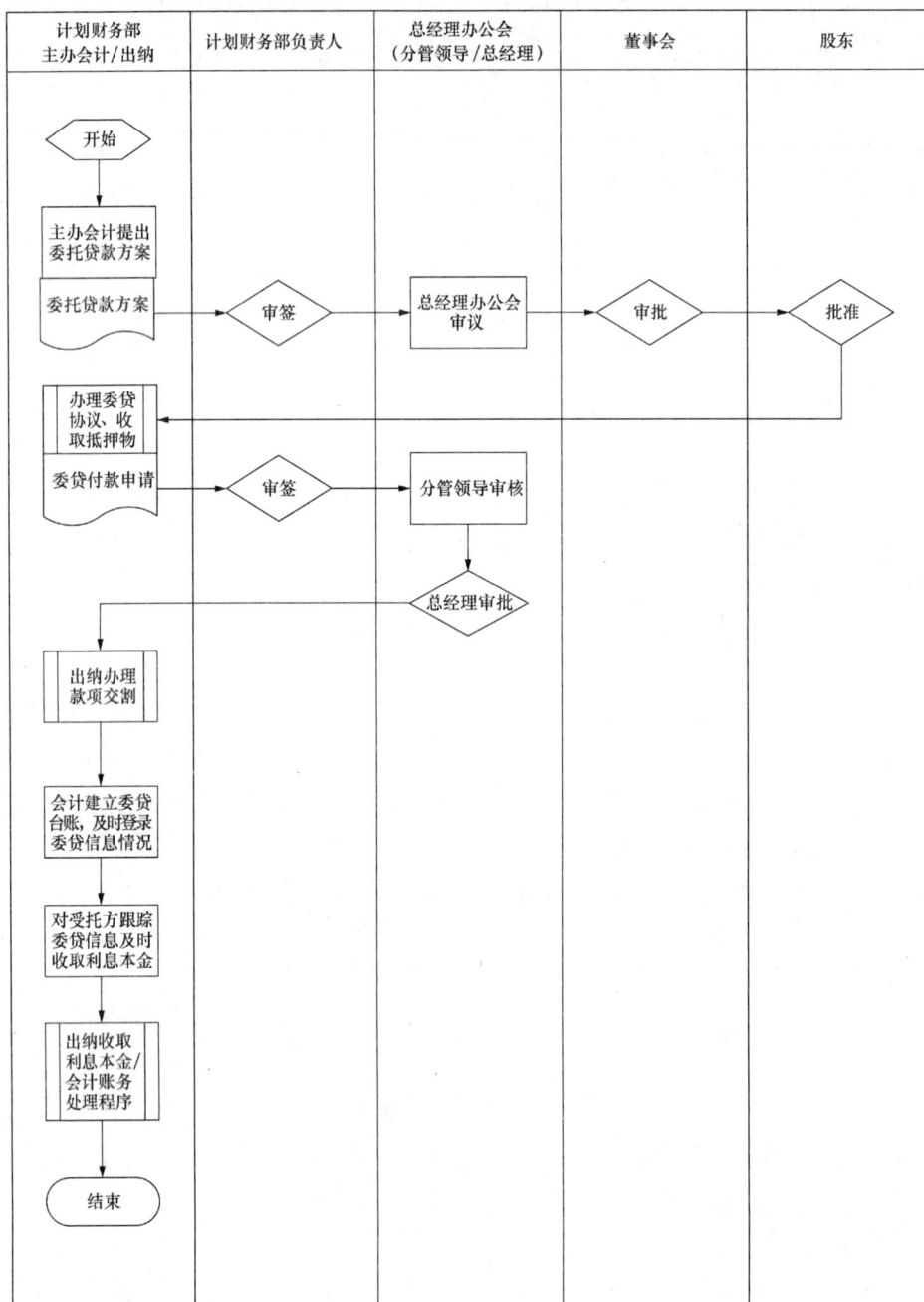

图 10-7　委托贷款管理流程

（七）控制目标

表 10 – 12　控制目标

序号	《内控手册》具体控制目标编号	拟实现的内控目标	内控目标具体描述
1	FC – CO – 1	合法合规性目标	保证公司委托贷款工作符合国家有关法律法规规定
2	FC – CO – 2	财务报告目标	保证公司委托贷款信息真实、准确
3	FC – CO – 3	资产安全目标	保证公司资金、资产安全、完整
4	FC – CO – 4	经营效率和效果目标	提升公司运营效率和经营效果
5	FC – CO – 5	发展战略目标	促进公司发展战略目标的实现

（八）风险控制矩阵

表 10 – 13　风险控制矩阵

对应控制目标编号	风险编号	风险事项描述	关键控制措施编号	关键控制措施	对应制度	控制痕迹	风险责任部门	风险责任岗位
FC – CO – 1 FC – CO – 3 FC – CO – 4 FC – CO – 5	FC – R – 401	公司未制定委托贷款管理制度，可能导致委托贷款管理混乱，甚至造成资金损失	FC – CA – 401	第九章　委托贷款管理	财务管理与会计核算制度	财务管理与会计核算制度文本	计划财务部	负责人
FC – CO – 1 FC – CO – 2 FC – CO – 3 FC – CO – 4 FC – CO – 5	FC – R – 402	公司对委托贷款的对象不恰当，可能导致委托贷款对象不具备贷款偿还能力，影响资金安全	FC – CA – 402	第六十七条　原则上不得对公司系统外企业办理委托贷款	财务管理与会计核算制度	委托贷款台账	计划财务部	负责人
FC – CO – 1 FC – CO – 3 FC – CO – 4 FC – CO – 5	FC – R – 403	公司对委托贷款未设置抵押物，可能导致委托贷款到期难以偿还，影响资金安全	FC – CA – 403	第六十八条　公司保证资金安全，对非全资公司超出股权比例的委贷，应对委托贷款设置抵押物	财务管理与会计核算制度	对非全资超出股权比例的委贷抵押凭证	计划财务部	负责人

对应控制目标编号	风险编号	风险事项描述	关键控制措施编号	关键控制措施	对应制度	控制痕迹	风险责任部门	风险责任岗位
FC－CO－1 FC－CO－4 FC－CO－5	FC－R－404	公司委托贷款方案和申请未通过恰当的审核、审批程序，可能导致委托贷款不当，造成委托贷款资金受损	FC－CA－404	第六十九条 公司每笔委托贷款应履行授权审批程序，经过总负责人办公会审议，董事会通过，上报公司审批后执行	财务管理与会计核算制度	委贷审批文件	计划财务部	负责人
FC－CO－1 FC－CO－2 FC－CO－3 FC－CO－4 FC－CO－5	FC－R－405	公司未建立委托贷款台账，对委托贷款进行跟踪管理，可能造成未及时收取利息，或委托贷款资金到期未及时收回贷款	FC－CA－405	第七十条 公司计划财务部应建立委托贷款台账，及时登录每笔委托贷款的相关信息及变动情况。对委托贷款进行跟踪管理，保证及时收取利息，及委托贷款本金到期及时收回	财务管理与会计核算制度	委托贷款台账	计划财务部	负责人

五、收入管理

（一）概述

收入管理规定了公司及其控股子公司（以下简称"子公司"）有关收入的认定，包括收入的分类、确认等流程。旨在规范收入方面的各项具体工作，努力降低和避免收入管理环节存在的风险。

（二）适用范围

适用于公司及子公司。

（三）相关制度

➢《财务管理与会计核算制度》。

➢《集团本部商业用房租金管理意见》。

➢《关于规范商业用房租金收缴的通知》。

（四）职责分工

1. 计划财务部

➢ 负责执行公司收入确认原则及时核算和收缴各种主营、副营收入。

➢ 负责根据所获得的物权转移、价款收到或取得索取价款的凭证时，及时做销售收入的账务处理。

➢ 负责应收款项核算、其他应收款催收和应收票据管理，并做好分析及信息报告。

➢ 负责非金融系统融资利息收入确认与账务处理。

2. 工程技术部

➢ 负责对外销售房屋产品收入、房屋配套产品销售收入、代建房屋及代建工程收入确认审核与应收款项的责任考核。

3. 项目公司

➢ 负责对外销售房屋产品收入、房屋配套产品销售收入、代建房屋及代建工程收入确认申报与应收款项责任的落实与催收。

4. 企业发展部

➢ 负责公司自有房产出租收入确认申报审核与应收款项责任考核。

5. 物业管理部

➢ 负责受托代管公房出租、出售收入申报的审核与应收款项责任考核。

6. 物业公司

➢ 负责房屋出租、出售收入的确认申报与缴款。

➢ 负责物业服务项目收入的确认申报与缴款。

➢ 承担以上应收款项的收缴责任。

7. 办公室

➢ 负责公司其他物品出售收入申报与缴款。

（五）不相容职责

表 10－14　不相容职责

岗位职责	收入确认与申报	收入申报审核	收入审定与账务处理
收入确认与申报		×	×
收入申报审核	×		×
收入审定与账务处理	×	×	

注：×表示不相容职责。

（六）关键流程

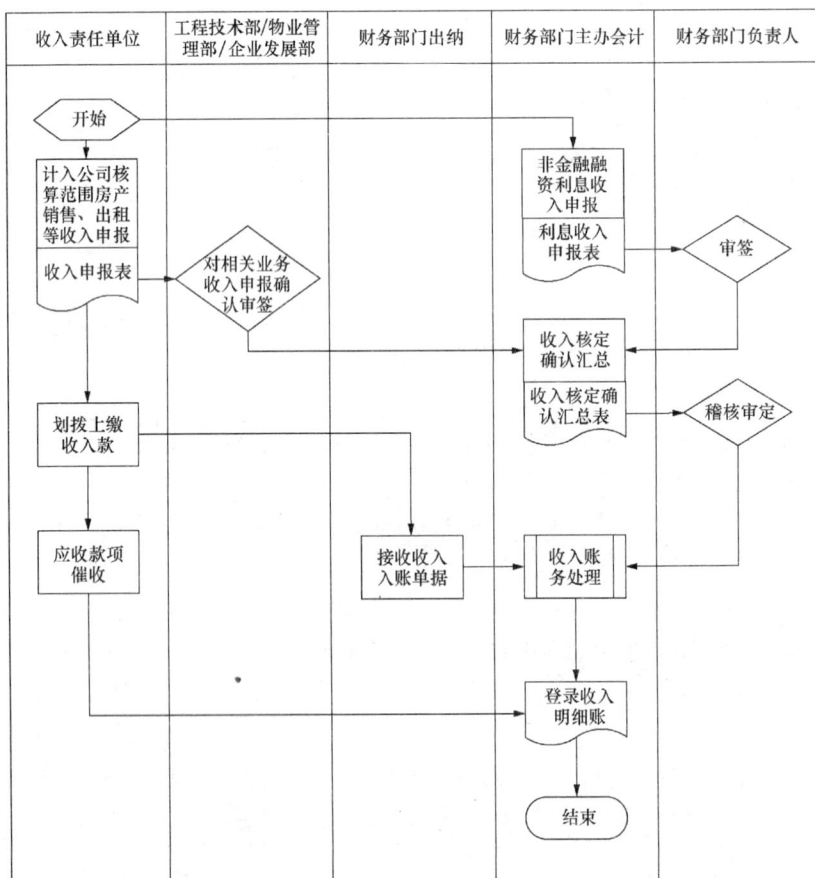

图 10－8　公司收入管理流程

（七）控制目标

表 10 – 15　控制目标

序号	《内控手册》具体控制目标编号	拟实现的内控目标	内控目标具体描述
1	FC – CO – 1	合法合规性目标	保证公司收入核算工作符合国家有关法律法规规定
2	FC – CO – 2	财务报告目标	保证公司收入信息真实、准确
3	FC – CO – 3	资产安全目标	保证公司应收资产安全、完整
4	FC – CO – 4	经营效率和效果目标	提升公司运营效率和经营效果
5	FC – CO – 5	发展战略目标	促进公司发展战略目标的实现

（八）风险控制矩阵

表 10 – 16　风险控制矩阵

对应控制目标编号	风险编号	风险事项描述	关键控制措施编号	关键控制措施	对应制度	控制痕迹	风险责任部门	风险责任岗位
FC – CO – 1 FC – CO – 4 FC – CO – 5	FC – R – 501	公司未制定收入确认管理办法，可能导致收入管理混乱，确认不准确，影响公司财务报表的真实、可靠性	FC – CA – 501	第三章第二节　收入的确认原则	财务管理与会计核算制度	财务管理与会计核算制度文本	计划财务部	负责人
FC – CO – 1 FC – CO – 2 FC – CO – 3 FC – CO – 4 FC – CO – 5	FC – R – 502	收入确认依据不充分或不准确，可能导致收入核算的失真和收入资源的缺失，引发公司资产损失	FC – CA – 502	第二十三条　收入的确定原则：（一）以商品发出、物权转移、价款收到取得索取价款的凭证为原则。（二）销售开发产品收入按合同、协议规定的收款时间来确定收入实现	财务管理与会计核算制度	收入核算会计凭证及相关附件	计划财务部	负责人

续表

对应控制目标编号	风险编号	风险事项描述	关键控制措施编号	关键控制措施	对应制度	控制痕迹	风险责任部门	风险责任岗位
FC - CO - 1 FC - CO - 2 FC - CO - 3 FC - CO - 4 FC - CO - 5	FC - R - 503	收入确认时间不及时，可能导致虚增利润，影响财务报表的真实性	FC - CA - 503	第二十三条 （三）会计人员应根据所获得的物权转移、价款收到或取得索取价款的凭证时，及时做销售收入的账务处理	财务管理与会计核算制度	收入核算会计凭证及相关附件	计划财务部	负责人
FC - CO - 1 FC - CO - 2 FC - CO - 3 FC - CO - 4 FC - CO - 5	FC - R - 504	应收账款回收不及时，可能造成企业周转资金不足，影响企业正常的生产经营	FC - CA - 504	五、对账与催账：（一）根据账面情况，计划财务部次月 15 日之前编制《月度租金报告》，交企业发展部、公房公司核对确认。（二）公房公司负责催账与核对，根据《月度租金报告》的应收未收数，由业务员以外的人员定期与客户进行对账并催收。七、定期稽核与审计。由审计监察室负责对租金核算与相关报告的稽核与审计	公司本部商业用房租金管理意见	收入核算会计凭证及相关附件	计划财务部/业务部门/审计监察室	负责人

六、成本费用管理

（一）概述

成本费用管理规定了公司及其控股子公司（以下简称"子公司"）有关成本与费用的认定：包括计提成本费用的归集、分类、确认、计提、配比以及费用的支付审核、审批等流程。旨在规范成本费用管理方面的各项具体工作，努力降低和避免成本费用管理环节中存在的风险。

（二）适用范围

适用于公司及子公司。

（三）相关制度

➤《财务管理与会计核算制度》。
➤《资金支付和费用报销管理规定》。

（四）职责分工

1. 总负责人
➤负责审批年度成本费用计划。
➤负责费用支出报销的终审权（总负责人报销党委书记为终审权）。

2. 分管领导
➤负责审核年度成本费用计划。
➤负责费用报销的审核。

3. 计划财务部
➤计划财务部负责人审签年度成本费用计划。
➤计划财务部负责人负责费用报销的审核；负责收入配比成本核定的审定。
➤计划财务部负责制定各项成本费用核算规程。
➤计划财务部负责编制公司的成本费用计划，并负责分解落实到各部门。
➤计划财务部负责检查考核成本计划执行情况。
➤计划财务部及时组织完成公司成本核算工作，指导子公司完成成本管理和核算。
➤计划财务部进行成本预测、控制、监督和分析。
➤计划财务部负责子公司配备专职会计，在公司计划财务部的指导下，进行成本核算与管理工作。

4. 各部门、项目公司
➤负责各自成本费用支出的审核工作。

（五）不相容职责

表 10 – 17　不相容职责

岗位职责	成本费用归集	成本费用稽核	成本费用审定
成本费用归集		×	×
成本费用稽核	×		×
成本费用审定	×	×	

注：×表示不相容职责。

（六）关键流程

成本费用责任单位	财务部门出纳	财务部门主办会计	财务部门负责人	分管领导/总经理

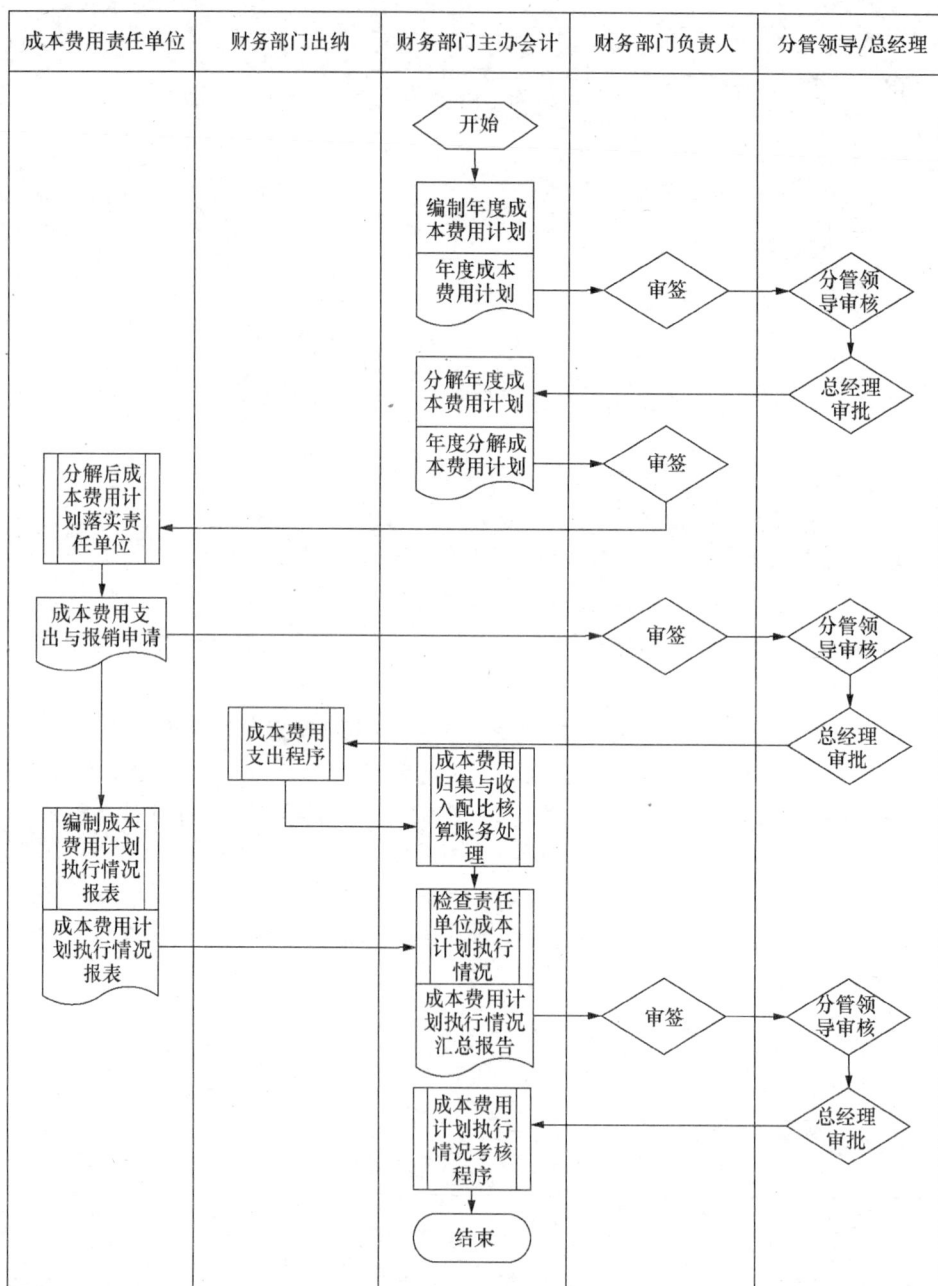

图 10－9　成本费用管理流程

（七）控制目标

表 10 – 18 控制目标

序号	《内控手册》具体控制目标编号	拟实现的内控目标	内控目标具体描述
1	FC – CO – 1	合法合规性目标	保证公司成本费用管理符合国家有关法律法规规定
2	FC – CO – 2	财务报告目标	保证公司成本费用核算数据真实、准确
3	FC – CO – 3	资产安全目标	保证公司资产安全、完整
4	FC – CO – 4	经营效率和效果目标	提升公司运营效率和经营效果
5	FC – CO – 5	发展战略目标	促进公司发展战略目标的实现

（八）风险控制矩阵

表 10 – 19 风险控制矩阵

对应控制目标编号	风险编号	风险事项描述	关键控制措施编号	关键控制措施	对应制度	控制痕迹	风险责任部门	风险责任岗位
FC – CO – 1 FC – CO – 4 FC – CO – 5	FC – R – 601	公司未制定成本费用管理制度，成本管理职责不明确，成本管理程序不清楚，可能导致成本费用管理混乱，使得公司经济利益受损	FC – CA – 601	第三章第三节 成本费用确认原则	财务管理与会计核算制度	财务管理与会计核算制度文本	计划财务部	负责人
FC – CO – 1 FC – CO – 2 FC – CO – 3 FC – CO – 4 FC – CO – 5	FC – R – 602	公司成本核算不规范，未系统收集、归集与收入不匹配、分析成本资料，不符合会计准则的要求，可能导致成本核算不准确，财务报告不真实	FC – CA – 602	第二十五条 （二）成本费用核算的对象及界限，按公司规定成本核算对象及界限系统的收集、归集并与收入相匹配	财务管理与会计核算制度	月度成本核算表及会计账务处理凭证	计划财务部	负责人

对应控制目标编号	风险编号	风险事项描述	关键控制措施编号	关键控制措施	对应制度	控制痕迹	风险责任部门	风险责任岗位
FC－CO－1 FC－CO－2 FC－CO－3 FC－CO－4 FC－CO－5	FC－R－603	公司未建立成本费用考核机制，未编制年度成本费用计划，或成本费用计划未经过公司恰当的授权审核审批，可能导致成本与费用考核缺乏权威性，流于形式，进而浪费公司资源，影响公司盈利水平，影响公司产品市场竞争力	FC－CA－603	第二十五条 （一）成本分级管理的范围和职责：1. 公司计划财务部负责公司的成本费用管理，具体职责：（1）制定各项成本费用核算规程；（2）编制公司的成本费用计划，并负责分解落实到各部门；（3）检查考核成本计划执行情况；（4）及时组织完成公司成本核算工作，指导子公司完成成本管理和核算；（5）进行成本预测、控制、监督和分析。2. 子公司配备专职会计，在公司计划财务部的指导下，进行成本核算与管理工作	财务管理与会计核算制度	成本费用计划表考核成本计划执行情况表	计划财务部	负责人
FC－CO－1 FC－CO－2 FC－CO－3 FC－CO－4 FC－CO－5	FC－R－604	费用核算不及时或不符合国家有关法律、法规和公司内部规章制度的规定，可能导致公司费用归集不及时、财务报告不准确	FC－CA－604	第二十五条 （一）（4）及时组织完成公司成本核算工作，指导子公司完成成本管理和核算	财务管理与会计核算制度	月度成本核算表及会计账务处理凭证	计划财务部	负责人
FC－CO－1 FC－CO－2 FC－CO－3 FC－CO－4 FC－CO－5	FC－R－605	费用预算刚性不强，对预算外的费用未设置特别的审批权限，可能导致费用开支过大，铺张浪费，或假公济私，影响公司经营效益	FC－CA－605	第三条 （一）日常经营管理费用支出实行预算管理，工程项目用款支付实行合同管理。第四条（三）1.（2）预算外固定资产购置、预算外的资产购置，经总负责人办公会、党委会通过，还需报经董事会审批	关于资金支付和费用报销管理规定	预算外费用支付会计凭证及相关审批表	计划财务部	负责人

对应控制目标编号	风险编号	风险事项描述	关键控制措施编号	关键控制措施	对应制度	控制痕迹	风险责任部门	风险责任岗位
FC－CO－1 FC－CO－2 FC－CO－3 FC－CO－4 FC－CO－5	FC－R－606	费用报销审批未设定相应权限，费用审批管理混乱，可能导致费用失控或经营效率低下	FC－CA－606	第五条　（二）付款审批：1. 公司有明确标准的员工费用报销（如车辆使用费、通信费等）、员工福利费报销（如幼托），以及职工教育培训费。依次由经办部门负责人审签、人力资源部审核、计划财务部审核，报经办部门分管领导核批后，报总负责人审批。2. 其他费用报销员工因工作需要发生的办公费用、业务招待、差旅等费用报销，由经办部门负责人审签、计划财务部审核，报经办部门分管领导核批后，报总负责人审批。总负责人的其他费用报销最终审批权在公司党委书记	关于资金支付和费用报销管理规定	费用报销会计凭证及相关审批附件	计划财务部	负责人

七、税费管理

（一）概述

税费规定了公司及其控股子公司（以下简称"子公司"）涉及税收核算、申报、缴纳、清缴等方面的程序。旨在规范税务工作，降低或避免税务管理中的风险。

（二）适用范围

适用于公司及子公司。

（三）相关制度

➢《财务管理与会计核算制度》。
➢《委派会计管理的规定》。
➢《责任追究办法》。

（四）职责分工

1. 总负责人
➢ 审批纳税申报资料。
2. 计划财务部负责人
➢ 审核纳税申报资料。
➢ 负责审核税收筹划方案，组织实施税收筹划及税收风险防控程序。
3. 税务会计
➢ 进行各税种的申报。
➢ 在国家规定的汇算清缴截止日前到税务机关办理税前抵扣或备案事项审批或备案手续。
➢ 负责起草税收筹划方案，拟定税务风险评估报告。
➢ 向负责人提交当月的会计报表。

（五）不相容职责

表 10-20　不相容职责

岗位职责	核算/申报	审核	确认
核算/申报		×	×
审核	×		×
确认	×	×	

注：×表示不相容职责。

（六）关键流程

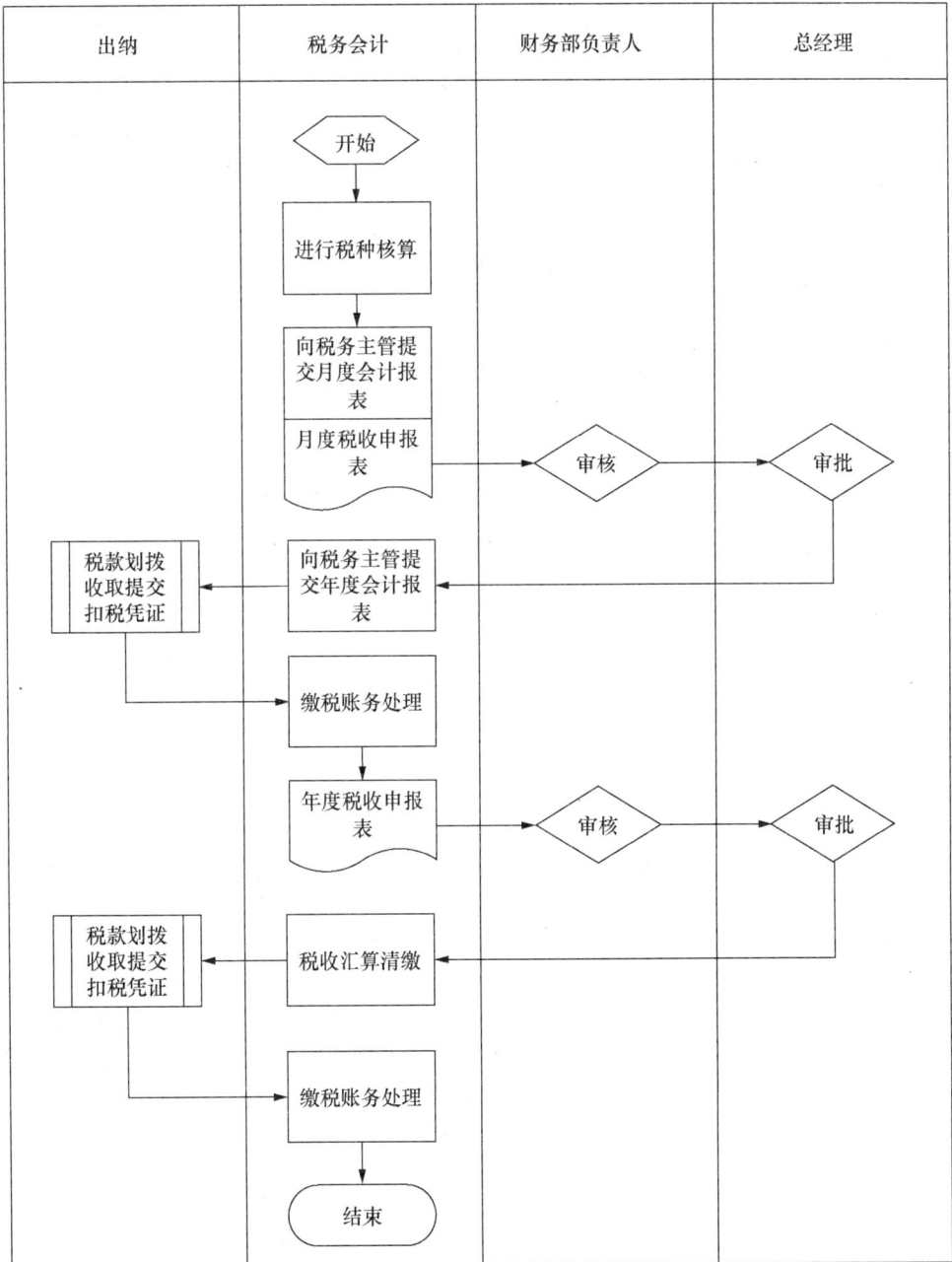

图 10－10　税费管理流程

（七）控制目标

表 10－21　控制目标

序号	《内控手册》具体控制目标编号	拟实现的内控目标	内控目标具体描述
1	FC－CO－1	合法合规性目标	保证公司税费工作符合国家有关法律法规规定
2	FC－CO－2	财务报告目标	保证公司税费信息真实、准确
3	FC－CO－3	资产安全目标	不适用
4	FC－CO－4	经营效率和效果目标	提升公司运营效率和经营效果
5	FC－CO－5	发展战略目标	促进公司发展战略目标的实现

（八）风险控制矩阵

表 10－22　风险控制矩阵

对应控制目标编号	风险编号	风险事项描述	关键控制措施编号	关键控制措施	对应制度	控制痕迹	风险责任部门	风险责任岗位
FC－CO－1 FC－CO－4 FC－CO－5	FC－R－701	未按国家有关税收法律法规正确计提、核算各种税金并进行账务处理，可能导致税务核算不准确或受到税务部门处罚	FC－CA－701	第四十七条　公司应依照国家有关税收法律、法规规定计算并依法缴纳各种应缴税款	财务管理与会计核算制度	缴税账务处理凭证及相关附件	计划财务部	负责人
FC－CO－1 FC－CO－2 FC－CO－4 FC－CO－5	FC－R－702	未按照税法规定的期限，及时、准确地进行纳税申报，可能导致补缴税款及滞纳金，造成公司经济损失	FC－CA－702	第五十一条　会计人员应当正确计算各项税款，在纳税申报期限内，根据审核过的财务报表，经财务负责人审批，按主管税务机关的要求申报税款	财务管理与会计核算制度	月度计提税费会计凭证及相关附件	计划财务部	负责人

对应控制目标编号	风险编号	风险事项描述	关键控制措施编号	关键控制措施	对应制度	控制痕迹	风险责任部门	风险责任岗位
FC－CO－1 FC－CO－4	FC－R－703	无专人对税务登记证、税收凭证及增值税发票存根等税务资料进行保管，可能导致重要税务资料遗失，无法证明或进行税收核算，受到税务部门处罚	FC－CA－703	第五十四条　设置专人对税务登记证、税收凭证等税务资料进行保管，避免可能导致重要税务资料遗失	财务管理与会计核算制度	会计资料归存保管目录	计划财务部	负责人

八、财务报告管理

（一）概述

财务报告管理规定了公司及其控股子公司（以下简称"子公司"）有关财务报告的编制与审核、报送与披露、监督与检查和财务分析等方面的内容。旨在规范财务报告管理，提升财务报告的价值，努力避免或降低财务工作中的风险。

（二）适用范围

适用于公司及子公司。

（三）相关制度

➤《财务管理与会计核算制度》。
➤《所属单位财务部负责人报告管理规定》。

（四）职责分工

1. 总负责人

➤ 核准年度财务报告编制方案后签发至各子（分）公司。

➤ 审批财务报告。

➤ 审批财务分析报告。

2. 计划财务部负责人

➤ 审核年度财务报告编制方案。

➤ 审核财务报告。

➤ 审核财务分析报告。

3. 计划财务部总账会计

➤ 制定年度财务报告编制方案。

➤ 对已填制凭证进行审核、对账，确保本月数据的准确性。

➤ 会计结账后生成会计报表。

➤ 负责财务状况分析。

4. 计划财务部相关岗位

➤ 财务制单人员将本月所有账务全部入账，填制凭证。

➤ 出纳人员、会计人员进行现金盘点，银行对账。

➤ 负责开具发票的会计人员将发票开具清单与账务进行核对，确保一致性。

（五）不相容职责

表 10 – 23　不相容职责

岗位职责	财务报告编制	财务报告审核	财务报告审批
财务报告编制		×	×
财务报告审核	×		×
财务报告审批	×	×	

注：×表示不相容职责。

（六）关键流程

计划财务部 其他岗位	计划财务部 总账会计	计划财务部 负责人	总经理

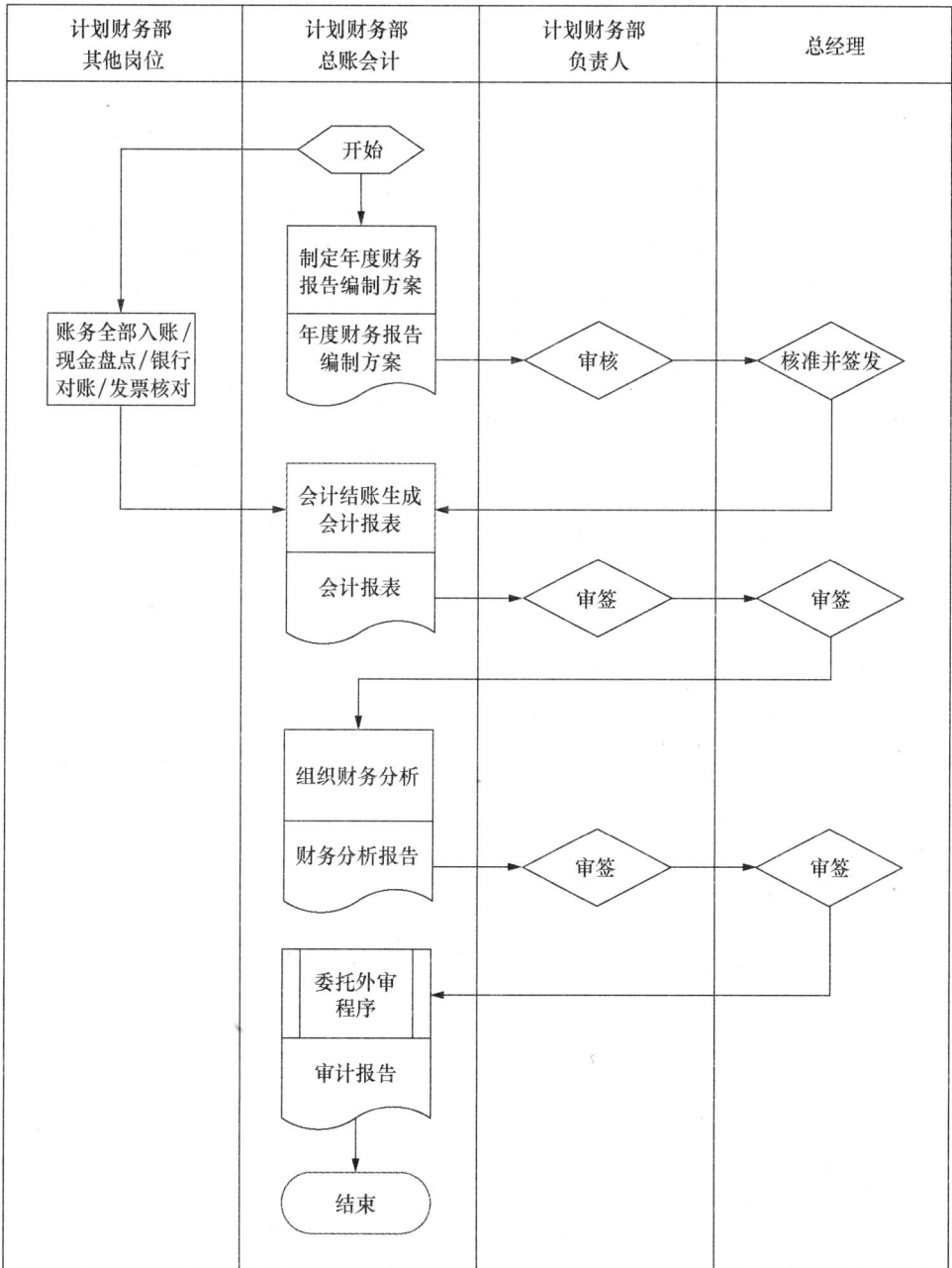

图 10-11　财务报告管理流程

（七）控制目标

表 10－24　控制目标

序号	《内控手册》具体控制目标编号	拟实现的内控目标	内控目标具体描述
1	FC－CO－1	合法合规性目标	保证公司财务报告符合国家有关法律法规规定
2	FC－CO－2	财务报告目标	保证公司财务报告真实、准确
3	FC－CO－3	资产安全目标	保证公司资产安全、完整
4	FC－CO－4	经营效率和效果目标	提升公司运营效率和经营效果
5	FC－CO－5	发展战略目标	促进公司发展战略目标的实现

（八）风险控制矩阵

表 10－25　风险控制矩阵

对应控制目标编号	风险编号	风险事项描述	关键控制措施编号	关键控制措施	对应制度	控制痕迹	风险责任部门	风险责任岗位
FC－CO－1 FC－CO－2 FC－CO－3 FC－CO－4 FC－CO－5	FC－R－801	编制报告违反会计法律法规和国家统一的会计准则制度，可能导致企业承担法律责任和声誉受损	FC－CA－801	第七十八条　（二）编报口径必须按照财政部颁发的企业统一会计制度进行。（三）数字真实、内容完整、上报及时	财务管理与会计核算制度	月度会计报表、年度财务报告	计划财务部	负责人
FC－CO－1 FC－CO－2 FC－CO－4 FC－CO－5	FC－R－802	财务报告未按公司财务管理制度规定时间内完成，可能影响公司管理决策、外部审计和报表信息披露	FC－CA－802	第七十九条　（七）完成月度报告的时间为次月9日以前；季报为次月10日以前。第八十一条　年度终了，年报审计完成后30天内，计划财务部向总负责人递呈年度财务分析报告	财务管理与会计核算制度	月度会计报表、年度财务报告	计划财务部	总账会计

对应控制目标编号	风险编号	风险事项描述	关键控制措施编号	关键控制措施	对应制度	控制痕迹	风险责任部门	风险责任岗位
FC－CO－1 FC－CO－2 FC－CO－3 FC－CO－4 FC－CO－5	FC－R－803	财务报告审核不严，未经恰当审核、审批，可能误导报表错误，对投资人等报告使用者，造成决策失误，干扰市场秩序	FC－CA－803	第八十条　财务会计报告应当由单位负责人和主管会计工作的负责人（财务总监）、会计机构负责人（财务负责人）签名并盖章	财务管理与会计核算制度	月度会计报表，年度财务报告	计划财务部	负责人
FC－CO－1 FC－CO－4 FC－CO－5	FC－R－804	不能有效利用报告，财务报告的分析和利用尚待加强，难以及时发现企业经营管理中存在的问题，可能导致企业和经营风险失控	FC－CA－804	第八十一条　年度终了年报审计完成后30天内，计划财务部向总负责人递呈年度财务分析报告	财务管理与会计核算制度	年度财务分析报告	计划财务部	总账会计

第十一章　融资管理（BD）

提示：融资主要涉及银行借款，它是扩大生产经营资金来源的重要渠道，其中潜藏着很多风险，应规范银行借款流程，严格审核程序及内容，重点把握融资规模，要与全面预算相融合，还要考虑投资项目的财务可行性、借入资金的偿还期、利息等，从而减少融资风险。

融资管理流程规定了公司有关融资管理程序，公司在融资的申请、方案制定、审批、后续管理与资金效果后评估、利息计算和支付等工作流程。旨在规范公司对融资管理的具体流程，努力避免或降低公司在融资管理工作中存在的风险。

本流程涉及的具体子流程如表 11 - 1 所示。

表 11 - 1　具体子流程

子流程编号	涉及主要环节/内容
BD - 01 银行借款管理	涉及公司银行借款管理程序，公司在银行借款的申请、方案制定、审批、后续管理与资金效果后评估、利息计算和支付等工作流程

银行借款管理

（一）概述

银行借款管理规定了公司及其控股子公司（以下简称"子公司"）有关银行借款管理程序。旨在规范银行借款管理，努力避免或降低在银行借款工作中的财务风险。

（二）适用范围

适用于公司及子公司。

（三）相关制度

➢《公司章程》。
➢《财务管理与会计核算制度》。

（四）职责分工

1. 股东
➢批准年度融资预算。
➢批准超预算融资方案。
2. 董事会
➢审议年度融资预算。
➢审议超预算融资方案。
3. 总经理办公会
➢审核年度融资预算。
➢审核超预算融资方案。
4. 总经理
➢审批单笔融资方案。

5. 计划财务部负责人

➢ 负责审核年度融资预算。

➢ 负责审核超预算融资方案。

➢ 审核单笔融资方案。

6. 计划财务部融资主办

➢ 负责编制年度融资预算。

➢ 负责办理融资手续、履行融资合同会签程序，融资合同签订。

➢ 负责建立融资合同台账逐笔登记。

➢ 负责及时进行融资账务处理。

➢ 负责于每季度结息前 5 个工作日，对银行借款的利息部分进行统计，确保按时安排利息支付。

➢ 负责对到期负债制定统一的还款计划，确保按合同约定履行还款义务。

（五）不相容职责

表 11-2　不相容职责

岗位职责	融资申请	融资审核	融资审批
融资申请		×	×
融资审核	×		×
融资审批	×	×	

注：×表示不相容职责。

（六）关键流程

计划财务部融资主办	计划财务部负责人	相关部门	总经理/总经理办公会	董事会/股东

开始

编制年度融资预算

年度融资预算

年度超预算融资方案 → 审核 → 总经理办公会审议 → 董事会审议 → 股东核准

当次融资方案 → 审签 → 总经理审批

与金融机构浅谈议定合同条款

银行借款合同书 → 审核 → 会签 → 总经理审签借款合同

账务处理登记融资台账

本息偿还程序

结束

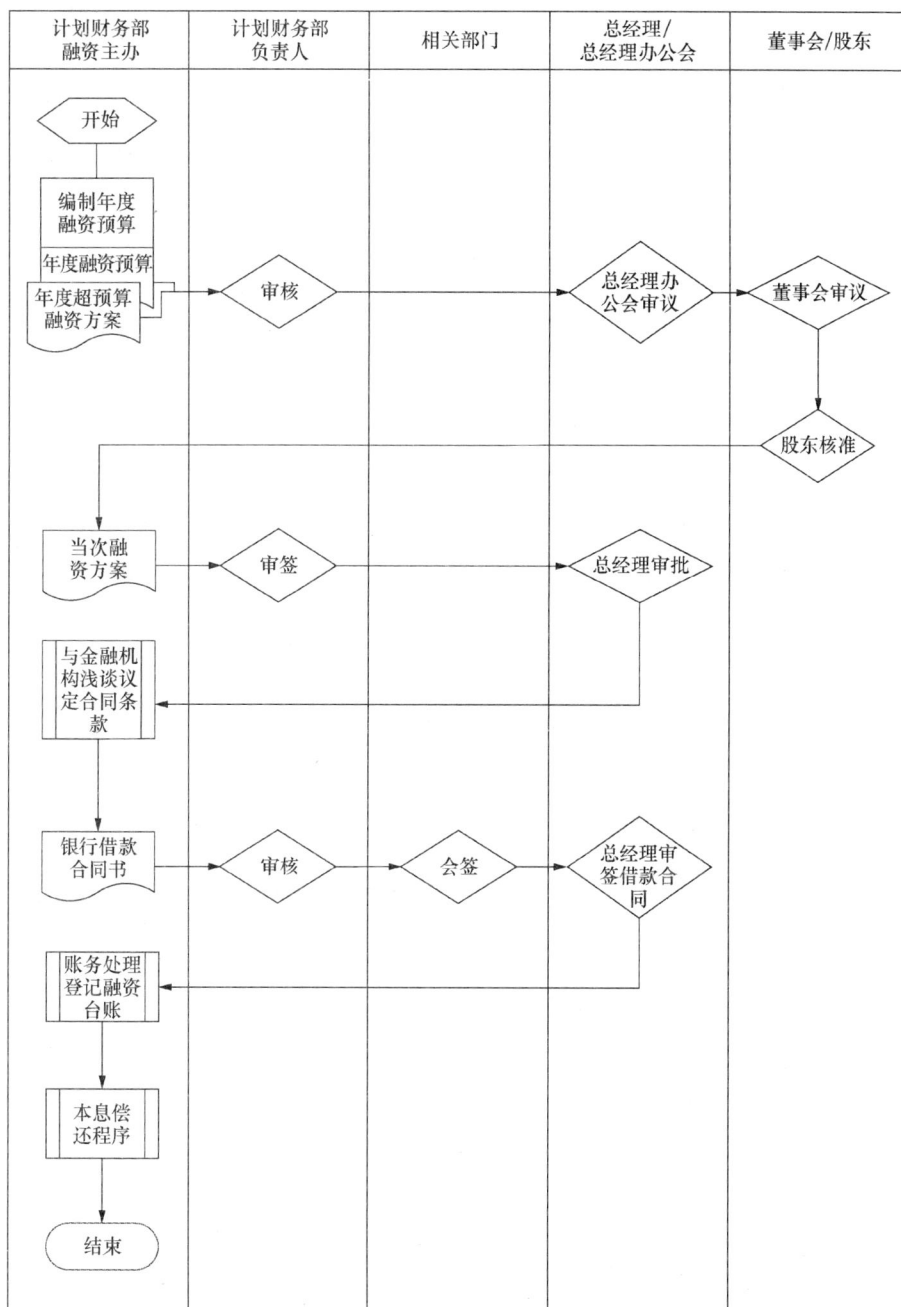

图 11-1　银行借款管理流程

（七）控制目标

表 11 - 3　控制目标

序号	《内控手册》具体控制目标编号	拟实现的内控目标	内控目标具体描述
1	BD - CO - 1	合法合规性目标	保证融资工作符合国家有关法律法规规定
2	BD - CO - 2	财务报告目标	保证融资的会计信息真实、准确
3	BD - CO - 3	资产安全目标	保证公司资产安全、完整
4	BD - CO - 4	经营效率和效果目标	提升公司运营效率和经营效果
5	BD - CO - 5	发展战略目标	促进公司发展战略目标的实现

（八）风险控制矩阵

表 11 - 4　风险控制矩阵

对应控制目标编号	风险编号	风险事项描述	关键控制措施编号	关键控制措施	对应制度	控制痕迹	风险责任部门	风险责任岗位
BD - CO - 1 BD - CO - 3 BD - CO - 4 BD - CO - 5	BD - R - 101	公司未制定银行借款管理办法，银行借款管理职责不明确，可能影响银行借款工作效率与效果	BD - CA - 101	第七十一条　公司融资管理根据公司下发的《融资管理办法》，规范融资操作，提高融资效率，降低融资成本，使融资工作具有计划性和可控性	财务管理与会计核算制度	财务管理与会计核算制度文本	计划财务部	经理
BD - CO - 1 BD - CO - 3 BD - CO - 4 BD - CO - 5	BD - R - 102	未制定融资预算，资金冗余或债务结构不合理，增加筹资成本，降低资金使用效率，可能导致企业偿债风险	BD - CA - 102	第七十二条　公司每年初拟定全年的融资预算，由公司计划财务部负责汇总，经总经理办公会审议，董事会决议通过后，上报公司审批	财务管理与会计核算制度	年度融资预算及审批文件	计划财务部	经理
BD - CO - 1 BD - CO - 3 BD - CO - 4 BD - CO - 5	BD - R - 103	银行借款的方案及计划制定不合理，包括借款方式、借款金额、借款期限、成本与收益等，可能导致融资成本过高，还款压力大	BD - CA - 103	第七十二条　（一）1. 在公司全年融资预算框架内，公司和所属企业应根据实际资金需求，综合考虑融资渠道、成本、效率及风险等因素，合理安排融资方案，确保资金平衡	财务管理与会计核算制度	贷款融资方案	计划财务部	经理

对应控制目标编号	风险编号	风险事项描述	关键控制措施编号	关键控制措施	对应制度	控制痕迹	风险责任部门	风险责任岗位
BD－CO－1 BD－CO－2 BD－CO－3 BD－CO－4 BD－CO－5	BD－R－104	银行借款的方案及计划未按公司规定审批，可能导致借款资金风险和分配不合理	BD－CA－104	第七十二条　（一）2. 计划财务部根据各单位和部门的资金计划，编制融资需求，制定当次的融资方案，经财务总监审签后，报总经理批准后执行融资程序。（二）超出全年融资预算框架外的融资需求，应经总经理办公会审议，董事会决议通过后，报经公司审批后方可予以实施	财务管理与会计核算制度	某次贷款融资方案的审批文件	计划财务部	经理
BD－CO－1 BD－CO－2 BD－CO－3 BD－CO－4 BD－CO－5	BD－R－105	借款资金到账后财务未及时进行账务处理，可能导致会计记录不准确、不完整	BD－CA－105	第七十四条　融入资金应根据融资方案确定的用途，制订资金使用计划，规范资金的使用方向。相关融资合同签订后，计划财务部建立合同台账逐笔登记。会计人员及时进行账务处理	财务管理与会计核算制度	贷款台账及相关会计凭证	计划财务部	经理
BD－CO－1 BD－CO－2 BD－CO－3 BD－CO－4 BD－CO－5	BD－R－106	未按合同规定定期计算并支付借款利息，可能导致未按期支付利息，使公司信誉受损	BD－CA－106	第七十四条　计划财务部于每季度结息前5个工作日，对负债的利息部分进行统计，确保按时安排利息支付	财务管理与会计核算制度	支付贷款利息会计凭证及相关附件	计划财务部	经理
BD－CO－1 BD－CO－3 BD－CO－4 BD－CO－5	BD－R－107	未按合同期限及时归还借款，可能导致银行要求经济赔偿或引起法律纠纷并影响银行对公司的信用评价	BD－CA－107	第七十五条　计划财务部负责对公司到期负债制订统一的还款计划，确保按合同约定履行还款义务	财务管理与会计核算制度	支付贷款还本会计凭证及相关附件	计划财务部	经理

第十二章　采购管理（PU）

> **提示**：采购是生产经营活动的首要环节，且易滋生"暗箱操作"、弄虚作假、以权谋私、收受回扣等腐败行为，采购流程涉及物资需求与审批、选择供应商、签订购销合同、物资的采购与验收、付款以及退货索赔等。采购业务风险主要表现在：采购计划安排不合理，市场变化趋势预测不准；供应商选择不当，采购方式不合理，招投标或定价机制不科学、授权审批不规范；采购验收不规范、付款审核不严。这些可能导致资金受损等风险。严格流程控制将会有效控制采购过程风险。

　　采购管理流程规定了公司涉及供应商初选，合格供应商名录确定、更新，合格供应商评价，不合格供应商剔除的工作流程；以及各种供应商（勘察、设计、施工（总包、分包）、监理（工程、投资）、建筑构配件生产单位等）的选择方法（包括公开招投标、内部招投标、约标、指定等）及签约等工作流程。旨在规范公司对采购管理的具体程序，努力避免或降低公司在采购管理工作中存在的风险。

　　本流程涉及的具体子流程如表 12-1 所示。

表 12-1　具体子流程

子流程编号	涉及主要环节/内容
PU-01 合格供应商管理	涉及公司供应商初选，合格供应商名录确定、更新，合格供应商评价，不合格供应商剔除等工作流程

子流程编号	涉及主要环节/内容
PU - 02 采购业务选择管理	涉及公司各种供应商［勘察、设计、施工（总包、分包）、监理（工程、投资）、建筑构配件生产单位等］的选择方法（包括招标：公开招投标、内部招投标、约标、指定等）及签约验收、付款、退货等工作流程

一、合格供应商管理

（一）概述

合格供应商管理规定了公司及其控股子公司（以下简称"子公司"）有关供应商初选，合格供应商名录确定、更新，合格供应商评价，不合格供应商剔除等工作流程，努力避免或降低在合格供应商管理工作中的风险。

（二）适用范围

适用于公司及子公司。

（三）相关制度

➢《供应商评价管理办法》。

（四）职责分工

1. 董事长
➢ 批准合格供应商的确认与发布。
2. 总经理
➢ 审核合格供应商的确认与发布。
➢ 审批年度供应商评价结果。
➢ 审批对施工单位评价总表。
3. 分管领导
➢ 审核合格供应商的确认与发布。
➢ 审核年度供应商评价结果。

4. 预算合约部

➤ 审核合格供应商的确认与发布。

➤ 审核年度供应商评价结果。

➤ 负责牵头组织工程技术部、公司业务部门对供应商作年度评价。

➤ 负责对公司合作过的供应商进行评选结果把关。

➤ 负责根据上报的资料，填写《合格供应商审批表》，交分管领导、总经理审核。

5. 工程技术部

➤ 审核对施工单位评价总表。

➤ 负责对公司合作过的供应商进行评选，填写合格供应商评分表。

➤ 负责组织项目公司及相关业务部门对初次合作的供应商填写《供应商选择考察表》。进行考察，纳入初步合格供应商名单。

6. 项目公司

➤ 负责在项目结束后对供应商进行综合评价，填写《合格供应商评分表》，上报公司预算合约部。

7. 审计监察室

➤ 负责编制、修订公司供应商管理评价方面的规章制度，建立量化的管理指标及流程，管理公司"供应商库"。

➤ 会同预算合约部、工程技术部及各项目公司对已合作过的供应商进行定期考察，实行优胜劣汰的动态管理机制。

（五）不相容职责

表 12 - 2　不相容职责

岗位职责	合格供方引进/推荐	审核	审批
合格供方引进/推荐		×	×
审核	×		×
审批	×	×	

（a）

岗位职责	合格供方评审	审核	确认
合格供方评审		×	×
审核	×		×
确认	×	×	

（b）

注：×表示不相容职责。

（六）关键流程

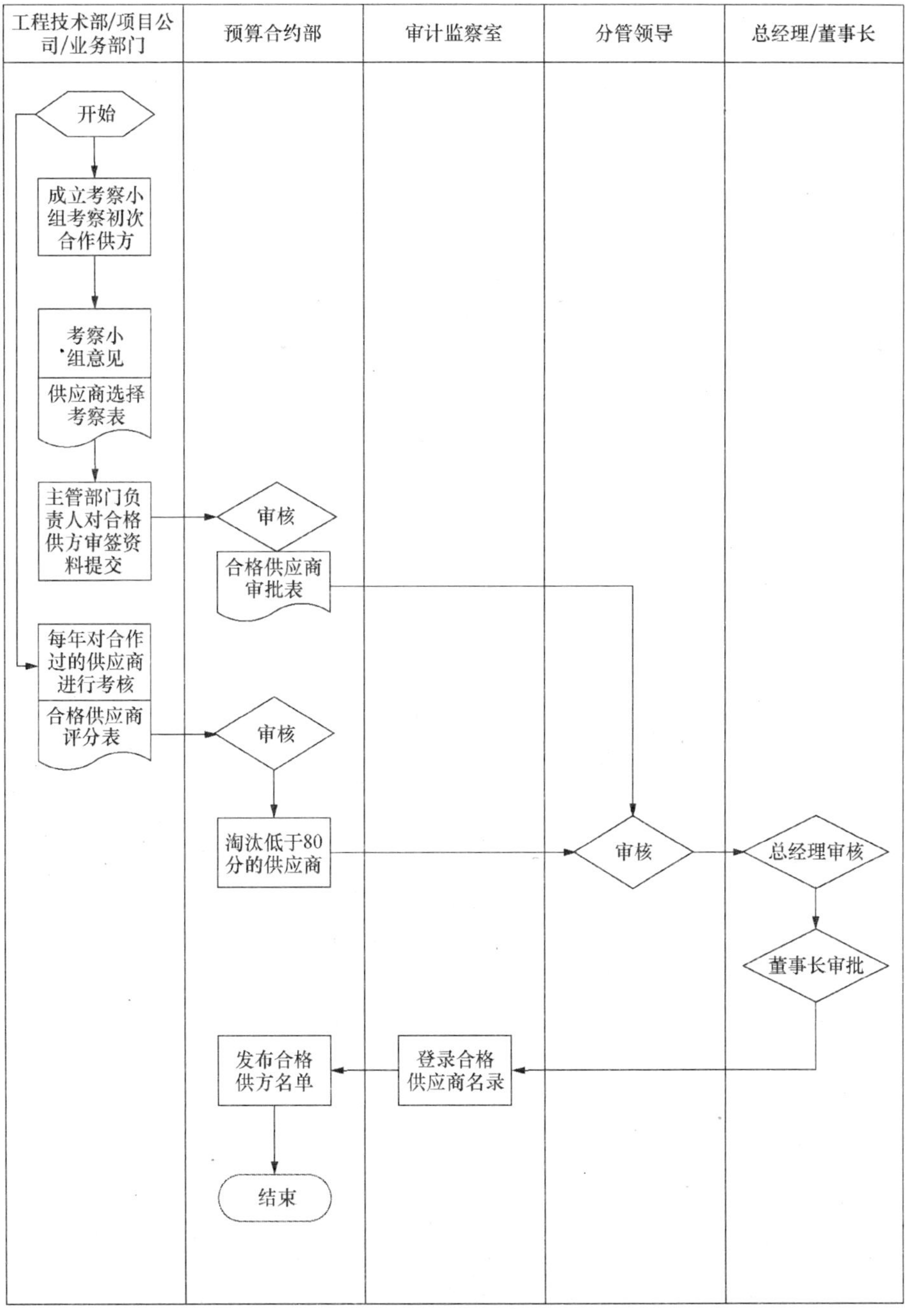

工程技术部/项目公司/业务部门	预算合约部	审计监察室	分管领导	总经理/董事长

开始

成立考察小组考察初次合作供方

考察小组意见
供应商选择考察表

主管部门负责人对合格供方审签资料提交 → 审核

合格供应商审批表

每年对合作过的供应商进行考核
合格供应商评分表 → 审核

淘汰低于80分的供应商 → 审核 → 总经理审核

董事长审批

发布合格供方名单 ← 登录合格供应商名录

结束

图 12-1　合格供应商管理流程

（七）控制目标

表 12 - 3　控制目标

序号	《内控手册》具体控制目标编号	拟实现的内控目标	内控目标具体描述
1	PU - CO - 1	合法合规性目标	保证供应商管理工作符合国家有关法律法规规定
2	PU - CO - 2	财务报告目标	不适用
3	PU - CO - 3	资产安全目标	不适用
4	PU - CO - 4	经营效率和效果目标	提升公司运营效率和经营效果
5	PU - CO - 5	发展战略目标	促进公司发展战略目标的实现

（八）风险控制矩阵

表 12 - 4　风险控制矩阵

对应控制目标编号	风险编号	风险事项描述	关键控制措施编号	关键控制措施	对应制度	控制痕迹	风险责任部门	风险责任岗位
PU - CO - 1 PU - CO - 4 PU - CO - 5	PU - R - 101	未制定合格供方管理制度，建立合格供方名录，实行合格供方管理机制，可能导致供方质量参差不齐，不能满足公司工程建设管理等运营的要求	PU - CA - 101	第一条　目的：进一步优化公司的采购流程，提高采购运作效率，提高公司盈利能力，保证产品质量，提高公司快速响应能力，以便与供应商建立长期合作的信任关系，优势互补，达到双赢，特制定供应商管理办法	供应商评价管理办法	供应商评价管理办法文本	预算合约部/审计监察室	负责人
PU - CO - 1 PU - CO - 4 PU - CO - 5	PU - R - 102	合格供应商准入体系设计不合理，重要供应商未按要求实施现场考察、资质、样品未实施验证等，可能导致不符合要求的供应商进入合格供应商体系，留下质量隐患	PU - CA - 102	第四条　（三）1. 对初次合作的供应商由工程技术部、项目公司及相关业务部门填列《供应商选择考察表》。2. 经过资格评价确认后，报相关领导审批。3. 各项目公司初步确认合格供应商名单，连同相关评价资料上报预算合约部。4. 预算合约部根据上报的资料，填写《合格供应商审批表》，交分管领导、总经理审核，董事长审批	供应商评价管理办法	《供应商选择考察表》、《合格供应商审批表》	项目公司/工程技术部/业务部门/预算合约部	负责人

续表

对应控制目标编号	风险编号	风险事项描述	关键控制措施编号	关键控制措施	对应制度	控制痕迹	风险责任部门	风险责任岗位
PU－CO－1 PU－CO－4 PU－CO－5	PU－R－103	合格供方定期评价考核指标体系设计不科学，或供方评价由一个部门控制，可能导致评价结果不客观、不公正，或存在舞弊	PU－CA－103	第四条　评价方法：（一）评价内容：评价内容主要包括质量、文明、安全、进度、投资、服务态度等评价指标。（二）评价期限：涵盖合同签订后的履约至报修期结束的整改履约过程。（三）评价流程	供应商评价管理办法	年度供应商评价表	预算合约部	经理
PU－CO－1 PU－CO－4 PU－CO－5	PU－R－104	合格供方未设置激励、退出机制，可能导致对供方评价流于形式，影响供应商合作、持续改进的积极性，供方整体质量得不到优化	PU－CA－104	第五条　供应商的日常维护：供应商库每一年进行一次评价，由预算合约部牵头，工程技术部、集团业务部门合作完成对合格供应商的评价。合格供应商评分低于80分的，作为不合格的淘汰出《合格供方名单》。评价后由集团预算合约部发布《合格供方名单》	供应商评价管理办法	年度合格供方名单	预算合约部	经理

二、采购业务管理

（一）概述

采购业务管理规定了公司及其控股子公司（以下简称"子公司"）有关各供应商［勘察、设计、施工（总包、分包）、监理（工程、投资）、建筑构配件生产单位等］的选择方法（包括公开招投标、内部招投标、约标、指定等）及签约等工作流程。努力避免或降低在采购工作中的风险。

（二）适用范围

适用于公司及子公司。

（三）相关制度

➢《公司章程》。
➢《公开招标管理规定》。
➢《内部招标管理规定》。

（四）职责分工

1. 股东
➢确定公司聘用、解聘承办公司审计业务的会计师事务所。
2. 总经理
➢审批确定设计、勘察、监理、总包招标文件。
➢审批确定入围的供应商名单及资格考察结果。
➢审批确定商务标、技术标评标结果。
➢审批并与中标单位签署合同。
➢审批并与委托代理招标公司签署委托招标合同。
3. 分管领导
➢审核设计、勘察、监理、总包招标文件。
➢审批确定除以上项目外的招标文件。
➢审核入围的供应商名单及资格考察结果。
➢审核商务标、技术标评标结果。
➢负责签发中标通知书。
➢审核委托代理招标合同和中标单位合同。
4. 受托招标公司及专家组
➢受托招标公司负责制作招标文件并报公司履行审核程序。
➢受托招标公司负责发布公开招标信息，负责公开招标入围供应商报名及资格审查，发放招标文件。
➢公开招标专家组负责提交商务标、技术标评标结果，定标结果报公司审核。
➢受托招标公司负责制作公开招标通知书并发出中标通知书。
➢内部招标专家组负责考察邀标入选单位资格。
5. 预算合约部
➢负责编制招标文件，提交审核程序。

➤会签中标合同。

➤负责选择委托招标代理公司。

➤负责与委托招标公司签订代理招标合同。

6. 工程技术部

➤负责审核招标文件。

➤会签中标合同。

7. 工程配套部

➤负责审核招标文件。

➤会签中标合同。

8. 项目公司

➤负责审核招标文件。

➤负责在制作并发出中标通知书。

➤负责与中标单位签订合同。

9. 审计监察室

➤会签中标合同。

（五）不相容职责

表 12 - 5　不相容职责

岗位职责	招标计划的制订	招标计划的审核	招标计划的审批
招标计划的制订		×	×
招标计划的审核	×		×
招标计划的审批	×	×	
招标文件的编制		×	×
招标文件的审核	×		×
招标文件的审批	×	×	

（a）

岗位职责	评标	中标单位的审核	中标单位的确认
评标		×	×
中标单位的审核	×		×
中标单位的确认	×	×	

（b）

注：×表示不相容职责。

（六）关键流程

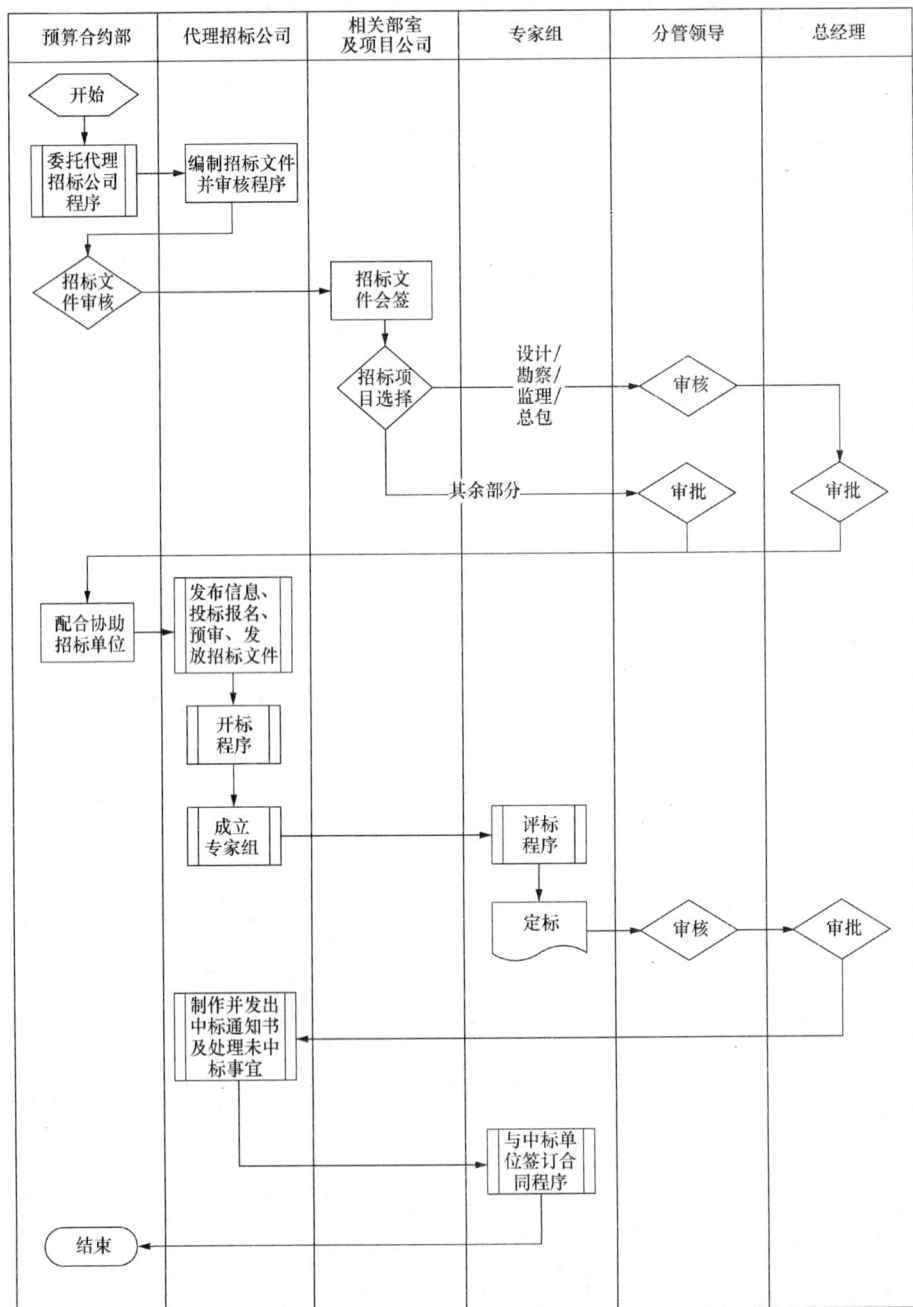

图 12-2 公开招标管理流程

项目公司	预算合约部	对口业务部门	专家组	分管领导	总经理

开始

50万元以下项目　←　招标标的　→　服务类项目

50万元-200万元项目

| 组成专家组 | 组成专家组 | 相关部门组成专家组 |

| | 招标计划书 | 招标计划书 |

| 招标计划书 | 部门负责人审核 | | | 审核 | 审批 |

| 接收邀标报名 | 接收邀标报名 | 接收邀标报名 |

对报名单位进行资格考察

| 招标文件 | | 招标文件 |

| | 审核 | | | 审核 | 审批 |

| 开标程序 | 开标程序 | 开标程序 |

评标程序

定标　→　审核　→　审批

| 制作并发出中标通知书及处理未中标事宜 | | 制作并发出中标通知书及处理未中标事宜 |

| 与中标单位签订合同程序 | | 与中标单位签订合同程序 |

结束

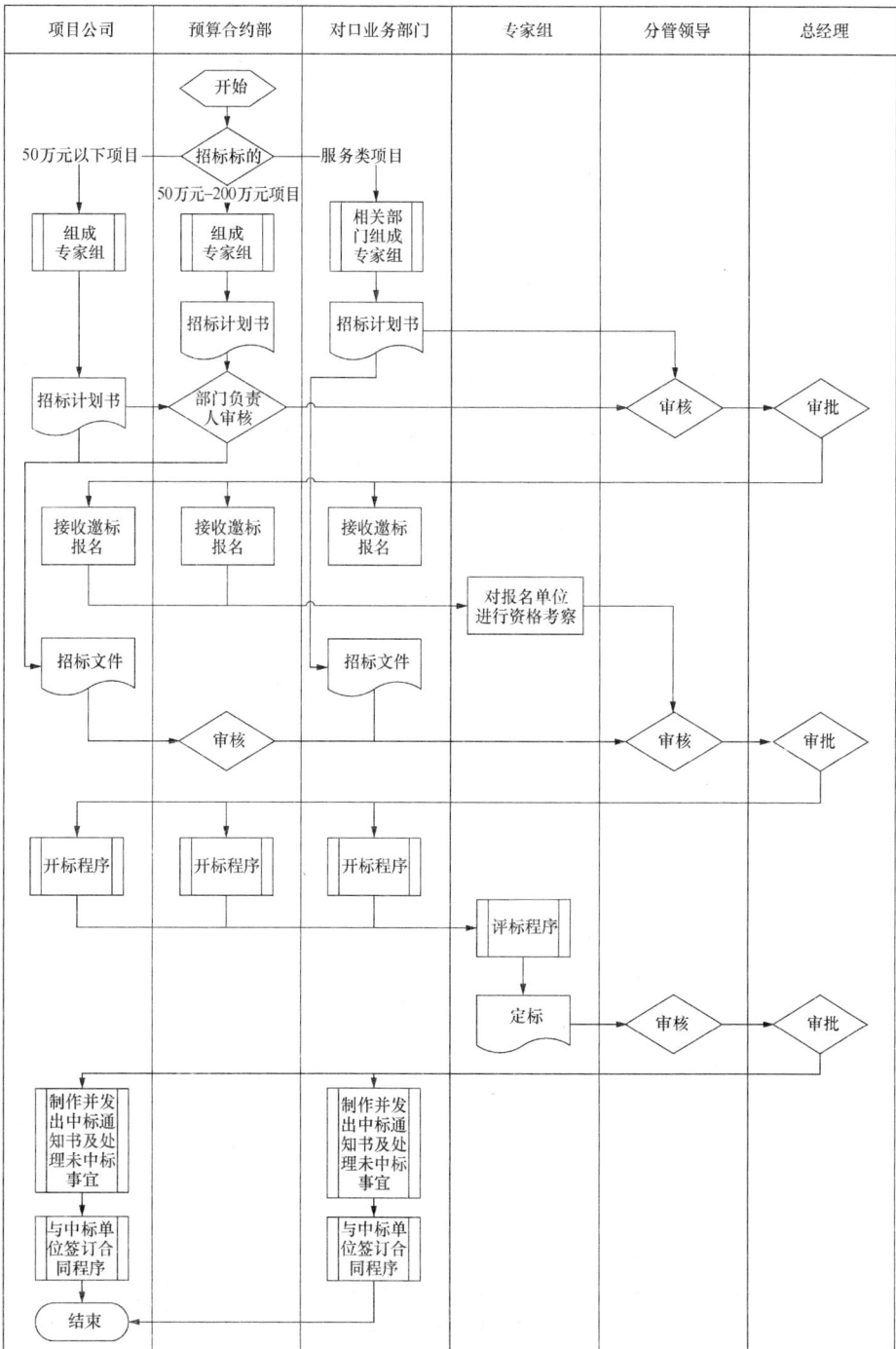

图 12－3　内部招标管理流程

（七）控制目标

表 12 - 6　控制目标

序号	《内控手册》具体控制目标编号	拟实现的内控目标	内控目标具体描述
1	PU - CO - 1	合法合规性目标	保证供应商选择工作符合国家有关法律法规规定
2	PU - CO - 2	财务报告目标	不适用
3	PU - CO - 3	资产安全目标	不适用
4	PU - CO - 4	经营效率和效果目标	提升公司运营效率和经营效果
5	PU - CO - 5	发展战略目标	促进公司发展战略目标的实现

（八）风险控制矩阵

表 12 - 7　风险控制矩阵

对应控制目标编号	风险编号	风险事项描述	关键控制措施编号	关键控制措施	对应制度	控制痕迹	风险责任部门	风险责任岗位
PU - CO - 1 PU - CO - 4 PU - CO - 5	PU - R - 201	公司未制定供应商选择管理制度，选择供应商方式、采购作业程序规定不明确，可能导致供应商选择混乱，影响正常生产经营	PU - CA - 201	第一条　为规范公司自行招标活动（以下简称"内部招标"），保护国有资产的合法权益，提高经济效益，保证项目质量，制定本规定	内部招标管理规定	公开招标管理规定和内部招标管理规定文本	预算合约部	经理
PU - CO - 1 PU - CO - 4 PU - CO - 5	PU - R - 202	供应商招标文件未经公司恰当评审、审批，可能导致招标文件内容不完整，招标结果不公正，发生舞弊，影响招标效率与效果	PU - CA - 202	第四条　（二）审核招标文件内容如下： 1. 招标文件的编写与审批。招标文件由代理公司负责编写后经预算合约部牵头，由工程技术部、项目部等相关部门会审后，报集团领导审批（详见附表招标文件审核会签表）	公开招标管理规定	招标文件及相关审批文件	预算合约部	经理

对应控制目标编号	风险编号	风险事项描述	关键控制措施编号	关键控制措施	对应制度	控制痕迹	风险责任部门	风险责任岗位
PU－CO－1 PU－CO－4 PU－CO－5	PU－R－203	评标未按招标方案履行，评标过程不规范、不透明，利害关系人未回避，可能导致评标结果不公正，发生舞弊	PU－CA－203	第二十条　评标流程专家组按照招标文件中约定的评标规则，依据相关招标文件及标底价格，奉行质优相符，限额原则进行评分，并填写技术标、商务标评。专家组将技术标、商务标汇总上报公司。第二十一条　专家组将商务标、技术标的评标结果以书面形式上报集团，经领导审批，确定中标单位后，由项目公司发中标通知书。中标通知书必须经公司分管领导审批签字后下发；如有必要进一步议标，可由专家组讨论，将结果上报公司领导同意后执行	内部招标管理规定	评标过程记录文件、定标文件及相关审批文件	预算合约部	经理
PU－CO－1 PU－CO－4 PU－CO－5	PU－R－204	未按中标条件包括量、价格、付款等及时与中标单位签订合同，可能导致招标采购合同被不当修改，损害公司利益或招标舞弊	PU－CA－204	第二十二条　由项目公司起草合同文本，应按中标条件包括量、价格、付款等及时与中标单位签订合同，合同签订前应经过各相关部门、法务人员会审，报集团领导签字确认后执行	公开招标管理规定 内部招标管理规定	招标合同书	预算合约部	经理

第十三章　资产管理（AS）

> **提示**：资产是企业拥有或控制的资源，是企业经营活动的基础。加强企业资产的管理，明确管理职责，充分有效地利用资产、保护资产的安全、防范风险的产生，才能提高企业经营效益，保障企业健康、稳定和持续发展，实现企业战略目标。正确地制定资产管理流程，明确关键控制环节，充分发挥控制功能，将会减少风险并提高效益。

资产管理流程规定了公司资产的采购、接管、使用、出售、出租、保管与修缮、清查盘点、报废及处置等工作流程，旨在规范公司对资产管理的具体流程，努力避免或降低公司在资产管理工作中存在的风险。

本流程涉及的具体子流程如表 13-1 所示。

表 13-1　具体子流程

子流程编号	涉及主要环节/内容
AS-01 固定资产管理	涉及公司固定资产的管理程序，固定资产的采购、使用与保管、盘点、报废处置等工作流程
AS-02 投资性房产管理	涉及公司投资性房产出售定价和合同签订审批、出售出租前日常管理：包括保管、编号、台账记录、盘点、修缮；转化为商业地产后的经营管理：包括出租定价与合同审批、租金收入与确认、维修资金提取与使用等工作流程
AS-03 授权房产管理	涉及公司授权房产接受，公有住房出售、出租、变更户名、租金减免、修缮维护等业务流程

一、固定资产管理

（一）概述

固定资产管理规定了公司及其控股子公司（以下简称"子公司"）有关固定资产的采购、使用与保管、盘点、报废及处置等工作。旨在努力避免或降低在固定资产管理工作中的风险。

（二）适用范围

适用于公司及子公司。

（三）相关制度

➤《固定资产管理规定》。
➤《财务管理与会计核算制度》。

（四）职责分工

1. 董事会
➤审议、批准预算外固定资产购置申请。
2. 党政联席会
➤审议预算外固定资产购置申请。
3. 总经理办公会
➤审议、批准年度固定资产购置预算。
➤审议、批准预算内 100 万元及以上固定资产购置申请。
➤审议、批准固定资产处置申请。
4. 总经理
➤审核预算内 100 万元及以上固定资产购置申请。
➤审批预算内 100 万元以下固定资产购置申请。
➤审批购置固定资产付款申请。
➤批准固定资产盘盈、盘亏或毁损的账务处理报告。
➤负责批准公司公务用车购置申请。
5. 分管领导
➤审核固定资产购置申请。

➢审核购置固定资产付款申请。

➢批准固定资产保险项目申请手续。

➢批准固定资产报废申请。

➢审核固定资产处置申请。

➢审核公司公务用车购置申请。

6. 办公室

➢负责编报年度固定资产购置预算，并履行审批程序。

➢负责编制固定资产购置申请，并履行审批程序。

➢负责编制固定资产购置付款申请，并履行审批程序。

➢办公室主任负责批准公司内部固定资产调拨申请。

➢负责办理固定资产保险项目申请手续。

➢负责办理固定资产报废申请手续。

➢负责办理固定资产处置申请手续。

➢负责办理公务用车购置申请手续。

7. 计划财务部负责人

➢负责审核年度固定资产预算。

➢负责审核固定资产购置申请。

➢负责审核固定资产购置付款申请。

➢负责申报固定资产盘盈、盘亏或毁损的账务处理报告。

➢负责审核公务用车购置申请。

（五）不相容职责

表 13 - 2 不相容职责

岗位职责	固定资产购置申请	审核	审批
固定资产购置申请		×	×
审核	×		×
审批	×	×	
固定资产维修申请		×	×
审核	×		×
审批	×	×	

(a)

岗位职责	固定资产报废申请	审核	确认
固定资产报废申请		×	×
审核	×		×
确认	×	×	

(b)

注：×表示不相容职责。

（六）关键流程

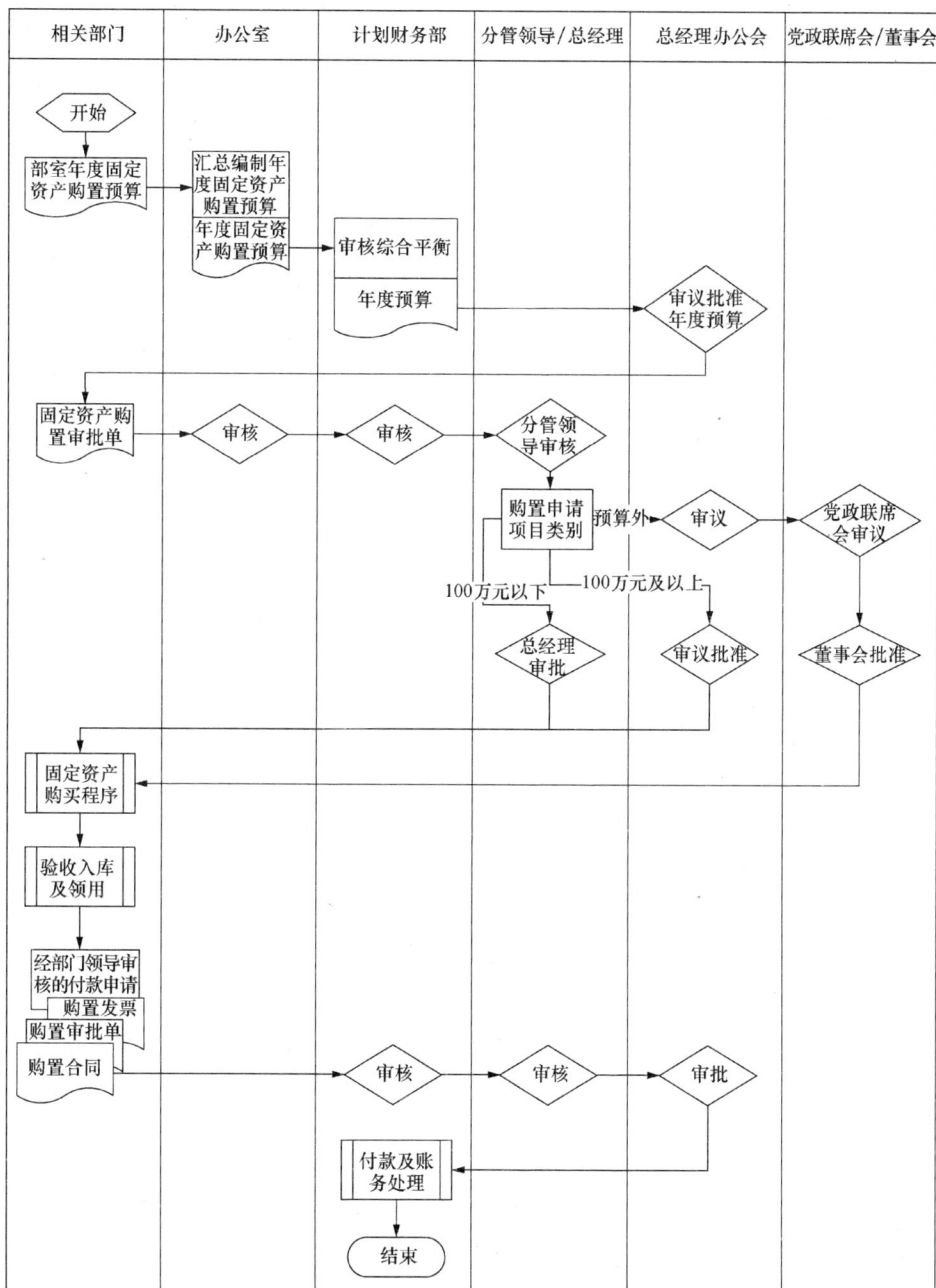

相关部门	办公室	计划财务部	分管领导/总经理	总经理办公会	党政联席会/董事会

图 13-1　固定资产购置管理流程

（七）控制目标

表 13 - 3　控制目标

序号	《内控手册》具体控制目标编号	拟实现的内控目标	内控目标具体描述
1	AS - CO - 1	合法合规性目标	保证固定资产管理工作符合国家有关法律法规规定
2	AS - CO - 2	财务报告目标	保证固定资产所反映的会计信息真实、准确
3	AS - CO - 3	资产安全目标	保证公司资产安全、完整
4	AS - CO - 4	经营效率和效果目标	提升公司运营效率和经营效果
5	AS - CO - 5	发展战略目标	促进公司发展战略目标的实现

（八）风险控制矩阵

表 13 - 4　风险控制矩阵

对应控制目标编号	风险编号	风险事项描述	关键控制措施编号	关键控制措施	对应制度	控制痕迹	风险责任部门	风险责任岗位
AS - CO - 1 AS - CO - 3 AS - CO - 4 AS - CO - 5	AS - R - 101	公司未制定固定资产管理制度，固定资产管理职责不清，使用与处置程序不明确，可能导致固定资产管理混乱，资产使用效率低下，固定资产安全得不到保障	AS - CA - 101	第一条　为加强公司固定资产管理，确保固定资产的安全、完整，准确核算固定资产的数量和价值，充分发挥固定资产效能，有效监督固定资产的妥善保管，明确经济责任，根据有关财务制度及会计准则的规定，制定本规定	固定资产管理规定	固定资产管理规定文本	办公室	主任
AS - CO - 1 AS - CO - 3 AS - CO - 4 AS - CO - 5	AS - R - 102	未制定固定资产购置预算，或购置预算不合理、不按实际需求安排采购或随意超计划采购，可能导致采购成本增加，给企业带来资金损失	AS - CA - 102	第四条　公司每年在编制全面预算时，由各部室将购置预算送办公室，经办公室汇总审核后，编入年度固定资产购置预算，再送计划财务部。计划财务部根据资金状况以及需求状况进行综合平衡，并将年度预算上报总经理办公会议。固定资产购置，按批准后的年度预算执行	固定资产管理规定	固定资产购置预算	办公室	主任

对应控制目标编号	风险编号	风险事项描述	关键控制措施编号	关键控制措施	对应制度	控制痕迹	风险责任部门	风险责任岗位
AS－CO－1 AS－CO－3 AS－CO－4 AS－CO－5	AS－R－103	固定资产申购未设置恰当的审核、审批权限，发生重复购置、超标准购置等不合理资产购置情况，可能导致资产浪费、舞弊，企业利益受损	AS－CA－103	第六条　预算内购置，使用部室向办公室提出书面申请，填写《固定资产购置审批单》交计划财务部会审。单价或单次购买的总价在100万元以下的，由部门提出申请，报总经理审批；100万元及以上的，还需报经总经理办公会讨论。第七条　预算外购置，由使用部室向办公室提出书面申请，办公室审核后交计划财务部会审，经总经理办公会通过，还需报经董事会决议/党政联席会审批	固定资产管理规定	固定资产购置预算	办公室	主任
AS－CO－1 AS－CO－3 AS－CO－4 AS－CO－5	AS－R－104	公司未明确固定资产编号、分类标准，或标准未得到有效执行，使得固定资产分类不统一，可能导致固定资产分类混乱，或账实不符，资产使用效率低下，固定资产安全得不到保障	AS－CA－104	第十一条　（二）建立固定资产的编号及分类标准，保证公司固定资产分类编号的统一性	固定资产管理规定	固定资产编号标准、财务部门固定资产明细账	办公室、财务计划部	负责人

对应控制目标编号	风险编号	风险事项描述	关键控制措施编号	关键控制措施	对应制度	控制痕迹	风险责任部门	风险责任岗位
AS-CO-1 AS-CO-2 AS-CO-3 AS-CO-4 AS-CO-5	AS-R-105	未建立固定资产卡片及台账，或卡片、台账不规范、不完整，可能导致固定资产信息失真或不明，账实不符、账卡不符、账账不符，影响固定资产使用和资产安全	AS-CA-105	第十一条 （一）建立公司固定资产台账（附件4）设专人负责，及时登录各项固定资产变动信息，如有变动，当月末与计划财务部核对固定资产信息，保持信息的一致性	固定资产管理规定	固定资产台账	办公室	主任
AS-CO-1 AS-CO-3 AS-CO-4 AS-CO-5	AS-R-106	未办理大额固定资产保险，可能导致重要资产发生重大损失时，无法得到相应的赔偿	AS-CA-106	第十五条 （二）办公室要根据固定资产的大额价值及重要程度，提出办理保险申请，报分管领导批准后办理固定资产投保程序	固定资产管理规定	大额固定资产保险单	办公室	主任
AS-CO-1 AS-CO-3 AS-CO-4 AS-CO-5	AS-R-107	固定资产调拨未做领用登记，且技术资料未随同或未办理恰当的审核、审批手续，可能造成固定资产权属、维护保管责任不清，资产安全得不到保障	AS-CA-107	第十三条 （一）固定资产内部调拨由需求部门向办公室提出书面申请，经办公室主任批准后，由办公室指定日常管理责任人与原使用部门办理交接手续，交接手续提交办公室备案。（四）根据固定资产的变动情况由办公室固定资产管理人员及时登录固定资产台账注册信息。编制信息变动清册，由日常管理责任人于月末将变动清册送计划财务部及时进行账务处理	固定资产管理规定	固定资产调拨申请审批单、台账登记信息	办公室	主任

对应控制目标编号	风险编号	风险事项描述	关键控制措施编号	关键控制措施	对应制度	控制痕迹	风险责任部门	风险责任岗位
AS－CO－1 AS－CO－3 AS－CO－4 AS－CO－5	AS－R－108	固定资产未按技术资料、法规要求定期维护、保养，可能导致资产使用性能下降，或资产作业安全	AS－CA－108	第十五条 （一）固定资产的维修及技术升级由各使用部室向办公室提出需求申请，办公室确认后，根据情况进行维修和技术升级	固定资产管理规定	固定资产维护升级记录	办公室	主任
AS－CO－1 AS－CO－2 AS－CO－3 AS－CO－4 AS－CO－5	AS－R－109	固定资产管理部门未定期盘点，盘点不规范或财务部门未参与监盘，资产使用状况不明，可能导致固定资产账实不符，资产价值计量不准确，资产安全得不到保障	AS－CA－109	第十四条 （一）每年末或不定期由办公室和计划财务部召集管理责任人组成盘点小组，组织进行固定资产的全面盘点，保证资产账实相符、账卡相符，各使用部门应协助配合完成资产盘点。（二）固定资产清查过程中，应填写《固定资产（不包括房屋、建筑物）清查明细表》，详细注明盘点过程中的各项资料，如固定资产的名称、保管地点、保管人员及盘点的实物数量、固定资产现实状况等。同时，应注明使用情况和维修情况。盘查结束盘点人与监盘人签字确认，并注明日期	固定资产管理规定	年度固定资产盘点表	办公室	主任

对应控制目标编号	风险编号	风险事项描述	关键控制措施编号	关键控制措施	对应制度	控制痕迹	风险责任部门	风险责任岗位
AS－CO－1 AS－CO－2 AS－CO－3 AS－CO－4 AS－CO－5	AS－R－110	固定资产处置、报废未经恰当的技术鉴定、审核、审批，定价机制不公开、透明，可能导致固定资产被不当处置、舞弊，企业利益受损	AS－CA－110	第十七条 （二）处置前清理：报废固定资产，特别是电子设备必须对其清除所有数据、文件及相关程序，并由办公室负责人签字确认。（三）处置实施报废的固定资产由办公室统一进行处理，回收的残值交由计划财务部进行账务处理	固定资产管理规定	固定资产处置申请审批单	办公室	主任

二、投资性房产管理

（一）概述

投资性房产管理规定了公司及其控股子公司（以下简称"子公司"）涉及投资性房产出售定价和合同签订审批、出售出租前日常管理，包括保管、编号、台账记录、盘点、修缮；转化为商业地产后的经营管理，包括出租定价与合同审批、租金收入与确认、维修资金提取与使用等工作流程。旨在规范投资性房产管理程序，努力避免或降低在投资性房产管理工作中的风险。

（二）适用范围

适用于公司及子公司。

（三）相关制度

➤《房屋资产管理规定》。
➤《财务管理与会计核算制度》。

（四）职责分工

1. 董事会
➢ 批准房屋资产抵押处置申请。
➢ 批准存量房屋销售方案和价格。

2. 总经理办公会
➢ 审议存量房屋销售方案和价格。
➢ 审批确定单套建筑面积、评估价格较小的普通存量房屋处置方案。
➢ 审批确定房屋出租指导价方案。
➢ 审批确定本部房屋出租方案。
➢ 审批所属单位房屋转型出租方案。

3. 总经理
➢ 批准房屋资产买卖、移转、相互划拨申请。
➢ 负责审核房屋资产抵押处置申请。
➢ 审批维修资金申请在 3 万元以上的房屋维修项目申请。
➢ 审批所属单位房屋出租方案。
➢ 审核所属单位房屋转型出租方案。

4. 分管领导
➢ 审批维修资金申请在 1 万 ~3 万元的房屋维修项目申请。
➢ 审核维修资金申请在 3 万元以上的房屋维修项目申请。
➢ 审核所属单位房屋出租方案。
➢ 审核所属单位房屋转型出租方案。

5. 企业发展部
➢ 负责每年定期组织相关部门清查、盘点房屋资产，部门负责人最终确认清查、盘点结果。
➢ 负责审核房屋资产买卖、转移、相互划拨申请。
➢ 负责审核房屋资产抵押处置申请。
➢ 负责提出存量房屋销售方案和价格，履行审批程序。
➢ 负责提出单套建筑面积、评估价格较小的普通存量房屋处置方案，履行审批程序。
➢ 负责提出房屋出租指导价方案，履行审批程序。
➢ 批准维修资金申请在 1 万元以下的房屋维修项目申请。
➢ 填报维修资金申请在 1 万元以上的房屋维修项目申请，履行审批程序。
➢ 负责提出本部房屋出租方案，履行审批程序。

6. 办公室

➤ 负责每年协助企业发展部清查、盘点房屋资产，审核清查、盘点结果。

➤ 负责审批本部房屋出租方案。

7. 计划财务部

➤ 负责每年协助企业发展部清查、盘点房屋资产，审核清查、盘点结果。

➤ 负责审核房屋资产买卖、转移、相互划拨申请。

➤ 负责审核房屋资产抵押处置申请。

➤ 审核确定单套建筑面积、评估价格较小的普通存量房屋处置方案。

8. 安全生产办公室

➤ 负责审核本部房屋出租方案。

➤ 负责审核所属单位房屋出租方案。

➤ 负责审核所属单位专项出租方案。

9. 审计监察室

➤ 负责每年协助企业发展部清查、盘点房屋资产，审核清查、盘点结果。

➤ 负责审核确定单套建筑面积、评估价格较小的普通存量房屋处置方案。

10. 物业管理部

➤ 负责每年协助企业发展部清查、盘点房屋资产，审核清查、盘点结果。

➤ 负责审核房屋资产买卖、转移、相互划拨申请。

➤ 负责审核房屋资产抵押处置申请。

11. 所属单位

➤ 负责申报所属房屋出租方案。

➤ 负责申报专项出租方案（租赁期限超过 3 年，需要将租赁场所转租、分拆出租的）。

（五）不相容职责

表 13 - 5　不相容职责

岗位职责	房屋销售、出租方案申请	审核	审批
房屋销售、出租方案申请		×	×
审核	×		×
审批	×	×	

注：×表示不相容职责。

（六）关键流程

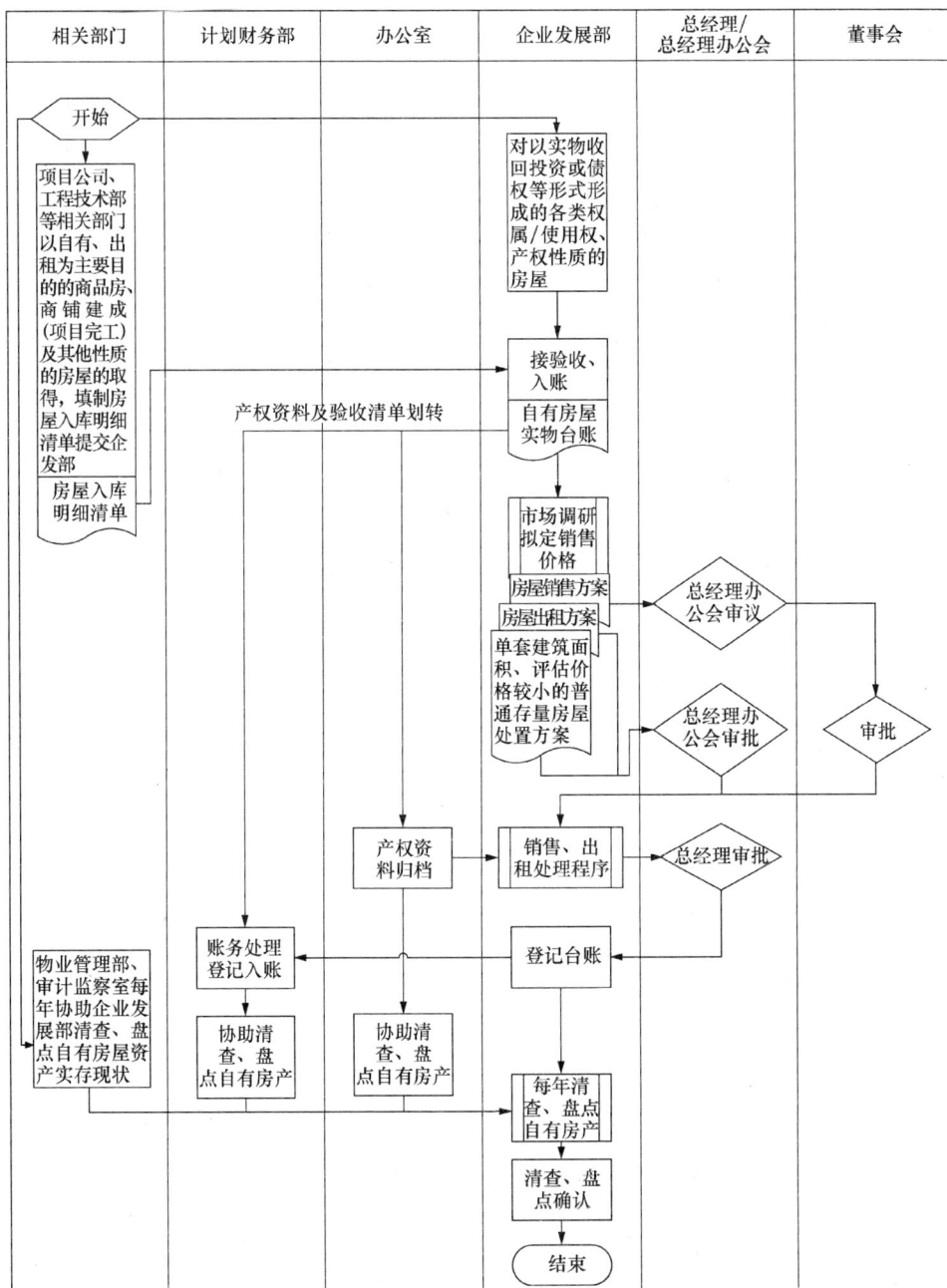

相关部门	计划财务部	办公室	企业发展部	总经理/总经理办公会	董事会

图 13－2　存量商品房及其他性质房屋管理流程

（七）控制目标

表 13 - 6　控制目标

序号	《内控手册》具体控制目标编号	拟实现的内控目标	内控目标具体描述
1	AS - CO - 1	合法合规性目标	保证投资性房产工作符合国家有关法律法规规定
2	AS - CO - 2	财务报告目标	保证投资性房产反馈的会计信息真实、准确
3	AS - CO - 3	资产安全目标	保证投资性房产安全、完整
4	AS - CO - 4	经营效率和效果目标	提升公司运营效率和经营效果
5	AS - CO - 5	发展战略目标	促进公司发展战略目标的实现

（八）风险控制矩阵

表 13 - 7　风险控制矩阵

对应控制目标编号	风险编号	风险事项描述	关键控制措施编号	关键控制措施	对应制度	控制痕迹	风险责任部门	风险责任岗位
AS - CO - 1 AS - CO - 3 AS - CO - 4 AS - CO - 5	AS - R - 201	公司未制定投资性房产（商业地产）管理制度，投资性房产的认定不准确，可能导致投资性房产管理混乱，影响资产安全	AS - CA - 201	第一条　为加强公司系统房屋资产的购建、出售、处置、修缮、出租、使用等管理工作，特制定本规定	房屋资产管理规定	房屋资产管理规定文本	企业发展部	经理
AS - CO - 1 AS - CO - 3 AS - CO - 4 AS - CO - 5	AS - R - 202	未建立投资性房产台账，投资性房产的分布、权属不清楚，可能影响投资性房产的资产安全	AS - CA - 202	第四条　管理部门：（一）公司产权的房屋资产权证等资料由公司办公室管理，公司所属全资公司、控股公司产权的房屋资产权证等资料由本企业办公室管理	房屋资产管理规定	房屋资产管理台账	企业发展部	经理

对应控制目标编号	风险编号	风险事项描述	关键控制措施编号	关键控制措施	对应制度	控制痕迹	风险责任部门	风险责任岗位
AS－CO－1 AS－CO－2 AS－CO－3 AS－CO－4 AS－CO－5	AS－R－203	未能制定明确的投资性房产的经营政策与策略，买卖、转移、相互划拨以及相关定价程序是否合理，是否经过公司恰当的比价、审核与审批。可能导致商业地产经营不符合市场需求，造成商业调查失败，损害公司利益	AS－CA－203	第七条　房屋资产买卖、移转、相互划拨时，由企业发展部提出，会同物业管理部、计划财务部等部门商定，报总经理批准，并按上级有关规定审批、报备后执行。第十二条存量房屋销售价格由企业发展部等有关部门根据市场调研程序拟定销售方案和价格，报集团总经理办公会议审议，最后报董事会决定。单套建筑面积、评估价格较小的普通存量房屋由企业发展部提出处置方案，由集团法务和计划财务部审核，以不低于评估价格出售，报总经理办公会议审批	房屋资产管理规定	房屋资产买卖、转移、划拨申请及定价审核审批文件	企业发展部	经理
AS－CO－1 AS－CO－2 AS－CO－3 AS－CO－4 AS－CO－5	AS－R－204	未按规定提取投资性房产维修基金和未按规范使用，未能定期查验、盘点，盘点不规范或未及时修缮投资性房产，可能导致资产经营性能下降，投资性房产未定期查验、修缮，影响资产价值	AS－CA－204	第四条　（四）每年由公司企业发展部牵头，办公室、审计监察室、物业管理部、计划财务部等有关部门协助，由审计监察室委托外审，对公司所属全资公司、控股公司房屋资产（含权证）进行实物盘点、清查。企业发展部负责调取市、区房地产交易中心房屋产权信息情况并与房屋明细账核对，确保无误后将盘点、清查情况报总经理室	房屋资产管理规定	房屋资产年度维护记录、年度房屋资产清查盘点表	企业发展部	经理

三、授权房产管理

（一）概述

授权房产管理规定了公司及其控股子公司（以下简称"子公司"）有关授权房产接受，公有住房出售、出租、变更户名、租金减免、修缮维护等业务流程。旨在规范授权房产管理程序，努力避免或降低在授权房产工作中的风险。

（二）适用范围

适用于公司及子公司。

（三）相关制度

➢《授权房产业务管理规定》。
➢《产业接管、变更、注销管理实施细则》。
➢《公有住房出售管理实施细则》。
➢《非居住合同管理实施细则》。
➢《居住公房变更户名管理实施细则》。
➢《公房租金减免（居住和非居住）管理实施细则》。
➢《公房租金及包干费使用管理实施细则》。
➢《租用居住公房凭证管理实施细则》。
➢《财务管理与会计核算制度》。

（四）职责分工

1. 总经理办公会
➢批准授权公房配售方案。
2. 分管领导
➢批准授权公房产业接管。
➢审核授权公房配售方案。
➢批准授权公房租赁中非居住变更（分列）租赁户名、非居住续订3年合同、非居住转租协议。
➢批准授权公房其他方面成套率改造后购房退个人集资款。

➤ 批准授权公房各类房屋出售的纠错。

➤ 批准授权公房产业变更或调整。

➤ 批准授权公房产业注销。

➤ 批准授权公房非转租协议。

3. 物业管理部

➤ 审核授权公房产业接管。

➤ 审核授权公房配售方案。

➤ 审核授权公房租赁中非居住变更（分列）租赁户名、非居住续订 3 年合同、非居住转租协议。

➤ 审核授权公房其他方面成套率改造后购房退个人集资款。

➤ 审核授权公房各类房屋出售的纠错申请。

➤ 审核授权公房产业变更或调整。

➤ 审核授权公房产业注销。

➤ 审核授权公房非转租协议。

➤ 审批授权公房租赁中公房租赁凭证发放、换发、补发、更正申请。

➤ 审批授权公房非居住续订合同申请。

➤ 审批授权公房动迁退房申请。

➤ 审批授权公房变更（分列）租赁户名申请。

➤ 审批授权公房居住、非居住租金减免申请。

➤ 审批授权公房非居住调整租金申请。

➤ 审批授权公房追收或报空租费申请。

➤ 批准授权公房审核报批公有住宅出售申请。

➤ 批准授权公房使用权转产权、农民户购房申请。

➤ 批准公房资产售房审核表。

➤ 批准居住公房变更户名。

➤ 批准办理租金减免手续。

➤ 批准租用居住公房凭证发放。

4. 物业公司

➤ 办理授权公房产业注销事宜。

➤ 办理授权公房产业变更事宜。

➤ 办理授权公房接管事宜。

➤ 办理授权公房产业调整事宜。

➤ 办理授权公房租赁中差价换房事宜。

➤ 办理授权公房租赁中公房租赁凭证发放、换发、补发、更正事宜。

➢办理授权公房配售方案事宜。

➢办理授权公房非居住续订合同事宜。

➢办理授权公房动迁退房事宜。

➢办理授权公房变更（分列）租赁户名事宜。

➢办理授权公房居住、非居住租金减免事宜。

➢办理授权公房非居住转租协议事宜。

➢办理授权公房非居住调整租金事宜。

➢办理授权公有住宅出售减少租金事宜。

➢办理授权公房售后物业管理费调价事宜。

➢办理授权公房追收或报空租费事宜。

➢办理授权公房其他方面成套率改造后购房退个人集资款事宜。

➢办理授权公房其他方面审核报批公有住宅出售事宜。

➢办理授权公房使用权转产权、农民户购房事宜。

➢办理审核授权公房各类房屋出售的纠错事宜。

➢办理授权公房租赁中非居住变更（分列）租赁户名、非居住续订 3 年合同、非居住转租协议事宜。

➢办理授权公房资产售房审核表事宜。

➢办理授权居住公房变更户名事宜。

➢办理授权公房租金减免手续事宜。

➢办理授权公房租用居住公房凭证发放事宜。

（五）不相容职责

表 13 - 8　不相容职责

岗位职责	授权公房事项申请	审核	审批
授权公房事项申请		×	×
审核	×		×
审批	×	×	

注：×表示不相容职责。

（六）关键流程

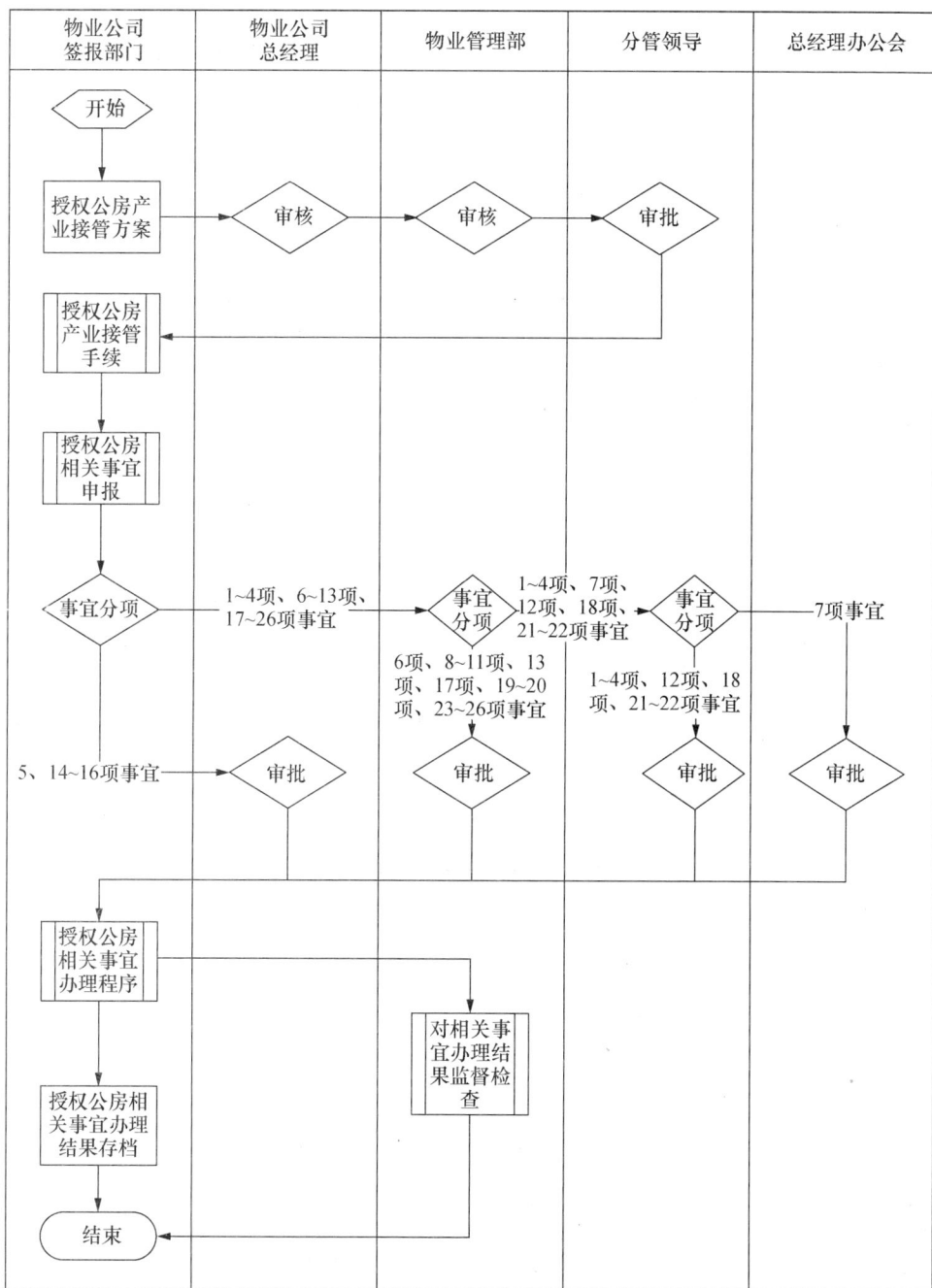

物业公司签报部门	物业公司总经理	物业管理部	分管领导	总经理办公会

开始

授权公房产业接管方案 → 审核 → 审核 → 审批

授权公房产业接管手续

授权公房相关事宜申报

事宜分项

1~4项、6~13项、17~26项事宜 → 事宜分项

1~4项、7项、12项、18项、21~22项事宜 → 事宜分项

7项事宜

6项、8~11项、13项、17项、19~20项、23~26项事宜

1~4项、12项、18项、21~22项事宜

5、14~16项事宜 → 审批

审批

审批

审批

授权公房相关事宜办理程序

对相关事宜办理结果监督检查

授权公房相关事宜办理结果存档

结束

图 13－3　授权房产管理流程

（七）控制目标

表 13 - 9　控制目标

序号	《内控手册》具体控制目标编号	拟实现的内控目标	内控目标具体描述
1	AS - CO - 1	合法合规性目标	保证授权房产工作符合国家有关法律法规规定
2	AS - CO - 2	财务报告目标	不适用
3	AS - CO - 3	资产安全目标	保证授权资产安全、完整
4	AS - CO - 4	经营效率和效果目标	提升公司运营效率和经营效果
5	AS - CO - 5	发展战略目标	促进公司发展战略目标的实现

（八）风险控制矩阵

表 13 - 10　风险控制矩阵

对应控制目标编号	风险编号	风险事项描述	关键控制措施编号	关键控制措施	对应制度	控制痕迹	风险责任部门	风险责任岗位
AS - CO - 1 AS - CO - 3 AS - CO - 4 AS - CO - 5	AS - R - 301	公司未制定授权房产管理制度，未能以授权房产的理念经营和管理授权房产，未与委托方议定授权房产权利、责任，授权房产营业定位不准确，可能导致授权房产管理混乱，影响授权房产的安全	AS - CA - 301	第一条　为进一步规范公司物业公司内部管理，结合授权房产管理业务工作流程、业务工作要求、业务签报，公有住房出售、变更户名、租金减免等业务管理工作，特制定本规定	授权房产业务管理规定	授权房产业务管理规定文本	物业管理部	经理
AS - CO - 1 AS - CO - 3 AS - CO - 4 AS - CO - 5	AS - R - 302	未建立授权房产台账，授权房产的分布、权属不清楚，可能影响授权房产的房产安全	AS - CA - 302	第三条　业务工作分类。物业公司受理业务及业务工作变更分类为：产业类；租赁类；租费类；其他	授权房产业务管理规定	授权房产分类台账	物业管理部	经理

对应控制目标编号	风险编号	风险事项描述	关键控制措施编号	关键控制措施	对应制度	控制痕迹	风险责任部门	风险责任岗位
AS－CO－1 AS－CO－3 AS－CO－4 AS－CO－5	AS－R－303	授权房产出租出售未经过恰当的签报、审核与审批。可能导致越权行为，损害公司利益	AS－CA－303	第四条　（一）做公有住房出售登记表（一式两份），售房件袋上贴封面；（二）上报公司物业管理部审批（售房审核表中在主管部门审核意见处签章）。第六条　受托房产出租与出售业务按审批权限执行	授权房产公有住房出售管理实施细则	公有住房出售登记表	物业管理部	经理
AS－CO－1 AS－CO－3 AS－CO－4 AS－CO－5	AS－R－304	未及时签订授权房产出售合同，未履行公司相关会审程序可能导致授权房产管理无序，造成授权房产受损	AS－CA－304	第五条　购房材料返回公司所属各物业公司：（一）通知住户来领取个人购房交款凭证、公有住房出售计算表，并与购房人签订公有住房出售合同。（二）购房人到建设银行付购房款，个人购房交款凭证第五联交购房人，第一、第四联经建行转公司，再转各物业公司	授权房产业务管理规定	公房出售合同、购房交款凭证	物业管理部	经理

第十四章　物业管理（PM）

提示：物业管理规范了小区内服务质量督查和 POS 机租费收缴、房屋维修、紧急抢修、环境安全等管理。正确合理规范物业管理流程，可以减少浪费，提高服务质量，防范风险，有利于实现企业经营目标。

物业管理流程规定了公司对物业小区管理接管、退出进行备案，小区服务质量督查和 POS 机租费收缴等方面的管理，包括对各个物业小区的装修管理、业主入住、业主报修、投诉等检查监督工作流程。旨在规范公司对物业管理的具体流程，努力避免或降低公司在物业管理工作中存在的风险。

本流程涉及的具体子流程如表 14 - 1 所示。

表 14 - 1　具体子流程

子流程编号	涉及主要环节/内容
PM - 01 物业管理	涉及对物业小区管理接管、退出进行备案，小区服务质量督查和 POS 机租费收缴等方面的管理，包括对各个物业小区的装修管理、业主入住、业主报修、投诉等检查监督工作流程

物业管理

（一）概述

物业管理规定了公司及其控股子公司（以下简称"子公司"）对物业小区管理接管、退出进行备案，小区服务质量督查和POS机租费收缴等方面的管理，包括对各个物业小区的装修管理、业主入住、业主报修、投诉等检查监督工作流程。旨在规范公司对物业管理的具体流程，努力避免或降低公司在物业管理工作中存在的风险。

（二）适用范围

适用于公司及子公司。

（三）相关制度

➢ 《物业管理规定》。
➢ 《POS机租费收缴管理实施细则》。
➢ 《小区物业服务督查管理实施细则》。
➢ 《物业修缮管理规定》。
➢ 《房屋租赁管理规定》。

（四）职责分工

1. 总经理办公会
➢ 审批大、中修30万元以上项目实施招标方案。
2. 总经理
➢ 批准大、中修决算款项3万元及以上拨付申请。
3. 分管领导
➢ 审核大、中修30万元及以上项目实施招标方案。
➢ 审批大、中修30万元以下项目立项方案。
➢ 审批新接产业签报申请。
➢ 审批产业退出签报申请。
➢ 审批大、中修决算低于3万元的款项拨付申请。

> 审核紧急修缮项目方案审批。

4. 物业管理部
> 审核大、中修 30 万元及以上项目实施招标方案。
> 审核大、中修 30 万元以下项目立项方案。
> 审核新接产业签报申请。
> 审核产业退出签报申请。
> 审核大、中修决算款项拨付申请。
> 审核紧急修缮项目方案。
> 审核大、中修项目决算审核申请。

5. 安全生产办公室
> 负责审核紧急修缮项目方案。

6. 审计监察部
> 负责批准大、中修项目决算审核申请。

7. 物业公司
> 负责编制大、中修立项及招标方案，履行审批程序。
> 负责办理新接产业签报申请，履行审批程序。
> 负责办理产业退出签报申请，履行审批程序。
> 负责办理大、中修决算款项拨付申请，履行审批程序。
> 负责办理紧急修缮项目方案的审批程序。
> 负责办理大、中修项目决算审核申请，履行审批程序。

（五）不相容职责

表 14-2 不相容职责

岗位职责	物业各项业务申请	各项业务申请审核	各项业务申请审批
物业各项业务申请		×	×
各项业务申请审核	×		×
各项业务申请审批	×	×	

注：×表示不相容职责。

（六）关键流程

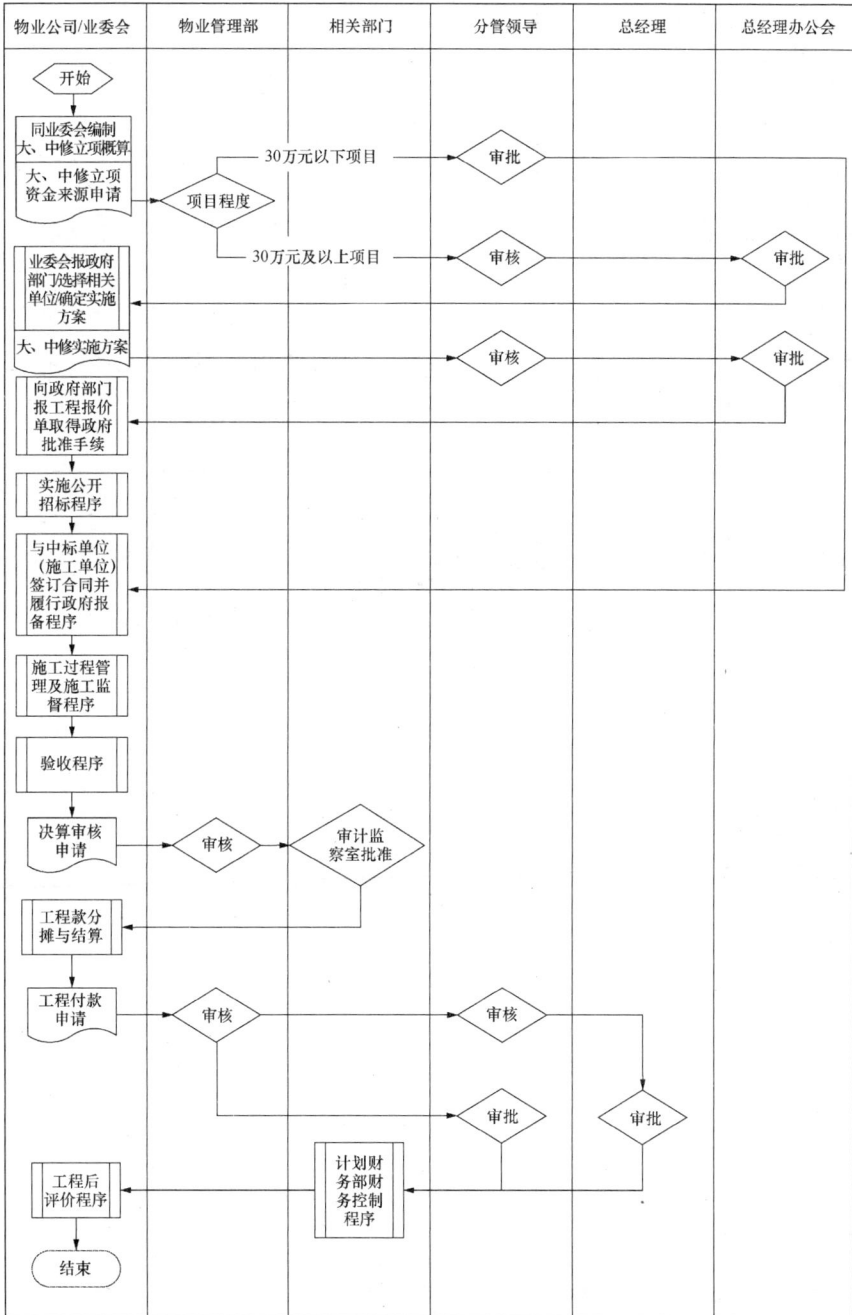

图 14－1　大、中修项目管理流程

物业公司	安全生产办公室	物业管理部	分管领导	总经理

```
        ┌──────────┐
        〈   开始   〉
        └──────────┘
             │
   ┌──────────────┐
   │整理紧急维修的│
   │证明材料并填制│
   │  申报表      │
   ├──────────────┤
   │  急修立项    │
   │  联系单      │
   └──────────────┘
             │
   ┌──────────────┐   ┌──────────┐   ┌──────────┐   ◇审核◇   ◇审批◇
   │物业公司总经理│   │2日内完成 │   │审核紧急  │
   │审批后报业委会│──▶│现场勘查  │──▶│维修审核表│──▶审核──▶审批
   │  批准        │   └──────────┘   └──────────┘
   └──────────────┘
             │
   ┌──────────────┐   ┌──────────┐
   │  组织施      │   │  开工材  │
   │  工程序      │──▶│  料备案  │
   └──────────────┘   └──────────┘
             │              │
             │         ┌──────────┐
             │         │登录紧急维│
             │         │修项目台账│
             │         └──────────┘
             │              │
   ┌──────────────┐   ┌──────────┐
   │  工程验      │◀──│及时抽查  │
   │  收程序      │   │施工情况  │
   └──────────────┘   └──────────┘
             │
   ┌──────────────┐
   │  工程结      │
   │  算程序      │
   └──────────────┘
             │
        (   结束   )
```

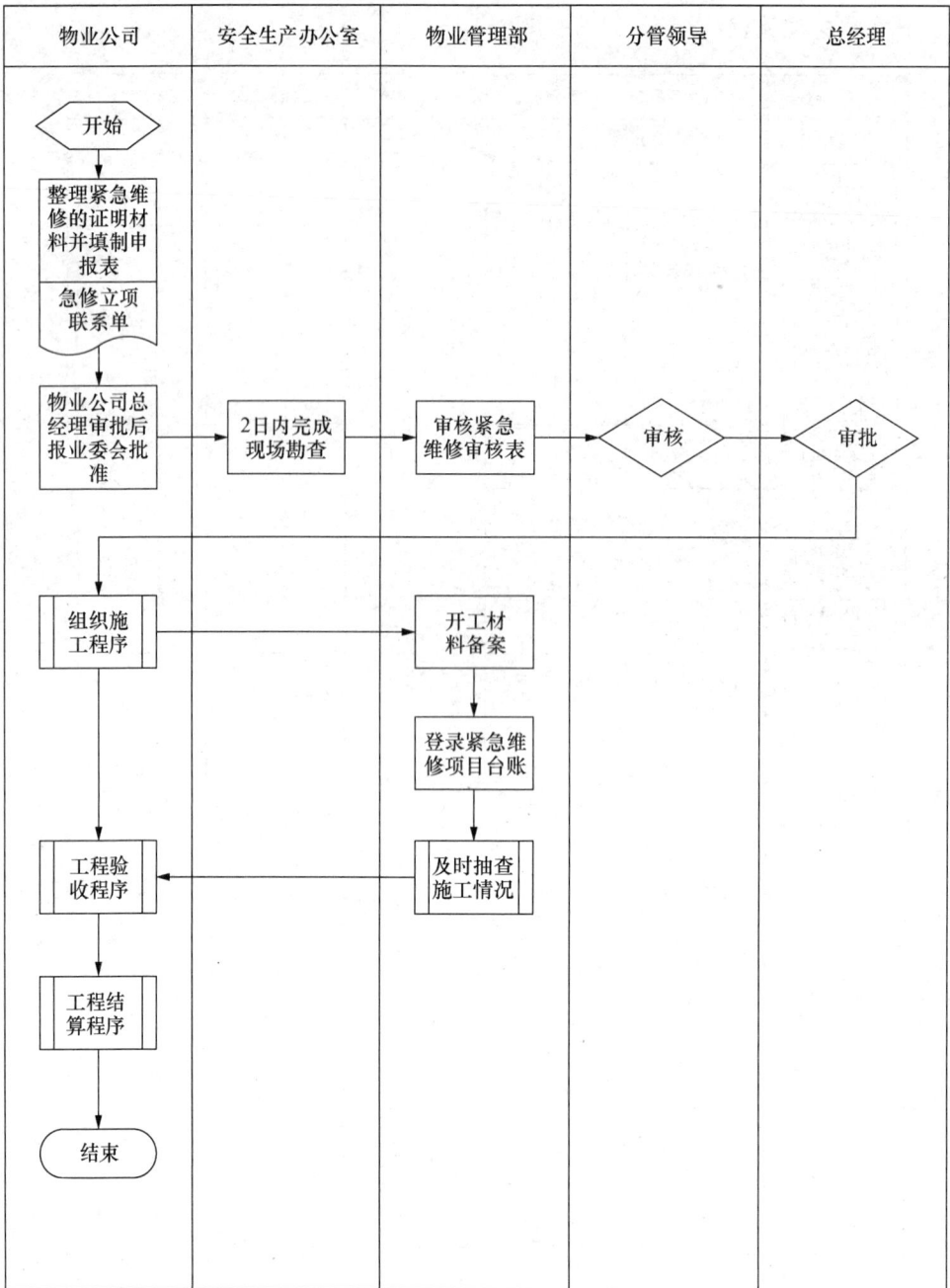

图 14-2 紧急修缮管理流程

（七）控制目标

表 14 – 3　控制目标

序号	《内控手册》具体控制目标编号	拟实现的内控目标	内控目标具体描述
1	PM – CO – 1	合法合规性目标	保证物业工作符合国家有关法律法规规定
2	PM – CO – 2	财务报告目标	不适用
3	PM – CO – 3	资产安全目标	保证公司资产安全、完整
4	PM – CO – 4	经营效率和效果目标	提升公司运营效率和经营效果
5	PM – CO – 5	发展战略目标	促进公司发展战略目标的实现

（八）风险控制矩阵

表 14 – 4　风险控制矩阵

对应控制目标编号	风险编号	风险事项描述	关键控制措施编号	关键控制措施	对应制度	控制痕迹	风险责任部门	风险责任岗位
PM – CO – 1 PM – CO – 3 PM – CO – 4 PM – CO – 5	PM – R – 101	公司未制定物业管理制度，物业管理缺乏相应的管理标准，可能导致物业管理不规范，影响物业管理绩效	PM – CA – 101	第一条　为进一步规范公司物业管理工作，加强对物业小区管理接管、退出进行备案，小区服务质量督查和 POS 机租费收缴等方面的管理，根据公司物业管理现状，特制定本规定	物业管理规定	物业管理规定文本	物业管理部	经理
PM – CO – 1 PM – CO – 3 PM – CO – 4 PM – CO – 5	PM – R – 102	紧急物业维修费用签报管理不规范，未经过恰当的审核、审批，可能导致物业管理混乱，使得公司利益受损	PM – CA – 102	第十六条　紧急维修立项审批程序：（二）物业公司整理紧急维修的证明材料、紧急维修审核表（急修立项联系单）报公司，公司接到上报资料后 2 个工作日内查勘现场，并予审核和回复	物业修缮管理规定	紧急维修立项单及相关审批文件	物业管理部	经理

续表

对应控制目标编号	风险编号	风险事项描述	关键控制措施编号	关键控制措施	对应制度	控制痕迹	风险责任部门	风险责任岗位
PM－CO－1 PM－CO－3 PM－CO－4 PM－CO－5	PM－R－103	未定期对物业管理情况进行检查监督，公司总部与下属单位物业管理的信息不对称，可能导致物业管理问题未被及时发现、纠正，影响公司形象	PM－CA－103	第二条 （二）公司物业部牵头，整合督查人员力量，对每一次督查后需要整改的问题通过信息科技手段跟踪落实，由量变到质变，年底形成物业公司的服务质量评估报告，并且把小区管理处整改情况与对物业公司考评工作有机结合起来	物业管理规定	年度物业公司服务质量评估报告	物业管理部	经理

第十五章 房地产开发管理（RD）

> **提示：** 房地产开发涉及环节多，开发周期长，投入资金多，且腐败问题较多。合理、有效地规范开发流程，明确各环节职能责任，评估各环节潜在风险，拟定应对措施，落实控制责任，能够加快工程进度，减少浪费，提高房地产开发效益。

房地产开发管理流程规定了公司涉及房地产开发的策划与立项、工程项目前期管理、工程施工监督、工程设计变更以及竣工验收和工程投资管理等工作流程。旨在规范公司对房地产开发管理的具体流程，努力避免或降低公司在房地产开发工作中存在的风险。

本流程涉及的具体子流程管理如表 15 – 1 所示。

表 15 – 1 具体子流程

子流程编号	涉及主要环节/内容
RD – 01 策划与立项管理	涉及公司项目策划、项目建议书评审、土地产品线策划与结果确认和审批、工程项目可行性研究报告、项目经理选聘等工作流程
RD – 02 项目前期管理	涉及公司工程勘察设计的管理，包括选择勘察设计单位的资质、勘察报告的评审、初步设计的恰当评审、明确项目经理的任职标准以及项目经理任免程序施工图设计过程中监督、检查、及时组织设计、施工、监理单位进行施工图设计交底、办理报监、领取《建设工程规划许可证》和《施工许可证》以及对监理单位明确监督考核职责等工作流程
RD – 03 工程施工监督检查管理	涉及公司工程管理职责以及项目质量、安全、文明施工管理规范及现场检查，工程进度监督等工作流程

子流程编号	涉及主要环节/内容
RD-04 工程设计 变更与签证管理	涉及公司工程项目施工过程中工程设计变更及签证的申请、审核、审批的工作流程
RD-05 工程竣工验收管理	涉及公司工程项目竣工验收组织、备案、竣工档案验收等工作流程
RD-06 房产销售管理	涉及公司房产定价的调研、审核、审批，销售房款结算，房产销售资料建档、归档等工作流程
RD-07 工程投资控制管理	涉及公司房地产产品线策划、立项、设计阶段，工程建设阶段，竣工结算阶段等全过程成本控制等标准

一、策划与立项管理

（一）概述

策划与立项管理规定了公司及其控股子公司（以下简称"子公司"）有关项目策划、项目建议书评审、土地产品线策划与结果确认和审批流程、项目可行性研究报告、项目经理选聘等工作。旨在规范公司对策划与立项管理的具体流程，努力避免或降低公司在策划与立项工作中存在的风险。

（二）适用范围

适用于公司及子公司。

（三）相关制度

➢《市场营销管理制度》。
➢《房地产开发项目策划、可研与立项管理制度》。

（四）职责分工

1. 股东
➢审批确定可行性研究报告的评审初审方案。
2. 党政联席会
➢审议确定可行性研究报告的评审初审方案。

3. 总经理办公会

➤审批确定产品销售方案。

4. 总经理

➤批准确定可行性研究报告的二次评审方案。

5. 分管领导

➤批准确定目标市场调研报告。

➤批准确定开发项目市场调研计划。

➤审核确定可行性研究报告的二次评审方案。

➤审核产品销售方案。

6. 市场营销部（工程技术部）

➤负责编制目标市场调研报告，提交领导审定。

➤负责提交开发项目市场调研计划，履行审批程序。

➤负责编制和提交可行性研究报告的评审方案。

➤负责编制产品销售方案，履行审核程序。

7. 工程配套部

➤审核可行性研究报告的评审初审方案。

➤审核可行性研究报告的二次评审方案。

8. 预算合约部

➤审核可行性研究报告的评审方案。

➤审核可行性研究报告的二次评审方案。

9. 计划财务部

➤审核可行性研究报告的评审方案。

➤审核可行性研究报告的二次评审方案。

10. 项目公司

➤负责编制可行性研究报告的二次评审方案，履行审批程序。

（五）不相容职责

表 15 – 2　不相容职责

岗位职责	方案提出	方案审核	方案审批	方案执行
方案提出		×	×	
方案审核	×		×	×
方案审批	×	×		×
方案执行		×	×	

注：×表示不相容职责。

（六）关键流程

项目公司	工程技术部	预算合约部/配套部/计划财务部/专家	分管领导	总经理	党政联席会/股东
	开始				
	制订目标市场调研计划				
	目标市场调研计划		审批		
	成立调研小组实施目标市场调研程序				
	目标市场调研报告				
	部门负责人审核		审核		
	建立（可供选择）方案				
		相关部门介入反复论证			
	编写可行性研究报告	资金筹措审核项目实施总计划			
	项目可行性研究报告				
		相关部门与专家进行评审			
	完善后可行性研究报告				
					党政联席会审议
	成立项目公司程序				报股东审批
履行土地获取程序					
进行第二次可行性研究					
项目开发大纲	审核	相关部门会签	审核	审批	
项目实施程序					
结束					

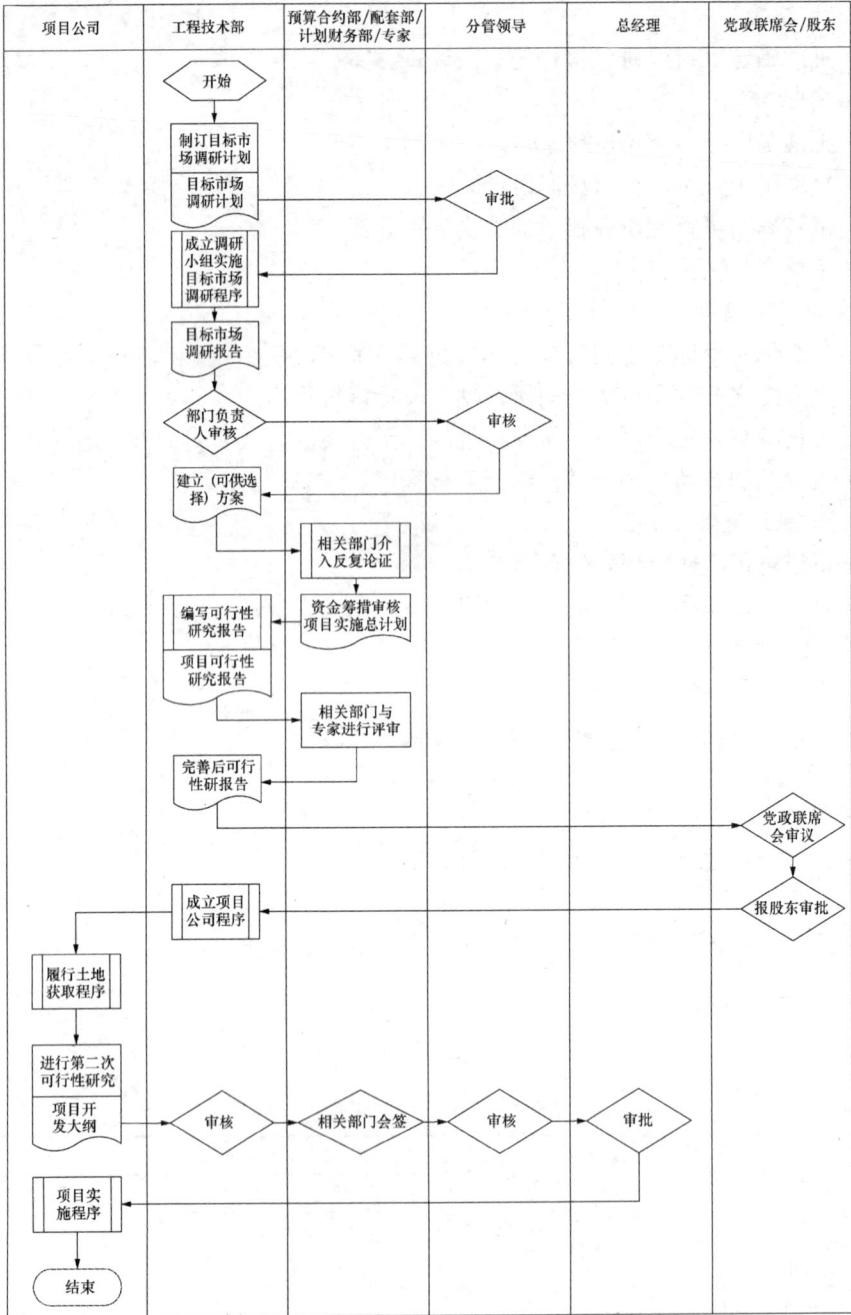

图 15 – 1 项目策划与可研管理流程

（七）控制目标

表 15 – 3　控制目标

序号	《内控手册》具体控制目标编号	拟实现的内控目标	内控目标具体描述
1	RD – CO – 1	合法合规性目标	保证项目策划与立项工作符合国家有关法律法规规定
2	RD – CO – 2	财务报告目标	不适用
3	RD – CO – 3	资产安全目标	不适用
4	RD – CO – 4	经营效率和效果目标	提升公司运营效率和经营效果
5	RD – CO – 5	发展战略目标	促进公司发展战略目标的实现

（八）风险控制矩阵

表 15 – 4　风险控制矩阵

对应控制目标编号	风险编号	风险事项描述	关键控制措施编号	关键控制措施	对应制度	控制痕迹	风险责任部门	风险责任岗位
RD – CO – 1 RD – CO – 4 RD – CO – 5	RD – R – 101	产品设计、产品定位未经过精心策划，可能导致产品不符合市场需求，使得项目决策不当或失误	RD – CA – 101	第三条　1. 筹备：提出项目开发设想，制定研究计划和工作大纲等。2. 调查：主要从市场调查和资源调查两方面进行。3. 方案的选择和优化。4. 财务评价与不确定性分析。5. 编写报告书。经上述分析与评价，即可编写详细的可行性研究报告	房地产开发项目策划、可研与立项管理制度	产品开发可行性研究报告	工程技术部	经理

对应控制目标编号	风险编号	风险事项描述	关键控制措施编号	关键控制措施	对应制度	控制痕迹	风险责任部门	风险责任岗位
RD－CO－1 RD－CO－4 RD－CO－5	RD－R－102	产品策划未经过恰当审核、审批，重要的产品策划未征询专家意见，可能导致产品策划不符合市场预期需求，使得项目决策不当或失误	RD－CA－102	第四条 开发建设计划： 13. 以上需要工程技术部、计划财务部、预算合约部、配套部同时介入。 第六条 可行性研究报告的评审程序：工程技术部组织相关部门（预算合约部、工程配套部、计划财务部）、专家等进行评审，并根据评审结论完善可研报告	房地产开发项目策划、可研与立项管理制度	可行报告专家会审文件	工程技术部	经理
RD－CO－1 RD－CO－4 RD－CO－5	RD－R－103	项目建议书、工程可行性研究报告未经过恰当的评审、审批，立项、可行性研究流于形式，可能导致项目决策失误，难以实现预期效益或项目成本失控	RD－CA－103	第六条 工程技术部将完善后的可行性研究报告上报公司，经公司党政联席会议讨论通过后报公司审批	房地产开发项目策划、可研与立项管理制度	公司党政联席会议审议、公司审批文件	工程技术部	经理

二、项目前期管理

（一）概述

项目前期管理规定了公司及其控股子公司（以下简称"子公司"）有关工程勘察设计的管理，包括选择勘察设计单位的资质，勘察报告的评审，初步设计的恰当评审，明确项目经理的任职标准以及项目经理任免职，施工图设计过程中监督、检查，及时组织设计、施工、监理单位进行施工图设计交底，办理报监，领取《建设工程规划许可证》和《施工许可证》以及对监理单位明确监督考核职责等工作流程。旨在规范公司对项目前期管理的具体流程，努力避免或降低公司在项目前期工作中存在的风险。

（二）适用范围

适用于公司及子公司。

（三）相关制度

➢ 《工程项目勘察设计管理规定》。
➢ 《房地产开发项目策划、可研与立项管理制度》。
➢ 《工程配套管理规定》。
➢ 《工程项目管理制度》。
➢ 《干部任免管理规定》。

（四）职责分工

1. 总经理办公会
➢ 审批确定初步设计说明书。
➢ 审批确定扩初设计说明书。
➢ 审批确定初步设计方案。
➢ 批准设计输出文件审查表。

2. 总经理
➢ 批准确定建筑工程设计任务书。
➢ 批准确定设计单位初选名单。
➢ 批准《委托设计合同书》。
➢ 批准确定方案设计的方案评审。
➢ 批准确定扩初设计方案修改方案。

3. 分管领导
➢ 审核建筑工程设计任务书。
➢ 审核初步设计说明书。
➢ 审核扩初设计说明书。
➢ 审核设计单位初选名单。
➢ 审核《委托设计合同书》。
➢ 审核方案设计的方案评审。

➢审核初步设计方案。

➢审核扩初设计方案修改方案。

➢批准设计控制总结文件。

4．工程技术部

➢负责编制工程设计任务书方案，履行审批程序。

➢负责编制初步设计说明书，履行审批程序。

➢负责编制扩初设计说明书，履行审批程序。

➢负责提交设计单位初选名单，履行审批程序。

➢负责提交《委托设计合同书》，履行审批程序。

➢负责编制方案设计的方案评审，履行审批程序。

➢负责提交初步设计方案，履行审批程序。

➢负责提交扩初设计修改方案，履行审批程序。

➢负责提交设计输出文件审查表，履行审批程序。

➢负责提交设计控制总结文件，履行审批程序。

5．预算合约部

➢负责审核方案设计的方案评审。

➢审核初步设计方案。

6．工程配套部

➢负责审核方案设计的方案评审。

➢审核初步设计方案。

7．人力资源部

➢负责办理项目经理委派手续。

8．项目公司

➢负责审核方案设计的方案评审。

➢审核初步设计方案。

（五）不相容职责

表 15-5　不相容职责

岗位职责	勘察设计方案申请	勘察设计方案审核	勘察设计方案审批
勘察设计方案申请		×	×
勘察设计方案审核	×		×
勘察设计方案审批	×	×	

注：×表示不相容职责。

（六）关键流程

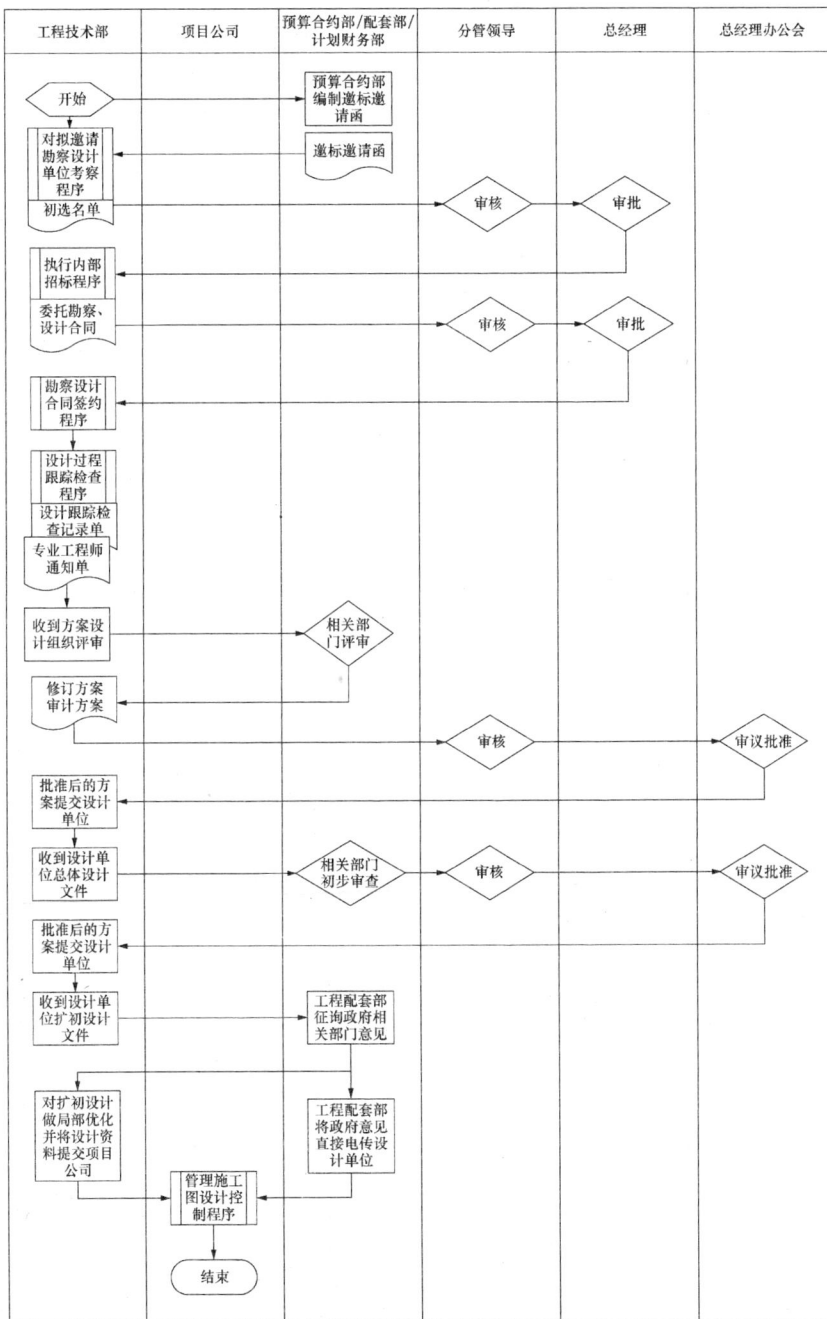

图 15-2　勘察设计管理流程

政府认定的审图公司	设计单位/监理单位	施工单位	项目公司	工程技术部/预算合约部	配套部/分管领导

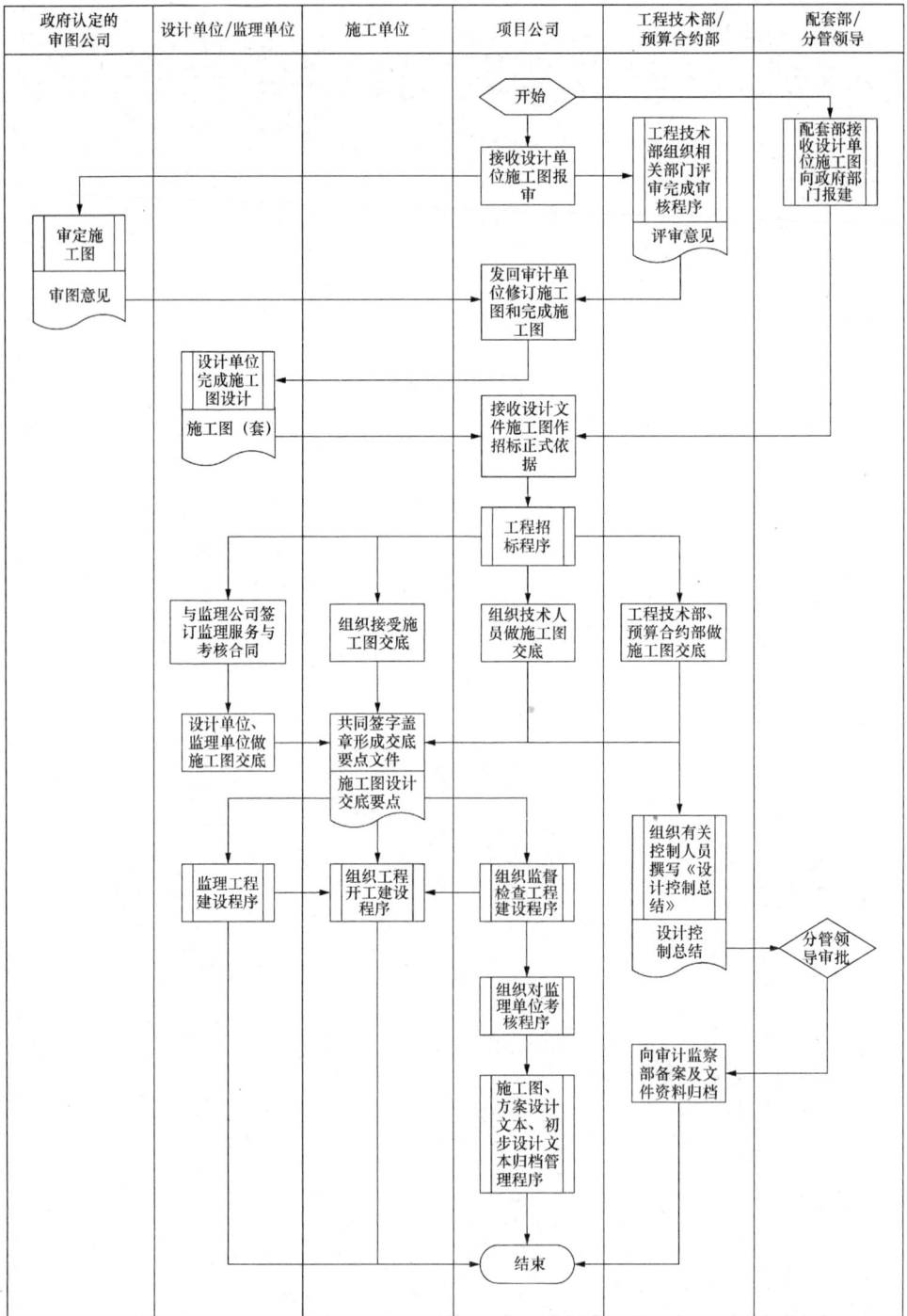

图 15-3 施工准备管理流程

（七）控制目标

表 15 - 6　控制目标

序号	《内控手册》具体控制目标编号	拟实现的内控目标	内控目标具体描述
1	RD - CO - 1	合法合规性目标	保证项目前期管理工作符合国家有关法律法规规定
2	RD - CO - 2	财务报告目标	不适用
3	RD - CO - 3	资产安全目标	不适用
4	RD - CO - 4	经营效率和效果目标	提升公司运营效率和经营效果
5	RD - CO - 5	发展战略目标	促进公司发展战略目标的实现

（八）风险控制矩阵

表 15 - 7　风险控制矩阵

对应控制目标编号	风险编号	风险事项描述	关键控制措施编号	关键控制措施	对应制度	控制痕迹	风险责任部门	风险责任岗位
RD - CO - 1 RD - CO - 4 RD - CO - 5	RD - R - 201	工程勘察报告编制单位不具备专业资质，或编制程序不规范，勘察深度不够，可能导致工程勘察出现重要遗漏或与实际不符，报告质量不高，影响项目初步设计	RD - CA - 201	第六条　勘察设计单位采用内部招标方式程序，由预算合约部负责编制《招标邀请函》。工程技术部组织相关人员，对拟邀请的设计单位进行考察，考察内容为设计单位资质、以往设计成果、人员和设备情况、投标热情、收费标准等，根据考察结果形成初选拟邀请投标的单位名单，并报总经理批准。 第七条　工程勘察单位选择首要条件应具备专业资质，勘察深度应符合国家勘探规定，勘察报告编制程序应依据国家规范，防止工程勘察出现重要遗漏或与实际不符的现象	工程项目勘察设计管理制度	工程勘察单位资质证书	工程技术部	经理

续表

对应控制目标编号	风险编号	风险事项描述	关键控制措施编号	关键控制措施	对应制度	控制痕迹	风险责任部门	风险责任岗位
RD-CO-1 RD-CO-4 RD-CO-5	RD-R-202	工程勘察报告未经过恰当的评审、审批，或评审流于形式，可能导致工程勘察报告不规范，项目建议不科学、不严谨，影响项目初步设计	RD-CA-202	第九条　工程勘察报告（勘察设计文件）必须根据国家规定的审批办法，勘察单位应提交内部审定文件（重大的技术方案和技术问题必须经室主任和技术主管审定）和外部（国家认定勘察报告审定单位）审定文件；交项目公司备案	工程项目勘察设计管理制度	工程勘察报告及相关审批文件	工程技术部	经理
RD-CO-1 RD-CO-4 RD-CO-5	RD-R-203	工程项目初步设计编制单位不具备专业资质，或工程设计不深入、不完整，设计合同未对设计变更责任进行约定，可能造成工程施工设计频繁变更，延误工期或增加工程投资	RD-CA-203	第四条　3. 建设工程设计业务必须委托给资质等级符合要求（根据不同的项目制定具体标准）的设计单位。禁止将设计业务委托给超越其资质等级许可范围的设计单位	工程项目勘察设计管理制度	工程设计单位资质证书	工程技术部	经理
RD-CO-1 RD-CO-4 RD-CO-5	RD-R-204	工程项目初步设计未经恰当评审、审批程序，或评审流于形式，可能影响深化设计开展，频繁变更，延误工期或增加工程投资	RD-CA-204	第五条　2.2. 初步设计（总体设计文件）说明收到政府的规划方案审批意见后，工程技术部组织有关人员讨论初步设计的有关问题，在满足规划意见、市场定位要求的前提下最大限度地控制成本，按照限额设计的要求（相关限额设计的细则另订）形成《初步设计说明书》，经分管领导签字审定后，报集团公司批准实施	工程项目勘察设计管理制度	工程项目初步设计文件及相关审批文件	工程技术部	经理

对应控制目标编号	风险编号	风险事项描述	关键控制措施编号	关键控制措施	对应制度	控制痕迹	风险责任部门	风险责任岗位
RD－CO－1 RD－CO－4 RD－CO－5	RD－R－205	项目公司未明确项目经理的任职标准，项目经理不具备国家法规要求任职资格和专业胜任能力，可能导致被监管部门处罚或不能达成项目管理目标	RD－CA－205	第十三条　项目公司经理的工作任务及要求：（二）组织制定项目总体规划和施工计划，全面负责项目公司质量、安全、文明、成本等一系列管理工作。（四）严格质量管理，保证施工质量达到国家规定的标准或合同要求。（五）对项目工程的进度、质量、安全、成本进行有效的控制和监督。（六）合理的组织、调度生产要素，实施日常工作中的组织、计划、指挥、协调、控制的职责。保证工程质量、安全文明、工期和效益的目标得以实现。（七）做好项目工程的成本核算，审核各项费用支出。（十）项目经理必须持有《建筑安全生产上岗证》（B证）	工程项目管理制度	项目公司经理资质证书	人力资源部	经理
RD－CO－1 RD－CO－4 RD－CO－5	RD－R－206	项目公司经理任免职、变更审批程序不明确，可能导致项目经理条件不具备或使用不当，影响项目管理目标的达成	RD－CA－206	第六条　直接投资企业总经理、副总经理、总经理助理的任免。直接投资企业总经理、副总经理、总经理助理的聘任或解聘经公司党委审核同意、公司任免后，由直接投资企业依法办理有关手续	干部任免管理规定	项目公司经理任职（审批）文件	人力资源部	经理

续表

对应控制目标编号	风险编号	风险事项描述	关键控制措施编号	关键控制措施	对应制度	控制痕迹	风险责任部门	风险责任岗位
RD-CO-1 RD-CO-4 RD-CO-5	RD-R-207	在施工图设计过程中项目公司工程技术负责人未跟踪、监督、检查,可能导致施工图设计与初步设计脱节,或出现重大遗漏,影响工程施工	RD-CA-207	第十条 3. 在初步设计及施工图设计进行过程中,工程技术部应组织项目公司工程技术人员,依据《委托设计合同书》要求和《设计控制计划》规定,前往设计单位进行实地跟踪检查	工程项目勘察设计管理制度	施工图设计过程监督检查记录	项目公司	经理
RD-CO-1 RD-CO-4 RD-CO-5	RD-R-208	未及时组织设计、施工、监理单位进行施工图设计交底,可能导致相关单位对施工图设计、施工技术要求缺乏应有的了解,影响施工质量和进度	RD-CA-208	第十一条 5. 施工图交底:工程项目设计图文件完成并交付后,由项目公司根据需要组织土建、安装、安全等工程技术人员以及预算合约部、工程技术部、设计单位、监理单位等专家,负责对承包施工单位进行设计技术交底工作及现场答疑。交底工作要形成交底记录,交底人、施工方、设计方签字确认。6. 施工图设计交底完成后才能转入施工阶段	工程项目勘察设计管理制度	施工图设计交底记录	项目公司	经理
RD-CO-1 RD-CO-4 RD-CO-5	RD-R-209	未办理报监、领取《建设工程规划许可证》和《施工许可证》即开工,可能导致施工建设违法,被监管部门处罚	RD-CA-209	第四条 15. 开发建设计划:1)前期开发计划。包括项目从立项、可行性研究、下达规划任务、征地拆迁、委托规划设计、取得开工许可证直至完成开工前准备等系列工作计划。第五条 管理要求:(一)一切以集团公司利益为重,严格控制成本、增加效益、提高效率。(二)与项目部密切配合,根据项目进度、工程技术要求完成各项配套手续的办理工作	房地产开发项目策划、可研与立项管理制度、工程配套管理规定	工程项目施工许可证	工程配套部	经理

对应控制目标编号	风险编号	风险事项描述	关键控制措施编号	关键控制措施	对应制度	控制痕迹	风险责任部门	风险责任岗位
RD－CO－1 RD－CO－4 RD－CO－5	RD－R－210	未对监理单位明确监督考核职责，对监理工作、项目施工具体工作不了解，可能导致对工程监理和工程施工缺乏监督	RD－CA－210	第四十三条 （一）明确监理人员在现场的工作范围及应承担的责任。（二）用于项目公司对现场监理人员的管理与考核，最大限度地发挥监理单位监理与咨询的作用。第四十四条 （一）监理单位是受建设单位委托以合同及相关规范为依据，在现场为建设单位提供监理与咨询服务的。监理的日常工作要求由项目公司安排，履约能力与业务能力由项目公司组织综合考核	工程项目管理制度	对监理单位月度监理能力考核表	项目公司	经理

三、工程施工监督检查管理

（一）概述

工程施工监督检查管理规定了公司及其控股子公司（以下简称"子公司"）有关工程管理职责以及项目质量、安全、文明施工管理规范及现场检查、工程进度监督等工作流程。旨在规范公司对工程施工监督检查管理的具体流程，努力避免或降低公司在工程施工监督检查工作中存在的风险。

（二）适用范围

适用于公司及子公司。

（三）相关制度

➢《工程项目管理规定》。

（四）职责分工

1. 总经理
➢审批确定项目开发总进度计划。
➢审批确定项目开发 B 级进度节点方案。
➢审批确定项目开发 B 级进度节点调整方案。

2. 分管领导
➢审核大、中修 30 万元及以上项目实施招标方案。

3. 工程技术部
➢制订项目开发总进度计划，并履行审批程序。
➢审核项目开发 B 级进度节点方案。
➢审核项目开发 B 级进度节点调整方案。

4. 预算合约部
➢审核项目开发 B 级进度节点方案。
➢审核项目开发 B 级进度节点调整方案。

5. 工程配套部
➢审核项目开发 B 级进度节点方案。
➢审核项目开发 B 级进度节点调整方案。

6. 项目公司
➢负责提交项目开发 B 级进度节点方案，履行审批程序。
➢负责提交项目开发 B 级进度节点调整方案，履行审批程序。

（五）不相容职责

表 15 - 8　不相容职责

岗位职责	提交方案	方案审核	方案审批
提交方案		×	×
方案审核	×		×
方案审批	×	×	

注：×表示不相容职责。

（六）关键流程

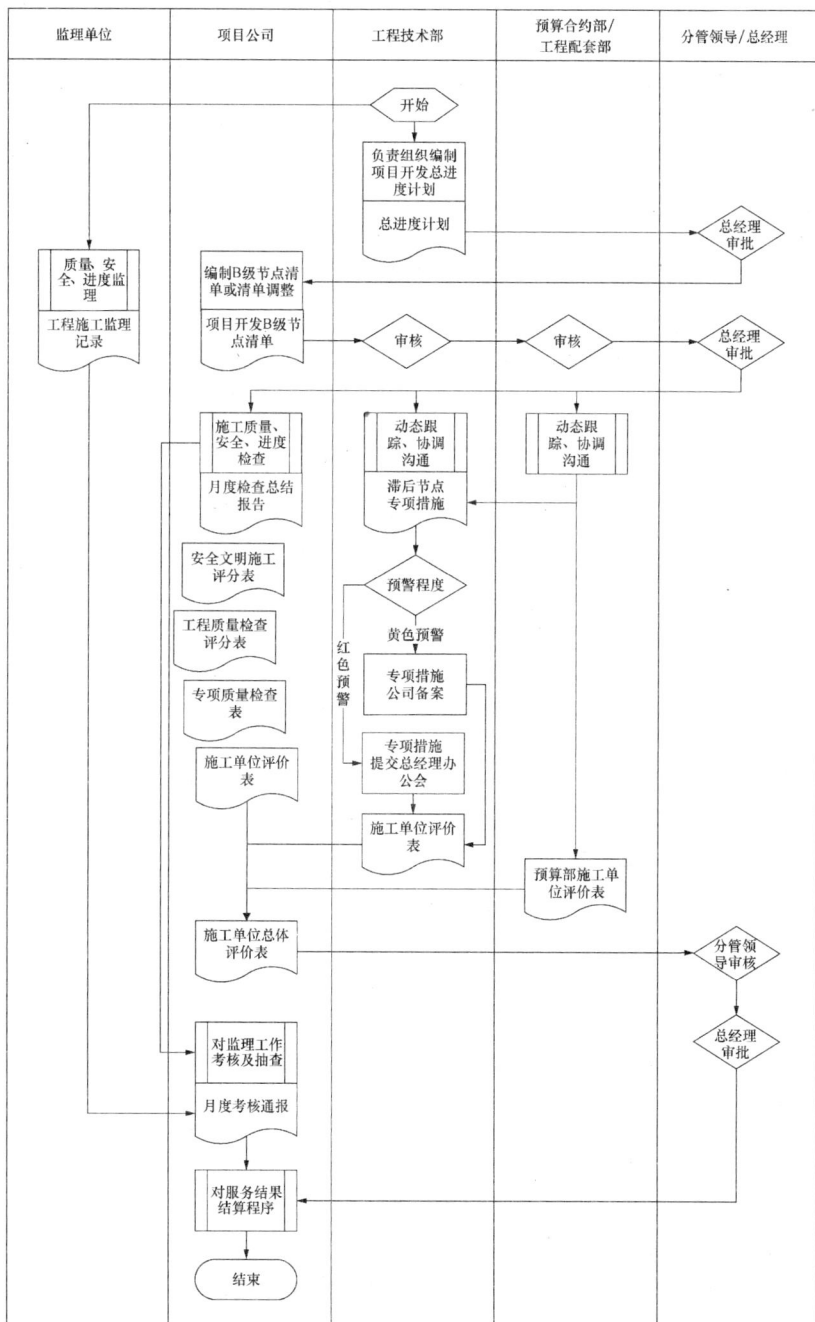

图 15 - 4　施工质量、安全、进度监督检查管理流程

（七）控制目标

表 15-9 控制目标

序号	《内控手册》具体控制目标编号	拟实现的内控目标	内控目标具体描述
1	RD-CO-1	合法合规性目标	保证施工管理符合国家有关法律法规规定
2	RD-CO-2	财务报告目标	不适用
3	RD-CO-3	资产安全目标	保证公司资产安全、完整
4	RD-CO-4	经营效率和效果目标	提升公司运营效率和经营效果
5	RD-CO-5	发展战略目标	促进公司发展战略目标的实现

（八）风险控制矩阵

表 15-10 风险控制矩阵

对应控制目标编号	风险编号	风险事项描述	关键控制措施编号	关键控制措施	对应制度	控制痕迹	风险责任部门	风险责任岗位
RD-CO-1 RD-CO-3 RD-CO-4 RD-CO-5	RD-R-301	公司未明确施工过程中工程质量、安全的检查责任、要求或未有效执行，工程重点部位的质量情况以及大宗材料、构件的质量和供应情况未纳入检查范围，可能导致工程质量达不到设计要求而未被及时发现	RD-CA-301	第二十七条　（一）工程技术部：1. 负责对各项目公司的管理行为及工程质量、安全进行监管。组织月度检查、年度检查、实测实量抽查、专项检查、物业交付前检查及销项的实施	工程项目管理制度	月度工程质量、安全检查报告	工程技术部	经理

对应控制目标编号	风险编号	风险事项描述	关键控制措施编号	关键控制措施	对应制度	控制痕迹	风险责任部门	风险责任岗位
RD－CO－1 RD－CO－3 RD－CO－4 RD－CO－5	RD－R－302	未对关键工序质量采取验收等控制措施，可能导致关键工序质量失控而影响工程整体质量	RD－CA－302	第二十八条　（三）1. 质量管理行为主要检查项目公司及监理部在质量管理过程中是否按公司及合同要求对施工单位进行合理的管理。主要以资料检查为主，月度检查仅检查上一月管理过程中形成的资料。包括会议纪要、工作联系单、现场封存的样板、样板确认、监理工程师通知单、监理日志等	工程项目管理制度	月度现场封存样板	项目公司	经理
RD－CO－1 RD－CO－3 RD－CO－4 RD－CO－5	RD－R－303	未定期对现场质量和管理工作中存在的问题进行分析总结，未定期对施工单位进行考核评价，可能导致工程现场质量管理得不到改进和提升	RD－CA－303	第二十七条　（二）4. 每月定期召开项目公司技术人员和施工方负责人会议，对现场质量、安全和管理工作中存在的问题进行分析总结，形成总结报告，经理签署意见后报集团公司工程技术部备案。 第三十八条　评价程序工程验收合格（交付）后，30天之内项目公司组织各部门相关同事共同对参与工程的各施工单位进行评价。监理单位评价得分为各施工单位评价得分的平均分。各部门相关经办人对被考评单位进行评价→部门经理签字确认→工程技术部汇总形成最终结果→总经理确认→预算部结算	工程项目管理制度	月度现场质量安全总结报告	项目公司	经理

对应控制目标编号	风险编号	风险事项描述	关键控制措施编号	关键控制措施	对应制度	控制痕迹	风险责任部门	风险责任岗位
RD-CO-1 RD-CO-3 RD-CO-4 RD-CO-5	RD-R-304	未对监理单位明确监督考核职责，未定期对监理工作进行及时监督，对监理工作、项目施工具体工作不了解，可能导致对工程监理和工程施工缺乏监督	RD-CA-304	第四十八条 对监理单位的考核：（一）除项目公司对监理单位日常工作进行监督外，对监理的考核由工程部组织进行，每月度至少安排一次。考核完毕后由项目公司发考核通报，主送监理单位总公司。除定期考核外，项目公司可以在适当时间组织抽查	工程项目管理制度	日常监督记录、月度考核通报	项目公司	经理
RD-CO-1 RD-CO-3 RD-CO-4 RD-CO-5	RD-R-305	未明确项目总体工期计划和关键节点计划，可能导致工程进度管理难以把握，影响工程进度目标	RD-CA-305	第三十一条 （一）2. B级节点：根据项目开发的需要，由项目公司把《项目开发总进度计划》中比较重要的里程碑工作和涉及部门之间交接的工作提取出来，形成《项目开发B级节点清单》，经项目开发各相关部门协商一致、签字确认、集团总经理签发的《项目开发B级节点清单》即B级节点，是进度监控的重点	工程项目管理制度	项目开发总进度计划、项目开发B级节点清单	项目公司	经理

四、工程设计变更与签证管理

（一）概述

工程设计变更与签证管理规定了公司及其控股子公司（以下简称"子公司"）有关工程项目施工过程中工程设计变更及签证的申请、审核、审批的工作流程。旨在规范公司对工程设计变更与签证管理的具体流程，努力避免或降低公司在工程设计变更与签证工作中存在的风险。

（二）适用范围

适用于公司及子公司。

（三）相关制度

➢《工程设计变更核定单、签证单管理规定》。

（四）职责分工

1. 总经理

➢批准确定因企划、销售、配套、物业等原因需提出的设计变更通知单。

➢批准确定因施工单位等原因需提出设计变更的技术核定单。

➢批准确定因设计单位等原因需提出设计变更会审单。

2. 分管领导

➢审核因企划、销售、配套、物业等原因需提出的设计变更通知单。

➢审核因施工单位等原因需提出设计变更的技术核定单。

➢审核因设计单位等原因需提出设计变更会审单。

3. 工程技术部经理

➢审核因企划、销售、配套、物业等原因需提出的设计变更通知单。

➢审核因施工单位等原因需提出设计变更的技术核定单。

➢审核因设计单位等原因需提出设计变更会审单。

➢负责建立设计变更核定单登记台账，及时登记设计变更核定单和技术核定信息。

➢负责对设计变更核定单与技术核定资料应统一编号后的复印件妥善保管备

以后核对。

4. 预算合约部经理

➤ 审核因企划、销售、配套、物业等原因需提出的设计变更通知单。

➤ 审核因施工单位等原因需提出设计变更的技术核定单。

➤ 审核因设计单位等原因需提出设计变更会审单。

5. 项目公司经理

➤ 审核因企划、销售、配套、物业等原因需提出的设计变更通知单。

➤ 审核因施工单位等原因需提出设计变更的技术核定单。

➤ 审核因设计单位等原因需提出设计变更会审单。

6. 项目公司专业工程师与预算工程师

➤ 负责办理因企划、销售、配套、物业等原因需提出的设计变更通知单，履行审批程序，签发设计变更申报表。

➤ 负责办理因施工单位等原因需提出设计变更的技术核定单和会审单，履行审批程序。

➤ 负责办理因设计单位等原因需提出设计变更会审单，履行审批程序，签发设计变更申报表。

➤ 负责建立设计变更核定单登记台账，及时登记设计变更核定单和技术核定信息。

➤ 负责对设计变更核定单与技术核定资料应统一编号妥善保管，确保安全和完整，原件由专业工程师、预算工程师和资料员分别保存。

➤ 工程技术部可留复印件备以后核对。

（五）不相容职责

表 15－11　不相容职责

岗位职责	设计变更与签证申请	设计变更与签证审核	设计变更与签证审批
设计变更与签证申请		×	×
设计变更与签证审核	×		×
设计变更与签证审批	×	×	

注：×表示不相容职责。

（六）关键流程

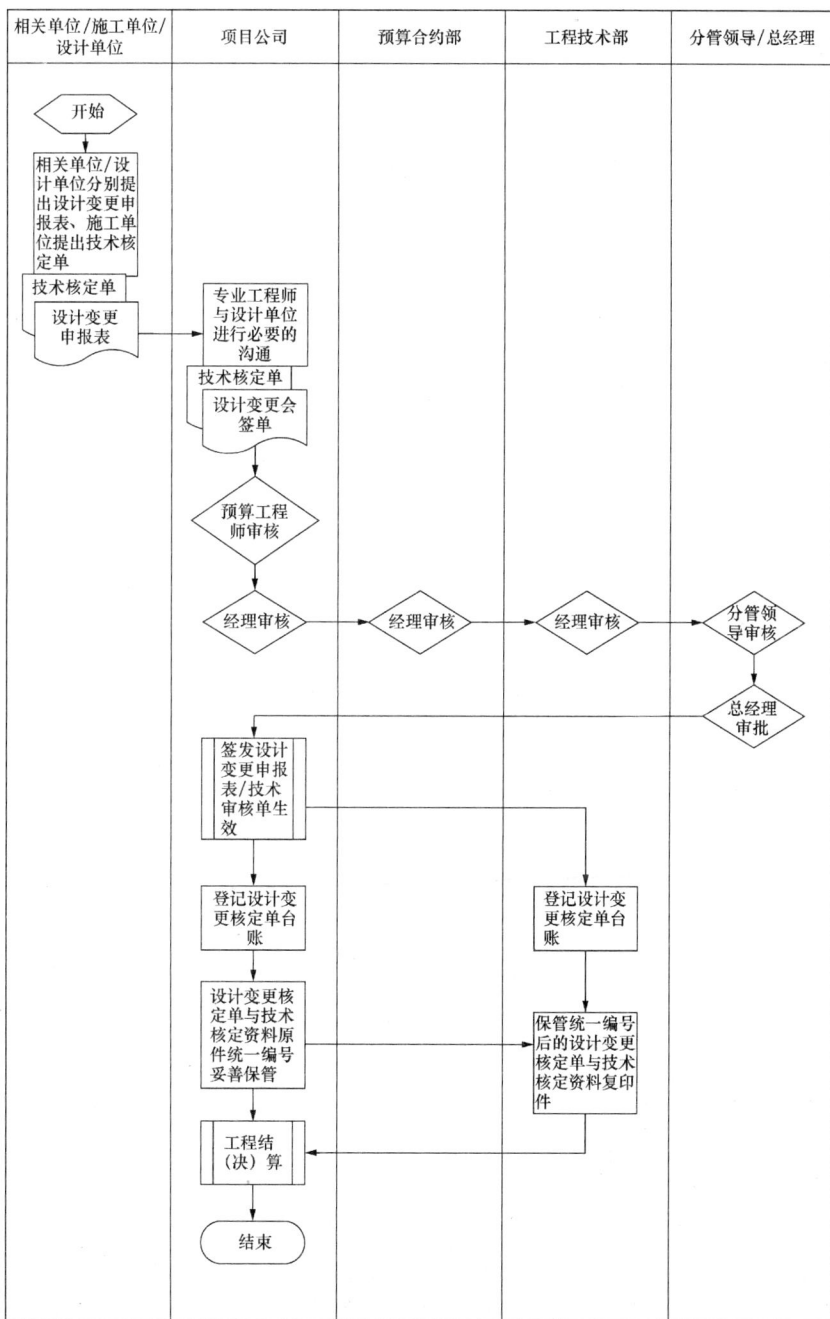

图 15 - 5　设计变更与签证管理流程

（七）控制目标

表 15 – 12　控制目标

序号	《内控手册》具体控制目标编号	拟实现的内控目标	内控目标具体描述
1	RD – CO – 1	合法合规性目标	保证设计变更与签证符合国家有关法律法规规定
2	RD – CO – 2	财务报告目标	不适用
3	RD – CO – 3	资产安全目标	保证公司资产安全、完整
4	RD – CO – 4	经营效率和效果目标	提升公司运营效率和经营效果
5	RD – CO – 5	发展战略目标	促进公司发展战略目标的实现

（八）风险控制矩阵

表 15 – 13　风险控制矩阵

对应控制目标编号	风险编号	风险事项描述	关键控制措施编号	关键控制措施	对应制度	控制痕迹	风险责任部门	风险责任岗位
RD – CO – 1 RD – CO – 3 RD – CO – 4 RD – CO – 5	RD – R – 401	工程设计变更与签证审核、审批程序缺失或设计不恰当，变更责任界定不清楚，可能导致工程成本失控，或工程舞弊，公司利益受损	RD – CA – 401	第四条　设计变更管理程序如下：1. 因企划、销售、配套、物业等原因需提出设计变更的，由相关单位填报《设计变更申报表》报给项目公司，由项目公司与设计单位沟通，同时填写《设计变更会签单》由项目专业工程师、预算工程师（投资监理）进行复核后报项目经理审定，再送至集团预算合约部、工程技术部及相关领导审批，审批通过后由项目公司签发《设计变更申报表》并落实设计单位办理相关变更手续	工程设计变更核定单管理制度	某项目设计变更申报表若干	项目公司	经理

对应控制目标编号	风险编号	风险事项描述	关键控制措施编号	关键控制措施	对应制度	控制痕迹	风险责任部门	风险责任岗位
RD－CO－1 RD－CO－3 RD－CO－4 RD－CO－5	RD－R－402	未建立工程设计变更与签证台账，未能保管完整的变更和签证资料，可能影响工程结算、工程决算与工程成本核算的准确性	RD－CA－402	第五条 工程技术部与项目公司同时建立设计变更核定单登记台账，及时登记设计变更核定单和技术核定信息；设计变更核定单与技术核定资料应统一编号妥善保管，确保安全和完整，原件由专业工程师、预算工程师和资料员分别保存，工程技术部可留复印件备以后核对	工程设计变更核定单管理制度	某项目设计变更和订单台账	工程技术部/项目公司	经理

五、工程竣工验收管理

（一）概述

工程竣工验收管理规定了公司及其控股子公司（以下简称"子公司"）有关工程项目竣工验收组织、备案、竣工档案验收等工作流程。旨在规范公司对工程竣工验收管理的具体流程，努力避免或降低公司在工程竣工验收工作中存在的风险。

（二）适用范围

适用于公司及子公司。

（三）相关制度

➤《工程项目竣工验收管理制度》。

（四）职责分工

1. 工程技术部
➤参与和协助项目公司做好验收工作。

➢ 在工程项目竣工时，应及时根据后评估要求汇总相关资料并报审计监察部。

2. 项目公司经理

➢ 批准竣工验收申请单。

3. 项目公司主管领导

➢ 批准分项、分部工程验收申请单。

4. 项目公司工程部

➢ 负责审查施工单位验收申请报告及验收文件资料的合规性。

➢ 负责组织验收队伍、编制验收方案、通知验收单位。

➢ 成立专业组、验收组履行各项实体验收程序。

➢ 编写建设工程竣工验收报告，提交工程技术部备案。

➢ 准备备案工程竣工验收归档材料，提交政府主管部门，办理档案交接手续。

➢ 档案材料按时提交公司档案室，办理档案移交手续。

5. 施工单位

➢ 提前24小时提出隐蔽工程验收申请。

➢ 提出分项、分部验收自检评语。

➢ 提出分项、分部验收申请。

➢ 派出验收代表，提交分项、分部验收资料文件。

➢ 正确完成竣工验收资料填写验收申请。

➢ 组织验收自检。

➢ 负责提交工程竣工报告。

➢ 负责提交工程竣工验收资料文件汇报合同履约情况。

6. 监理单位

➢ 派出监理工程师参与各项验收程序。

➢ 派出代表汇报监理合同履约情况并提供验收档案资料。

➢ 监理工程师签署后验收意见。

7. 设计单位

➢ 派出验收代表汇报设计合同履约情况并提供验收档案资料。

（五）不相容职责

表 15 – 14　不相容职责

岗位职责	验收申请	验收申请审核	验收申请审批
验收申请		×	×
验收申请审核	×		×
验收申请审批	×	×	

注：×表示不相容职责。

（六）关键流程

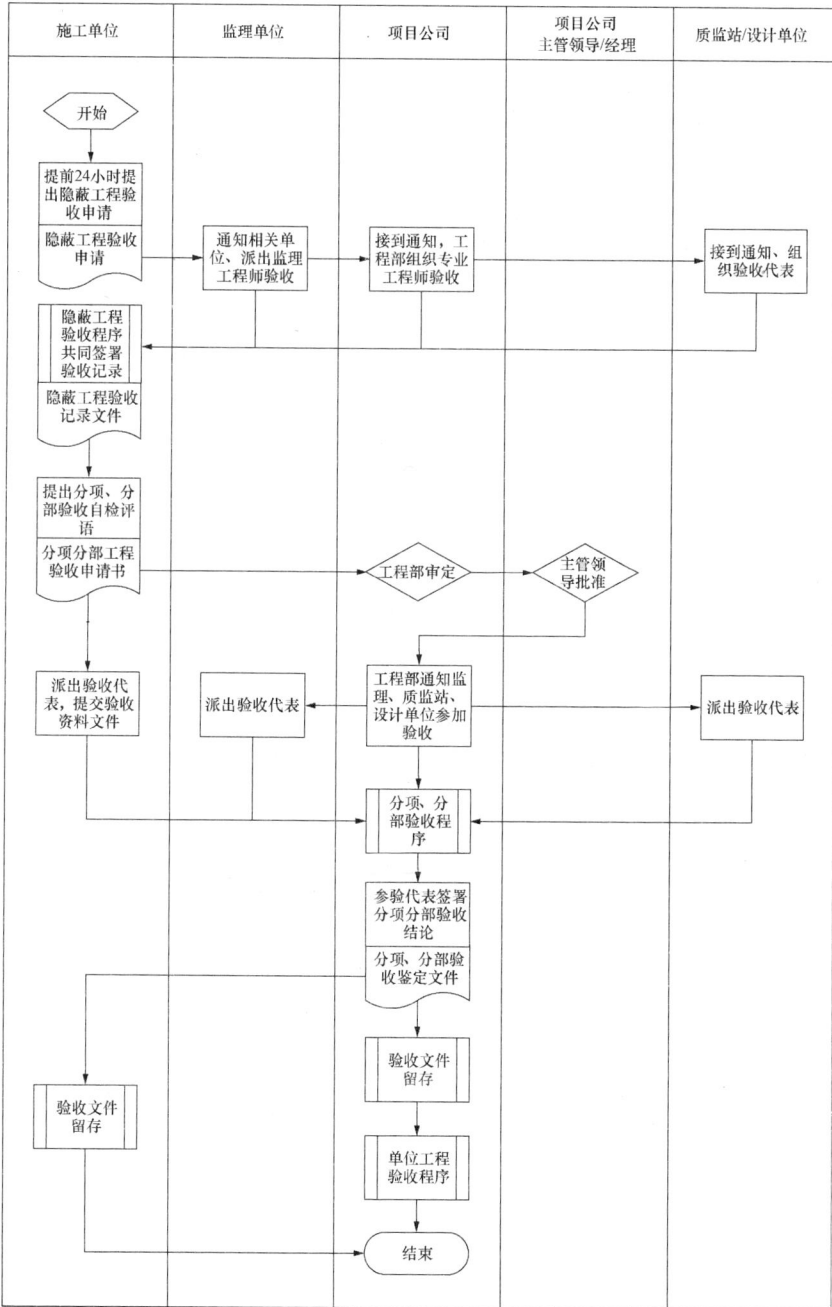

图 15-6 分项、分部验收管理流程

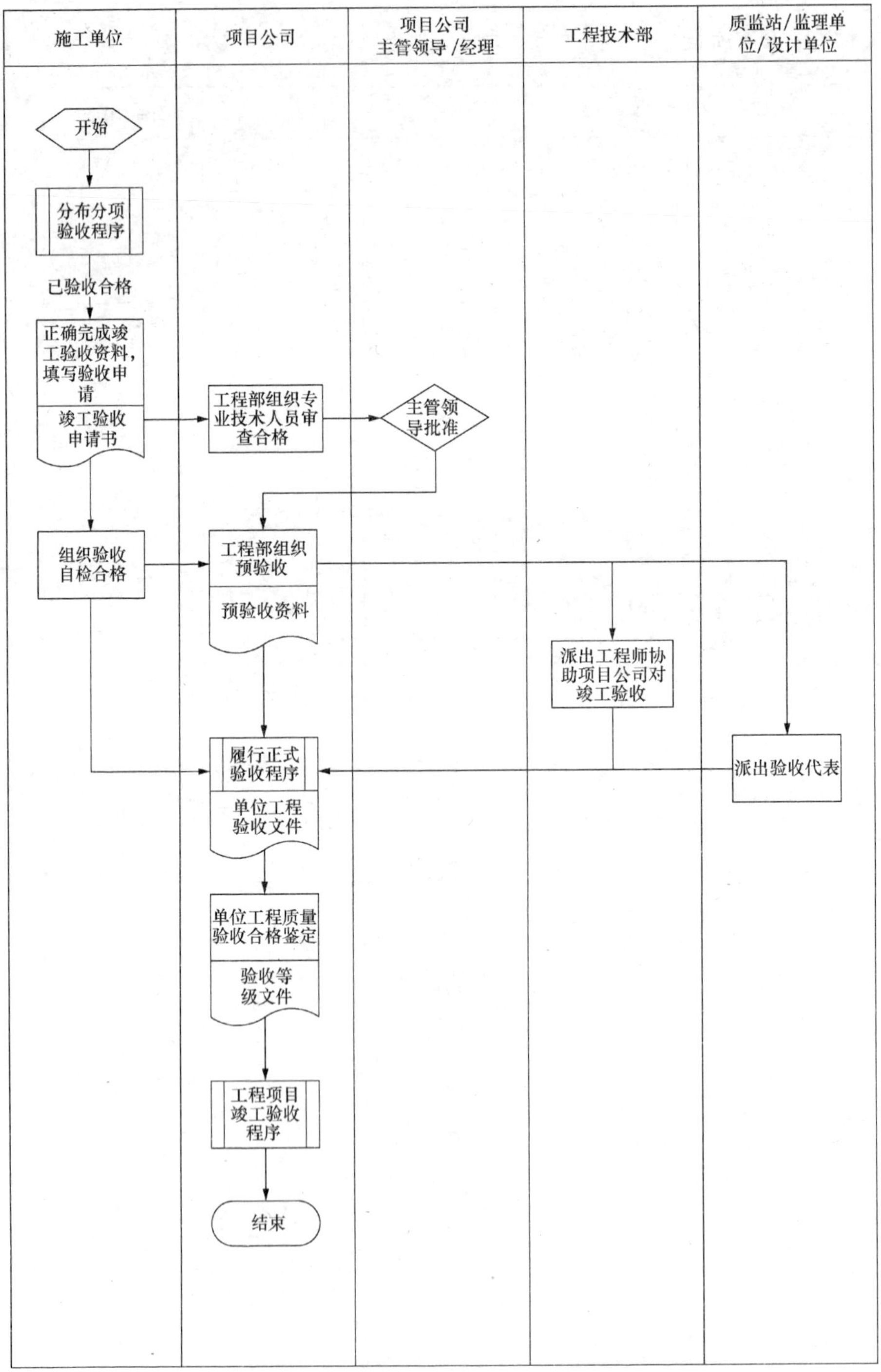

施工单位	项目公司	项目公司 主管领导/经理	工程技术部	质监站/监理单 位/设计单位

图 15-7 单位工程验收管理流程

质监站/政府备案部门	施工单位	监理单位/设计单位	项目公司	项目公司主管领导/经理	工程技术部

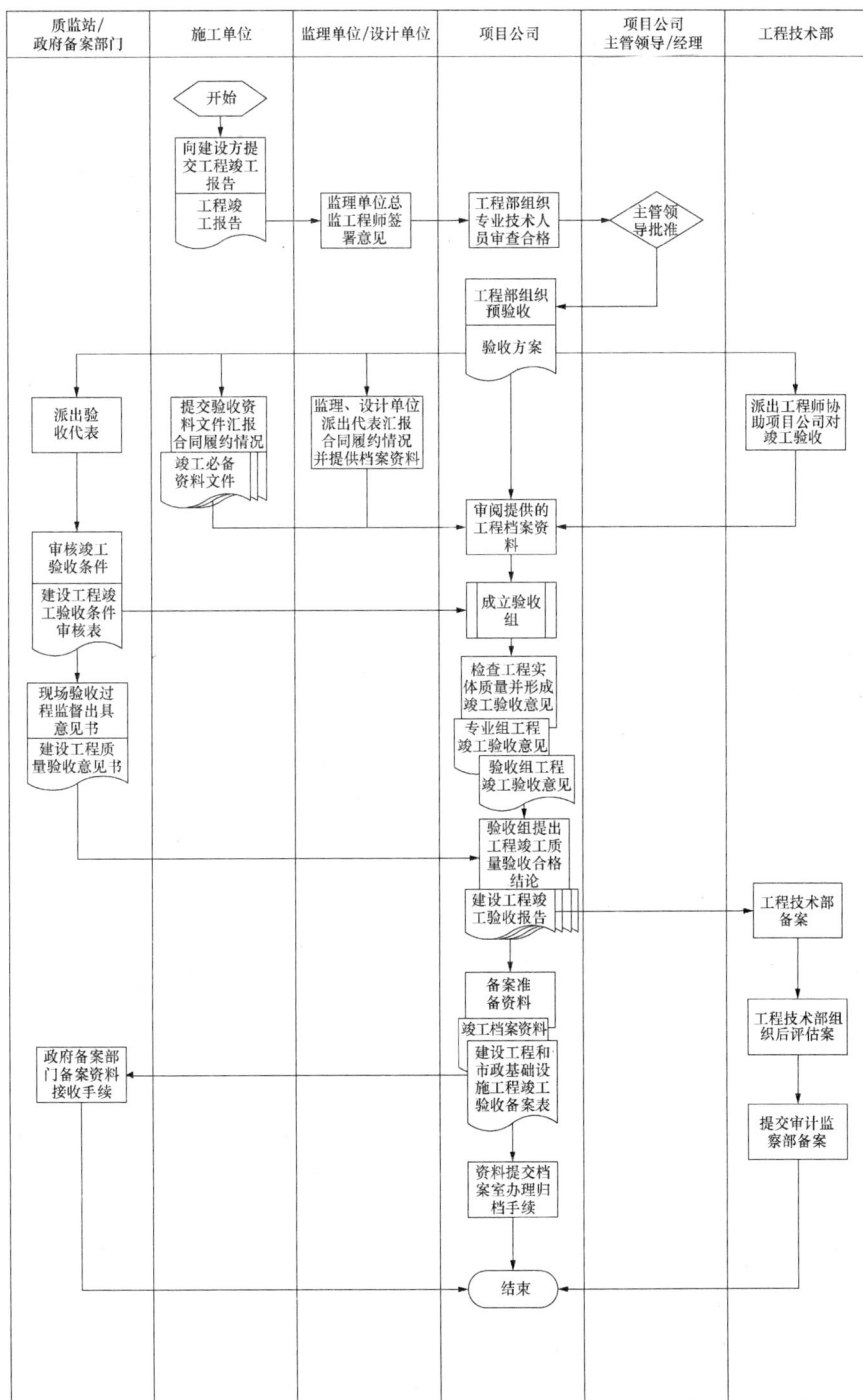

图 15-8 竣工验收管理流程

（七）控制目标

表 15 – 15　控制目标

序号	《内控手册》具体控制目标编号	拟实现的内控目标	内控目标具体描述
1	RD – CO – 1	合法合规性目标	保证工程竣工验收工作符合国家有关法律法规规定
2	RD – CO – 2	财务报告目标	不适用
3	RD – CO – 3	资产安全目标	保证公司资产安全、完整
4	RD – CO – 4	经营效率和效果目标	提升公司运营效率和经营效果
5	RD – CO – 5	发展战略目标	促进公司发展战略目标的实现

（八）风险控制矩阵

表 15 – 16　风险控制矩阵

对应控制目标编号	风险编号	风险事项描述	关键控制措施编号	关键控制措施	对应制度	控制痕迹	风险责任部门	风险责任岗位
RD – CO – 1 RD – CO – 3 RD – CO – 4 RD – CO – 5	RD – R – 501	未收到建设工程竣工报告、施工单位签署的工程保修书，未收到勘察、设计、施工、工程监理等单位分别签署的质量合格文件，工程验收条件不具备即进行工程验收，可能导致工程验收手续不完备，验收不彻底，有损公司利益	RD – CA – 501	第四条　项目公司为项目工程的验收主体，承担建设方（以下简称"甲方"）项目验收的代表职责。第五条　工程验收的主要内容：（一）检查工程合同履行情况，审查施工质量、竣工资料的完整性、规范性；（二）审查竣工资料、施工合同及其他有关经济资料；（三）审查施工工程是否遵循施工图纸设计、规范。第七条（一）依据验收规范、施工图纸、合同等文件，对例行工程竣工验收合格后的工程项目进行查核，并按要求填写《工程项目成果验收鉴定书》。查核例行竣工验收报告的真实性，对判定不合格的工程下发整改意见，限期整改	工程项目竣工验收管理制度	工程项目成果验收鉴定书及建设工程竣工报告，施工单位签署的工程保修书，勘察、设计、施工、工程监理等单位分别签署的质量合格文件	项目公司	经理

续表

对应控制目标编号	风险编号	风险事项描述	关键控制措施编号	关键控制措施	对应制度	控制痕迹	风险责任部门	风险责任岗位
RD－CO－1 RD－CO－3 RD－CO－4 RD－CO－5	RD－R－502	工程项目档案不健全，未能通过档案管理部门验收可能导致工程档案缺失，影响工程今后使用与维护，或被相关部门处罚	RD－CA－502	第二十七条　项目公司档案资料员负责对工程竣工档案全部资料的验收交接。并按期移交集团公司档案室归档	工程项目竣工验收管理制度	某项目工程技术资料档案交接清单	项目公司	经理

六、房产销售管理

（一）概述

房产销售管理规定了公司及其控股子公司（以下简称"子公司"）有关房产定价的调研、审核、审批，销售房款结算，房产销售资料建档、归档等工作流程。旨在规范公司对房产销售管理的具体流程，努力避免或降低公司在房产销售工作中存在的风险。

（二）适用范围

适用于公司及子公司。

（三）相关制度

➢ 《市场营销管理制度》。

➢ 《新开发房产销售管理制度》。

（四）职责分工

1. 董事会

➢ 审议、批准销售价格总方案。

➢ 审议、批准销售价格调价报告。

2. 总经理办公会

➢ 审议确定产品销售方案。

➢ 审议销售价格调价方案。

3. 总经理

➢ 审核销售价格总方案。

➢ 批准委托第三方房产销售公司招标方案。

➢ 批准确定委托第三方资质能力评估报告。

➢ 批准确定销售定价明细表。

➢ 批准确定销售代理制定阶段性销售执行方案。

➢ 批准下一阶段销售执行方案。

4. 分管领导

➢ 审核产品销售方案。

➢ 审核委托第三方房产销售公司招标方案。

➢ 审核委托第三方资质能力评估报告。

5. 计划财务部

➢ 审核销售价格总方案。

➢ 审核销售价格调价报告。

➢ 审核销售定价明细表。

6. 工程技术部

➢提出房产产品销售方案，履行公司审批程序。

➢审核销售价格总方案。

➢审核销售价格调价报告。

➢提出委托第三方房产销售公司招标方案，履行公司审批程序。

➢提出委托第三方资质能力评估报告，履行公司审批程序。

➢审核销售定价明细表。

➢审核销售代理制定阶段性销售执行方案。

➢提出下一阶段销售执行方案，履行公司审批程序。

7. 销售代理公司

➢负责提交销售价格总方案，报公司履行审批程序。

➢负责提交销售价格调价报告，报公司履行审批程序。

➢提交销售定价明细表，报公司履行审批程序。

➢提交销售代理制定阶段性销售执行方案，报公司履行审批程序。

（五）不相容职责

表 15 – 17　不相容职责

岗位职责	提交方案申请	方案申请审核	方案申请审批
提交方案申请		×	×
方案申请审核	×		×
方案申请审批	×	×	

注：×表示不相容职责。

（六）关键流程

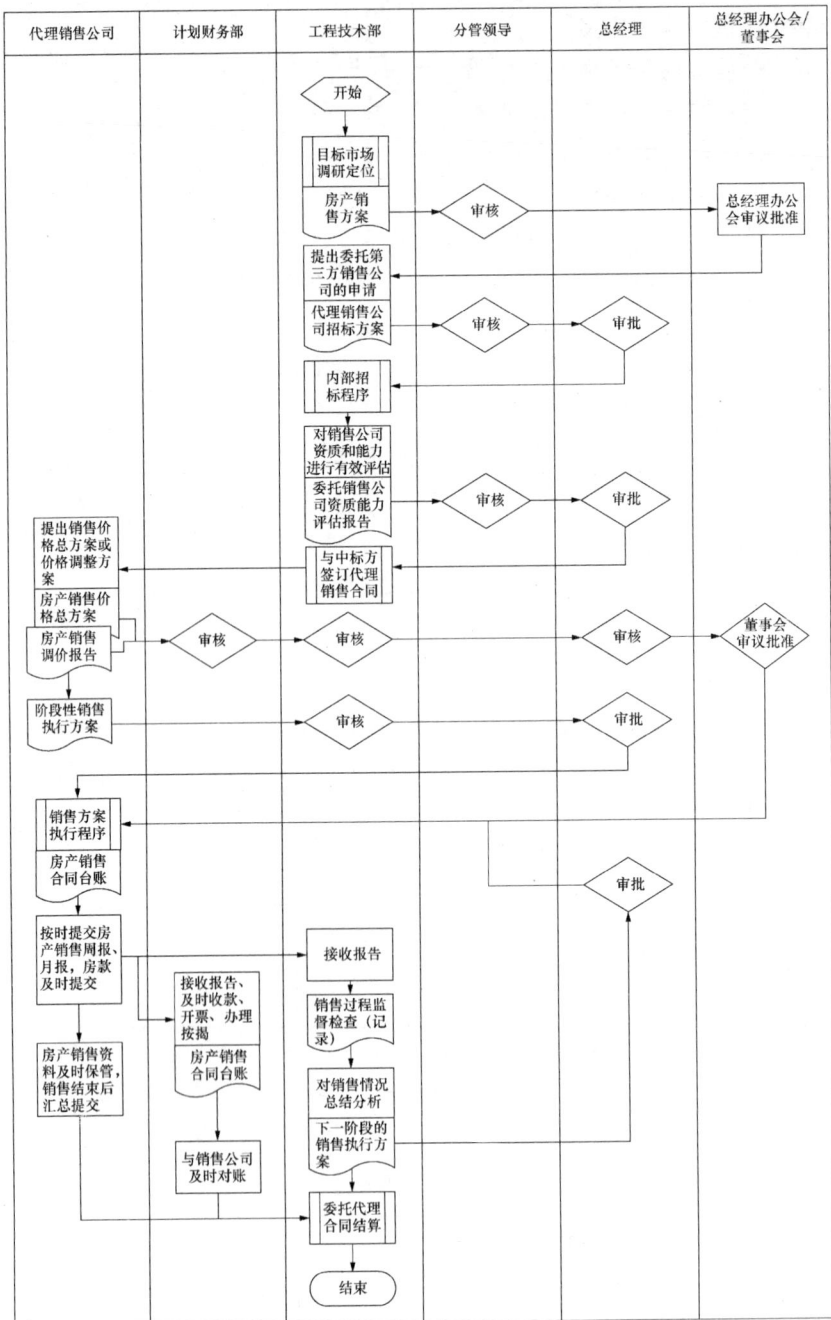

图15-9　房产销售管理流程

（七）控制目标

表 15 - 18　控制目标

序号	《内控手册》具体控制目标编号	拟实现的内控目标	内控目标具体描述
1	RD - CO - 1	合法合规性目标	保证房产销售工作符合国家有关法律法规规定
2	RD - CO - 2	财务报告目标	不适用
3	RD - CO - 3	资产安全目标	保证公司资产安全、完整
4	RD - CO - 4	经营效率和效果目标	提升公司运营效率和经营效果
5	RD - CO - 5	发展战略目标	促进公司发展战略目标的实现

（八）风险控制矩阵

表 15 - 19　风险控制矩阵

对应控制目标编号	风险编号	风险事项描述	关键控制措施编号	关键控制措施	对应制度	控制痕迹	风险责任部门	风险责任岗位
RD - CO - 1 RD - CO - 3 RD - CO - 4 RD - CO - 5	RD - R - 601	拟新建楼盘产品定位不符合市场需求，导致楼盘销售情况不佳，影响公司资金周转	RD - CA - 601	第九条　工程技术部在公司前期调研准备与策划的基础上，策划本项目的市场营销活动，编制《销售方案》，《销售方案》必须具备完整的市场调研的有关资料。销售方案内容应包括：销售方式及渠道、销售单位组织设计、广告方案、价格定位及策略、"VI 形象设计"等	市场营销管理制度	销售方案及相关市场调研资料	工程技术部	经理
RD - CO - 1 RD - CO - 3 RD - CO - 4 RD - CO - 5	RD - R - 602	未制定《年度营销推广方案》，或未分解落实，导致销售进度达不到预期要求，影响公司经营效率	RD - CA - 602	第三条　1. 新开发房产销售工作可由集团公司委托第三方"房产销售公司"进行。2. 委托第三方房产销售公司由工程技术部提出申请，经分管领导审核同意，报总经理批准后，履行内部招标程序	新开发房产销售管理制度	委托房产销售公司申请及相关审批文件	工程技术部	经理

对应控制目标编号	风险编号	风险事项描述	关键控制措施编号	关键控制措施	对应制度	控制痕迹	风险责任部门	风险责任岗位
RD－CO－1 RD－CO－3 RD－CO－4 RD－CO－5	RD－R－603	未确定销售定价标准，或销售定价不透明，定价折扣未经过恰当审批，可能导致销售价格混乱，公司利益受损	RD－CA－603	第四条 商品价格的确定程序：3. 工程技术部组织对销售价格总方案进行评审；参与的对象有销售代理公司销售岗位人员、销售代理公司总监、集团计划财务部经理、集团工程技术部经理、集团公司分管副总经理及集团总经理，并将评审结果上报集团董事会；经董事会确定后报备公司	新开发房产销售管理制度	某项目销售价格总方案及相关评审文件	工程技术部	经理
RD－CO－1 RD－CO－3 RD－CO－4 RD－CO－5	RD－R－604	公司委托中介服务机构销售商品房，未对其进行有效评估，如中介机构是否取得工商营业执照、是否有固定的办公地址、销售人员是否经过专业培训，可能影响商品房销售业绩，甚而导致法律纠纷	RD－CA－604	第三条 3. 选择第三方销售商品房，应对其资质和能力进行有效评估，其主要内容应包括：是否取得工商营业执照、是否有固定的办公地址、销售人员是否经过专业培训等；评估责任人为工程技术部，应形成委托第三方资质能力评估报告，与委托申请一起提交分管领导与总经理审批	新开发房产销售管理制度	房产销售公司资质评估报告	工程技术部	经理
RD－CO－1 RD－CO－3 RD－CO－4 RD－CO－5	RD－R－605	公司未与受托房地产中介服务机构订立书面委托合同，不利于厘清双方权利义务，可能导致法律纠纷	RD－CA－605	第三条 4. 与中标第三方房产销售公司签订书面委托代理销售合同，按照投标要求的各项权利、责任、义务明确在合同中约定	新开发房产销售管理制度	委托代理销售合同	工程技术部	经理

对应控制目标编号	风险编号	风险事项描述	关键控制措施编号	关键控制措施	对应制度	控制痕迹	风险责任部门	风险责任岗位
RD－CO－1 RD－CO－3 RD－CO－4 RD－CO－5	RD－R－606	房地产预售前，未符合四项基本条件；未符合国家、地方对于商品房现售条件的要求，导致不能合法展开楼盘销售，影响企业正常运营	RD－CA－606	第五条　商品房预售前，必应取得四项条件：1. 已交付全部土地使用权出让金，取得土地使用权证书。2. 持有建设工程规划许可证和施工许可证。3. 按提供预售的商品房计算，投入开发建设的资金达到工程建设总投资的25%以上，并已经确定施工进度和竣工交付日期。4. 已办理预售登记，取得商品房预售许可证明。第六条　商品房现售前期准备工作必须取得国家、上海市对于商品房现场销售的七项条件	新开发房产销售管理制度	房产预售相关资料文件	工程技术部	经理
RD－CO－1 RD－CO－3 RD－CO－4 RD－CO－5	RD－R－607	与客户签订销售合同后，未能及时办理相关手续及公司内部备案，可能造成已被认购的商品房再次被出售，给公司造成法律风险	RD－CA－607	第七条　销售过程的管理：1. 工程技术部负责对销售的现场进行监控与管理。1）应关注和督促销售公司与客户签订销售合同后，及时办理相关手续及将销售信息提交集团公司工程技术部内部备案	新开发房产销售管理制度	房产销售现场监控记录	工程技术部	经理

续表

对应控制目标编号	风险编号	风险事项描述	关键控制措施编号	关键控制措施	对应制度	控制痕迹	风险责任部门	风险责任岗位
RD-CO-1 RD-CO-3 RD-CO-4 RD-CO-5	RD-R-608	商品房销售过程管理不善,存在违规操作等现象,给公司带来法律风险,并可能遭受监管机构处罚	RD-CA-608	第七条 4. 销售代理必须建立《销售合同台账》,人员每周对销售情况进行总结,将《销售周报》报集团工程技术部及计划财务部	新开发房产销售管理制度	销售合同台账	工程技术部	经理
RD-CO-1 RD-CO-3 RD-CO-4 RD-CO-5	RD-R-609	未有效处理客户投诉,可能导致客户满意度下降,影响公司市场声誉	RD-CA-609	第七条 1.3. 应关注和监督销售公司对客户的投诉处理情况,是否认真、细致、有理、有节、合法有效	新开发房产销售管理制度	关注考核投诉处理情况记录	工程技术部	经理

七、工程投资控制管理

(一) 概述

工程投资控制管理规定了公司及其控股子公司(以下简称"子公司")有关房地产产品线策划、立项、投资设计阶段、工程建设阶段、竣工结算阶段等全过程成本控制等标准。旨在规范公司对工程投资控制管理的具体流程,努力避免或降低公司在工程投资控制工作中存在的风险。

（二）适用范围

适用于公司及子公司。

（三）相关制度

➢《工程项目勘察设计管理制度》。

➢《房产项目建设成本控制管理规定》。

➢《建设项目投资监理、施工结算审计管理规定》。

（四）职责分工

1. 总经理

➢审批确定建设项目工程成本控制书。

➢审批确定结算报告。

➢批准确定结算审定单。

➢批准审价报告书。

➢审批投资动态成本分析报告。

➢审批工程成本变更方案。

2. 分管领导

➢审核投资动态成本分析报告。

➢审核建设项目工程成本控制书。

➢审核结算报告。

➢审核确定结算审定单。

➢审核审价报告书。

➢审核批工程成本变更方案。

3. 预算合约部

➢提交建设项目工程成本控制书，履行公司审批程序。

➢审核结算报告。

➢提交审价报告书或结算审定单，履行公司审批程序。

➢提交投资动态成本分析报告，履行公司审批程序。

➢提交工程成本变更方案，履行公司审批程序。

➢负责房产项目的直接建设成本和售楼处、样板房装修等属营销费用的工程成本的控制工作及负责审核项目的目标控制成本、合同款支付、合同价款的审价以及工程竣工决算审价工作，由预算合约部负责委托投资监理和审价单位。

4. 计划财务部

➢审核结算报告。

➤负责项目成本会计核算建设管理费和财务费用的控制工作。

5. 工程技术部

➤审核结算报告。

➤负责根据项目定位及限额设计的要求，负责设计方案的优化工作。

6. 工程配套部

➤审核结算报告。

7. 审计监察部

➤负责审价监督和复审工作。

8. 项目公司

➤负责落实控制项目的目标成本。

➤提交结算报告，履行公司审批程序。

（五）不相容职责

表 15 – 20　不相容职责

岗位职责	提交结算报告	结算报告审核	结算报告审批
提交结算报告		×	×
结算报告审核	×		×
结算报告审批	×	×	

(a)

岗位职责	提交审价单	审价单审核	审价单审批
提交审价单		×	×
审价单审核	×		×
审价单审批	×	×	

(b)

注：×表示不相容职责。

（六）关键流程

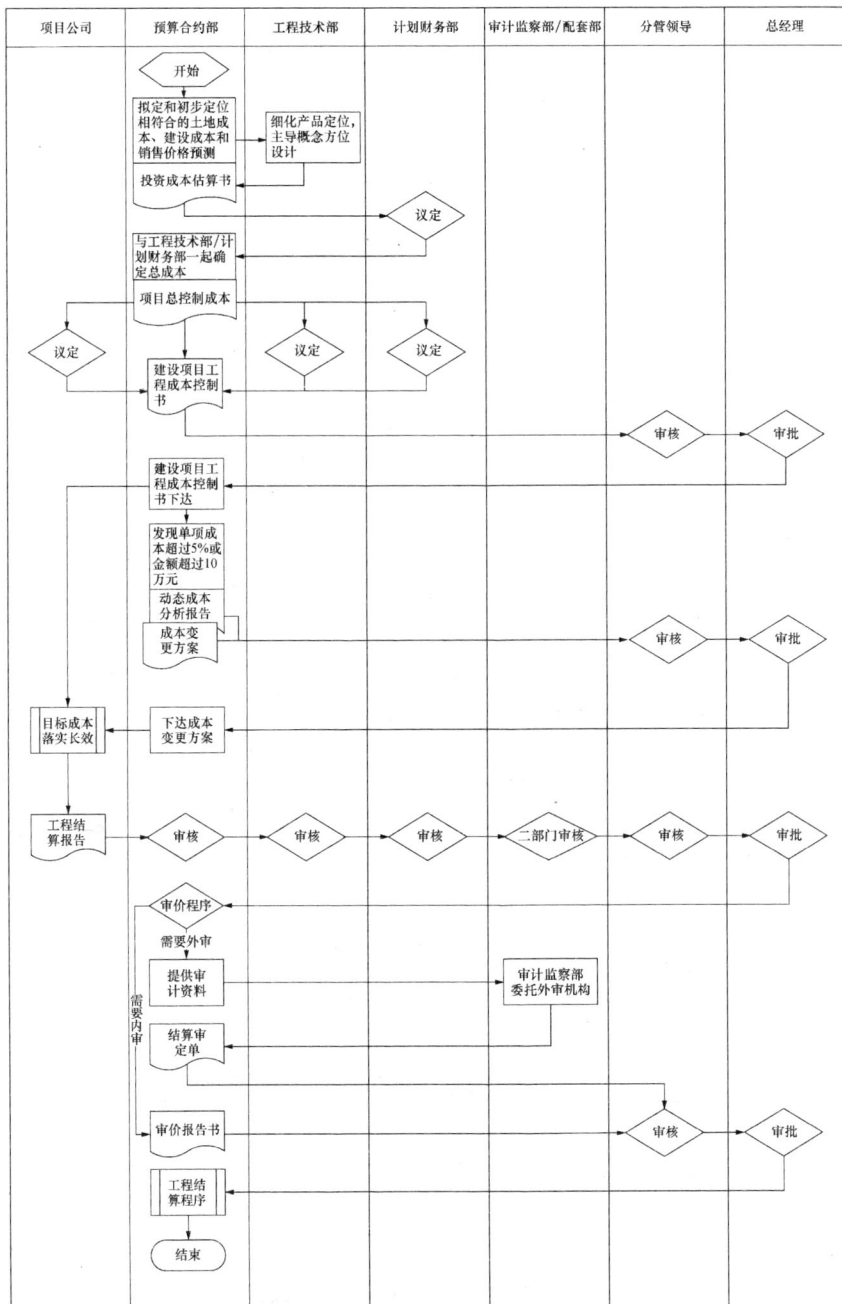

图 15 – 10　工程投资控制管理流程

（七）控制目标

表 15 - 21　控制目标

序号	《内控手册》具体控制目标编号	拟实现的内控目标	内控目标具体描述
1	RD - CO - 1	合法合规性目标	保证工程投资控制工作符合国家有关法律法规规定
2	RD - CO - 2	财务报告目标	保证工程投资反映的会计信息真实、准确
3	RD - CO - 3	资产安全目标	保证公司资产安全、完整
4	RD -- CO - 4	经营效率和效果目标	提升公司运营效率和经营效果
5	RD - CO - 5	发展战略目标	促进公司发展战略目标的实现

（八）风险控制矩阵

表 15 - 22　风险控制矩阵

对应控制目标编号	风险编号	风险事项描述	关键控制措施编号	关键控制措施	对应制度	控制痕迹	风险责任部门	风险责任岗位
RD - CO - 1 RD - CO - 3 RD - CO - 4 RD - CO - 5	RD - R - 701	初步设计的编制方法不科学，未采用限额设计等科学的设计控制方法，可能导致初步设计不合理、不经济，项目投资成本高企	RD - CA - 701	2）初步设计（总体设计文件）说明收到政府的规划方案审批意见后，工程技术部组织有关人员讨论初步设计的有关问题，在满足规划意见、市场定位要求的前提下最大限度地控制成本，按照限额设计的要求（相关限额设计的细则另订）形成《初步设计说明书》，经分管领导签字、审定后，报集团公司批准实施	工程项目勘察设计管理制度	初步设计说明书及相关审批文件	工程技术部	经理

对应控制目标编号	风险编号	风险事项描述	关键控制措施编号	关键控制措施	对应制度	控制痕迹	风险责任部门	风险责任岗位
RD－CO－1 RD－CO－3 RD－CO－4 RD－CO－5	RD－R－702	工程概算未经过恰当的评定、审批，可能导致上报的工程概算金额不准确，影响工程资金的正常使用	RD－CA－702	第四条　（一）项目策划阶段：预算合约部在土地取得的可行性阶段，根据市场情况和土地的各项特性确定项目的初步定位，拟定和初步定位相符合的土地成本、建设成本和销售价格预测；工程技术部细化产品定位，主导概念方案设计，预算合约部牵头相关部门和计划财务部配合编制投资成本估算书。（二）3.《建设项目工程成本控制书》的内容和数据须经分管领导审核报总经理审批后，可作项目考核的基础依据	房产项目建设成本控制管理规定	投资成本估算书及相关审批文件	预算合约部	经理
RD－CO－1 RD－CO－2 RD－CO－3 RD－CO－4 RD－CO－5	RD－R－703	未建立工程项目投资与进度目标的动态管理机制，投资进度与形象进度不匹配，可能导致工程项目投资失控	RD－CA－703	第五条　（二）预算合约部应对项目的动态成本进行监控，定期报告项目动态成本。如发现单项成本超过5%或金额超过10万元，或可能对控制成本造成很大影响的，应及时分析原因，并向公司领导报告	房产项目建设成本控制管理规定	项目动态成本报告	预算合约部	经理

对应控制目标编号	风险编号	风险事项描述	关键控制措施编号	关键控制措施	对应制度	控制痕迹	风险责任部门	风险责任岗位
RD－CO－1 RD－CO－2 RD－CO－3 RD－CO－4 RD－CO－5	RD－R－704	工程结算内审文件资料不齐全、竣工清理未完成，存在漏项、虚报，内审流于形式的情况，可能导致工程投资金额不准确，或结算舞弊	RD－CA－704	第四条　6.《工程审价报告书》经预算合约部审核后报分管领导和总经理审批；审批后的《工程审价报告书》作为工程合同的付款依据，预算合约部配合计划财务部完成合同最后的结算工作；预算合约部负责保管相关审价资料。第九条　审计文件：在建设项目进行相关审价工作时，视工程进度，由现场预算员收集、汇总各方下列相关资料，并做好审计前的准备工作：项目建设的有关批准文件和设计文件；项目招标、投标、中标的文件；项目施工图纸资料、施工承包合同、专业性工程项目分包合同；施工项目结算书、竣工图、设计变更资料、工程核定单等；建设单位自行采购设备、主要材料的合同、清单；建设单位与施工单位关于计取承包包干费、技术措施费以及让利等有关工程经济事项的协议；建设单位与施工单位关于计取主要设备价差和主要材料价差的协议；项目初步竣工验收报告和审计要求提供的其他相关材料。施工单位提供的工程进度计划及实际进度表格、数据材料	房产项目建设成本控制管理规定/建设项目投资监理、施工结算审计管理规定	九项待审资料文件	项目公司	经理

对应控制目标编号	风险编号	风险事项描述	关键控制措施编号	关键控制措施	对应制度	控制痕迹	风险责任部门	风险责任岗位
RD－CO－1 RD－CO－2 RD－CO－3 RD－CO－4 RD－CO－5	RD－R－705	提交工程费用变化清单未经恰当的审核、审批，可能导致投资决算不准确	RD－CA－705	第十一条　4.签发预付款通知书、核实已完工程的合同工程量清单、签发相应付款通知书、审查工程变更及引起的工程量的变化、核算施工单位提交的因政策需调价等因素而提出的工程费用变化清单，报请建设单位审批	建设项目投资监理、施工结算审计管理规定	工程费用变化清单及审批文件	预算合约部	经理

第十六章　行政管理（AD）

> **提示：** 行政管理是企业生产经营活动中的重要要素之一。强化行政管理，理顺行政事务的办事程序，认清潜在的各种风险，明确各职能部门及岗位的职责，有利于提高办事效率、减少差错，对防范风险发生有重要意义。

行政管理流程规定了公司有关行政管理工作流程。旨在规范公司行政管理的具体流程，努力避免或降低公司在行政管理工作中存在的风险。

本流程涉及的具体子流程管理如表 16 - 1 所示。

表 16 - 1　具体子流程

子流程编号	涉及主要环节/内容
AD - 01 公文管理	涉及公司公文的管理程序，公文的格式要求，拟稿、审批、报送和接收的工作流程
AD - 02 会议及督办管理	涉及公司会议管理程序，会议的组织、通知、登记、记录、执行检查及督办的工作流程
AD - 03 印章管理	涉及公司印章的管理程序，股份公司印章的保管、使用、登记、外借的工作流程
AD - 04 文件制度体系建设管理	涉及公司制度体系建设管理程序，各项制度体系设计、编制、评估的工作流程
AD - 05 档案管理	涉及公司档案管理程序，公司各部门、项目公司、控股子公司档案的收集、保管、借阅、拷贝、复印、跟踪的工作流程

一、公文管理

（一）概述

公文管理规定了公司及其控股子公司（以下简称"子公司"）有关公文的格式要求、拟稿、审批、报送和接受的程序。旨在规范公司公文管理方面的各项具体工作，努力避免或降低公司公文管理中存在的风险。

（二）适用范围

适用于公司及子公司。

（三）相关制度

➢《公文处理管理规定》。

（四）职责分工

1. 分管领导
➢审批确定发文拟稿。
➢批准确定文件销毁申请。

2. 办公室主任
➢审核发文拟稿。
➢审核文件销毁申请。
➢批准确定收文承办意见。

3. 办公室
➢负责制定、实施公文处理各项工作的具体规章制度和业务规范。
➢负责收文、发文及公文管理、立卷归档等工作。
➢负责公文办理过程中的督查工作，推进各项决策和部署的贯彻落实。
➢负责公文办理过程中的安全保密工作，开展保密教育和保密检查，落实安全保密措施。

4. 其他承接部门

➢ 负责接到需办理的公文后，应在规定时间内将公文连同完整的处理意见及相关附件材料一起返回办公室。

（五）不相容职责

表 16 -2　不相容职责

岗位职责	公文拟稿	公文审核	公文核稿	公文签发
公文拟稿		×	×	
公文审核	×		×	×
公文核稿	×	×		×
公文发文		×	×	

注：×表示不相容职责。

（六）关键流程

承办部门	办公室文秘	办公室主任	相关领导

开始

接收文件登记处理

文件拟办意见提交领导审核

公文阅批单

审核文件

提出拟办意见

传阅文件

反馈承办意见

文件交办

按指示意见反馈处理结果

处理意见及结果材料

督办及相关记录

文件承办结果登记，相关资料归档

结束

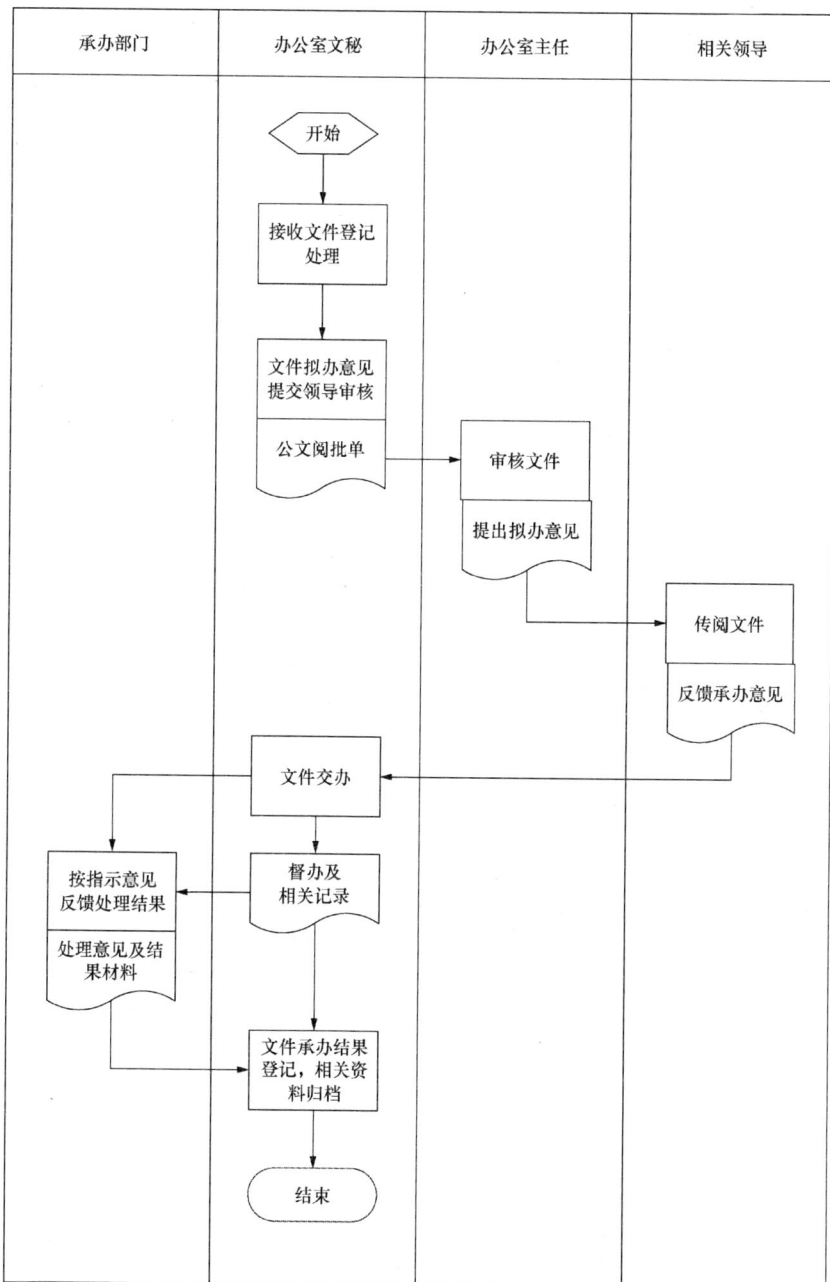

图 16－1　公文收文管理流程

承办部门	办公室	相关部门	分管领导

开始

公文拟稿

主办部门负责人核稿

文书初审

办公室主任审核

文书接办

参与公文会签并提出会签意见

会签意见

文书登记编号→清稿→校对

公文成稿

办公室主任审核

签发

文书发文与文书归档

结束

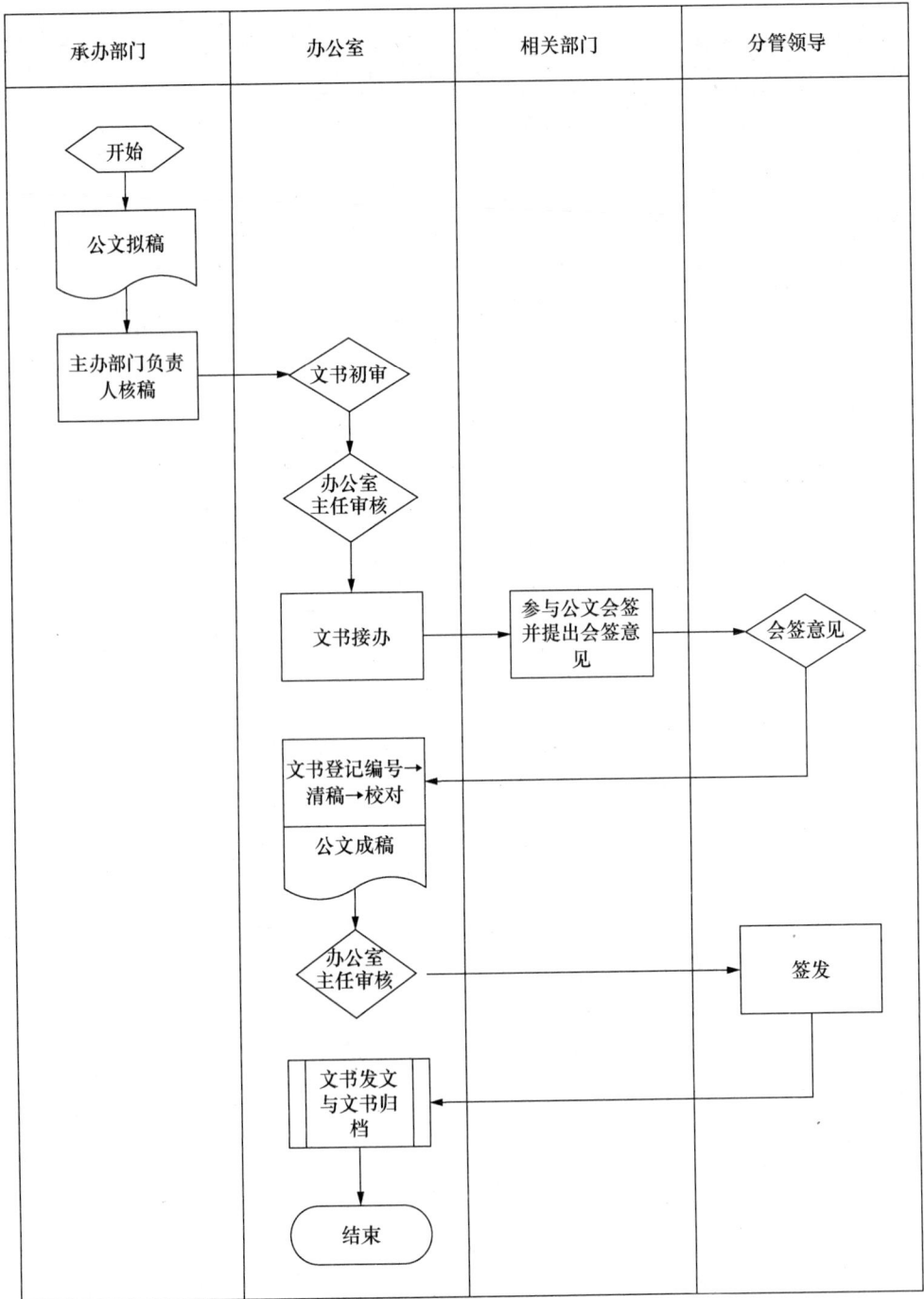

图16-2 发文管理流程

（七）控制目标

表 16 - 3　控制目标

序号	《内控手册》具体控制目标编号	拟实现的内控目标	内控目标具体描述
1	AD - CO - 1	合法合规性目标	保证公文管理工作符合国家有关法律法规规定
2	AD - CO - 2	财务报告目标	不适用
3	AD - CO - 3	资产安全目标	不适用
4	AD - CO - 4	经营效率和效果目标	提升公司运营效率和经营效果
5	AD - CO - 5	发展战略目标	促进公司发展战略目标的实现

（八）风险控制矩阵

表 16 - 4　风险控制矩阵

对应控制目标编号	风险编号	风险事项描述	关键控制措施编号	关键控制措施	对应制度	控制痕迹	风险责任部门	风险责任岗位
AD - CO - 1 AD - CO - 4 AD - CO - 5	AD - R - 101	未制定公司公文管理制度，可能导致公文管理混乱，影响工作效率和公司形象。	AD - CA - 101	第一条　为使公司本部各部室、项目公司及所属各单位的公文处理科学化、制度化、规范化，根据《党政机关公文处理工作条例》的通知（中办发〔2012〕14 号）的有关公文处理办法，结合公司自身实际情况，制定本规定	公文处理管理规定	公文处理管理规定文本	办公室	主任

对应控制目标编号	风险编号	风险事项描述	关键控制措施编号	关键控制措施	对应制度	控制痕迹	风险责任部门	风险责任岗位
AD - CO - 1 AD - CO - 4 AD - CO - 5	AD - R - 102	公司公文未实行归口管理,可能导致文件管理混乱	AD - CA - 102	第三条 公司本部办公室、项目公司及所属各单位办公室是公文处理的主管机构,其主要职责是:(一)制定、实施公文处理各项工作的具体规章制度和业务规范。(二)负责收文、发文及公文管理、立卷归档等工作。(三)负责公文办理过程中的督查工作,推进各项决策和部署的贯彻落实。(四)负责公文办理过程中的安全保密工作,开展保密教育和保密检查,落实安全保密措施	公文处理管理规定	办公室职责说明书	办公室	主任
AD - CO - 1 AD - CO - 4 AD - CO - 5	AD - R - 103	未对公文拟稿、审批、报送等进行规范,可能导致公文管理混乱,影响工作绩效	AD - CA - 103	第二十六条 起草公文应做到:(一)符合国家的法律,完整、准确地体现发文单位的意图,措施和办法切实可行。(二)情况属实,观点明确,表达准确,层次清楚,文字精练,篇幅简短。(三)用字用词准确规范,标点妥帖,字迹清楚。使用简称应前后一致。(四)……(五)……第二十七条 公文送领导签发之前,应先由办公室文秘人员进行审核	公文处理管理规定	拟稿公文及审批文件	办公室	主任

续表

对应控制目标编号	风险编号	风险事项描述	关键控制措施编号	关键控制措施	对应制度	控制痕迹	风险责任部门	风险责任岗位
AD－CO－1 AD－CO－4 AD－CO－5	AD－R－104	未实行公文接受与发放登记，可能导致公文接收信息不明确，甚至公文遗失	AD－CA－104	第二十九条　核稿后，由办公室视文件的内容送分管领导签发。领导同志审签公文，应当明确签署意见、姓名和日期。若圈阅，则视为同意。第三十条　领导签发后的公文，由办公室负责编写文号，并确定缮印份数后印发。发文后要及时进行发文签收登记	公文处理管理规定	发文及审批文件	办公室	主任

二、会议及督办管理

（一）概述

　　会议及督办管理规定了公司及其控股子公司（以下简称"子公司"）有关会议的组织、通知、登记、记录、执行检查督办的程序。旨在规范公司会议及督办管理方面的各项具体工作，努力避免或降低公司会议及督办管理中存在的风险。

（二）适用范围

　　适用于公司及子公司。

（三）相关制度

➤《董事会议事规则》。

➤《党委会议事规则》。

➤《总经理办公会议事规则》。

➤《会议制度》。

➤《督办工作若干规定》。

（四）职责分工

1. 董事长

➤批准党政联席会议议题。

2. 党委书记

➤审核党政联席会议议题。

➤审批党委会议议题。

3. 总经理

➤审定总经理办公会会议议题。

➤审核党政联席会议议题。

4. 分管领导

➤审核总经理办公会会议议题。

➤批准工作任务单。

➤批准会议督办单。

5. 党委办公室

➤审核党政联席会议议题。

➤负责提交党委会议议题。

➤负责做好党委会议记录、会议纪要及其材料的保存归档。

6. 办公室

➤负责做好董事会会议记录。

➤负责汇总总经理办公会会议议题，提交总经理审批。

➤负责提交党政联席会议议题，履行公司审批程序。

➤负责提交工作任务单，履行公司审批程序。

➤负责提交会议督办单，履行公司审批程序。

➤负责督办相关会议精神、指令的落实。

➤负责做好行政、经营方面的会议记录和会议纪要、经总经理审批后发放。

➤负责保管董事会会议档案，包括会议通知和会议材料、会议签到单、受托董事代为出席的授权委托书、会议记录、董事会决议等。

➤负责会议纪要及其材料的保存归档。

➤负责督促检查公司督办事项的落实情况。

7. 相关部门

➤负责提交总经理办公会相关议题，报分管领导审核，提交办公室汇总。

➤负责做好专题方面的会议纪要、提交办公室审核、打印下发及其材料的保存归档。

➤对本部室、本单位的贯彻落实负领导责任。

（五）不相容职责

表 16-5　不相容职责

岗位职责	会议记录	决议执行	监督评价
会议记录			×
决议执行			×
监督评价	×	×	

注：×表示不相容职责。

（六）关键流程

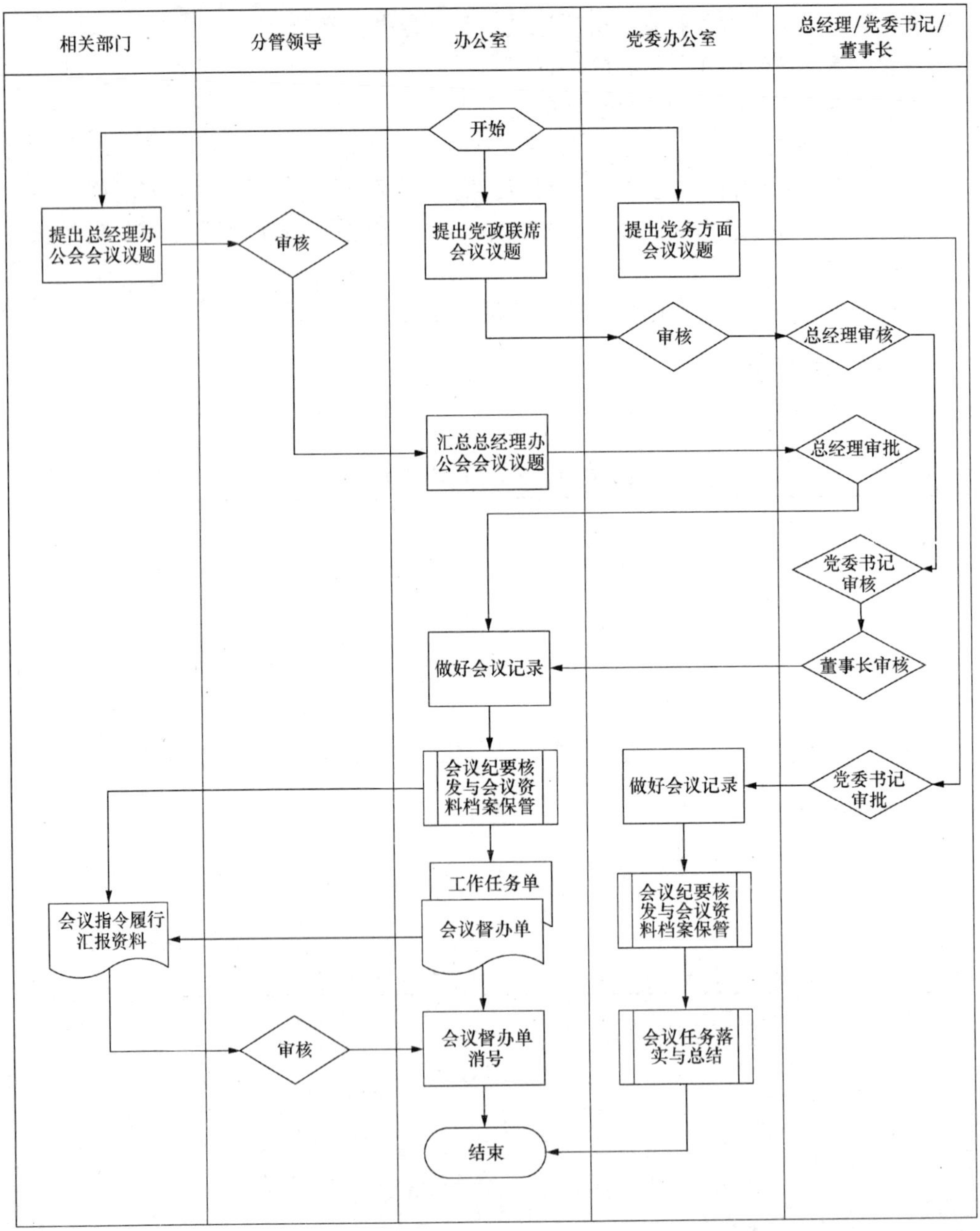

相关部门	分管领导	办公室	党委办公室	总经理/党委书记/董事长

图 16-3　会议及督办管理流程

（七）控制目标

表 16 - 6　控制目标

序号	《内控手册》具体控制目标编号	拟实现的内控目标	内控目标具体描述
1	AD - CO - 1	合法合规性目标	保证会议及督办工作符合国家有关法律法规规定
2	AD - CO - 2	财务报告目标	不适用
3	AD - CO - 3	资产安全目标	不适用
4	AD - CO - 4	经营效率和效果目标	提升公司运营效率和经营效果
5	AD - CO - 5	发展战略目标	促进公司发展战略目标的实现

（八）风险控制矩阵

表 16 - 7　风险控制矩阵

对应控制目标编号	风险编号	风险事项描述	关键控制措施编号	关键控制措施	对应制度	控制痕迹	风险责任部门	风险责任岗位
AD - CO - 1 AD - CO - 4 AD - CO - 5	AD - R - 201	公司未制定会议管理制度，可能导致会议组织混乱，会议效率低下	AD - CA - 201	第一条　目的：为进一步完善公司会议管理，精简会议流程，提高会议质量和效率，促进与保障公司议事方式和相关程序的规范化、制度化，特制定本制度	会议制度	会议制度文本	办公室	主任
AD - CO - 1 AD - CO - 4 AD - CO - 5	AD - R - 202	公司未建立并执行各项会议的议事规则，未明确各项会议的议事范围与决策事项，可能导致会议组织混乱、决策层次不清，影响会议效率	AD - CA - 202	第六条　会议督办：为进一步规范经营管理行为，提升公司各职能部门、项目公司、所属单位工作质量、办事效率，采取工作督办形式	会议制度	会议督办立项书	办公室	主任

对应控制目标编号	风险编号	风险事项描述	关键控制措施编号	关键控制措施	对应制度	控制痕迹	风险责任部门	风险责任岗位
AD－CO－1 AD－CO－4 AD－CO－5	AD－R－203	未形成会议记录或记录不完整、不准确，未经恰当确认，可能影响会议成果的落实	AD－CA－203	第五条　管理方式：公司会议管理实行职责部门工作责任制。各类会议的会议通知、材料准备、会场安排、会议记录、纪要整理以及会后的文件送发、档案保存等相关事项，由会议职责部门统筹协调、分工负责	会议制度	会议记录	办公室	主任
AD－CO－1 AD－CO－4 AD－CO－5	AD－R－204	未建立对重要会议决议内容执行的跟踪监督机制，可能导致会议决议得不到落实	AD－CA－204	第五条　督办程序（一）督办立项：集团办公室根据督办事项范围，向相关责任部室、项目公司、所属单位下发《工作督办单》（附件1） 列入督办的事项要明确具体责任部室、项目公司、所属单位。已由会议、文件明确责任部室、项目公司、所属单位的，以会议、文件为准	督办工作若干规定	工作督办单	办公室	主任

三、印章管理

（一）概述

印章管理规定了公司及其控股子公司（以下简称"子公司"）有关印章的保管、使用、登记、外借的程序。旨在规范公司印章管理方面的各项具体工作，努力避免或降低公司印章管理中存在的风险。

（二）适用范围

适用于公司及子公司。

（三）相关制度

➢《印章管理规定》。

（四）职责分工

1. 总经理
➢审批确定印章的刻制申请。
➢审批确定印章销毁申请。
➢公章法人章用印的审批申请。
2. 分管领导
➢审批其他印章用印申请。
➢批准外出用印申请。
➢审核印章的刻制申请。
3. 办公室
➢负责各类印章的管理，包括刻章、发放、使用、回收、销毁以及各部门日常用印规范性的监督和检查。
➢负责提出印章销毁申请，履行公司审批程序。
4. 业务部门
➢负责提出印章的刻制申请，履行公司审批程序。
➢负责提出公章法人章用印的申请，履行公司审批程序。
➢负责其他印章用印申请，履行公司审批程序。
➢负责提出外出用印申请，履行公司审批程序。

（五）不相容职责

表 16-8 不相容职责

岗位职责	刻印/用印/销毁申请	刻印/用印/销毁审核	刻印/用印/销毁审批	印章保管
刻印/用印/销毁申请		×	×	×
刻印/用印/销毁审核	×		×	×
刻印/用印/销毁审批	×	×		×
印章保管	×	×	×	

注：×表示不相容职责。

（六）关键流程

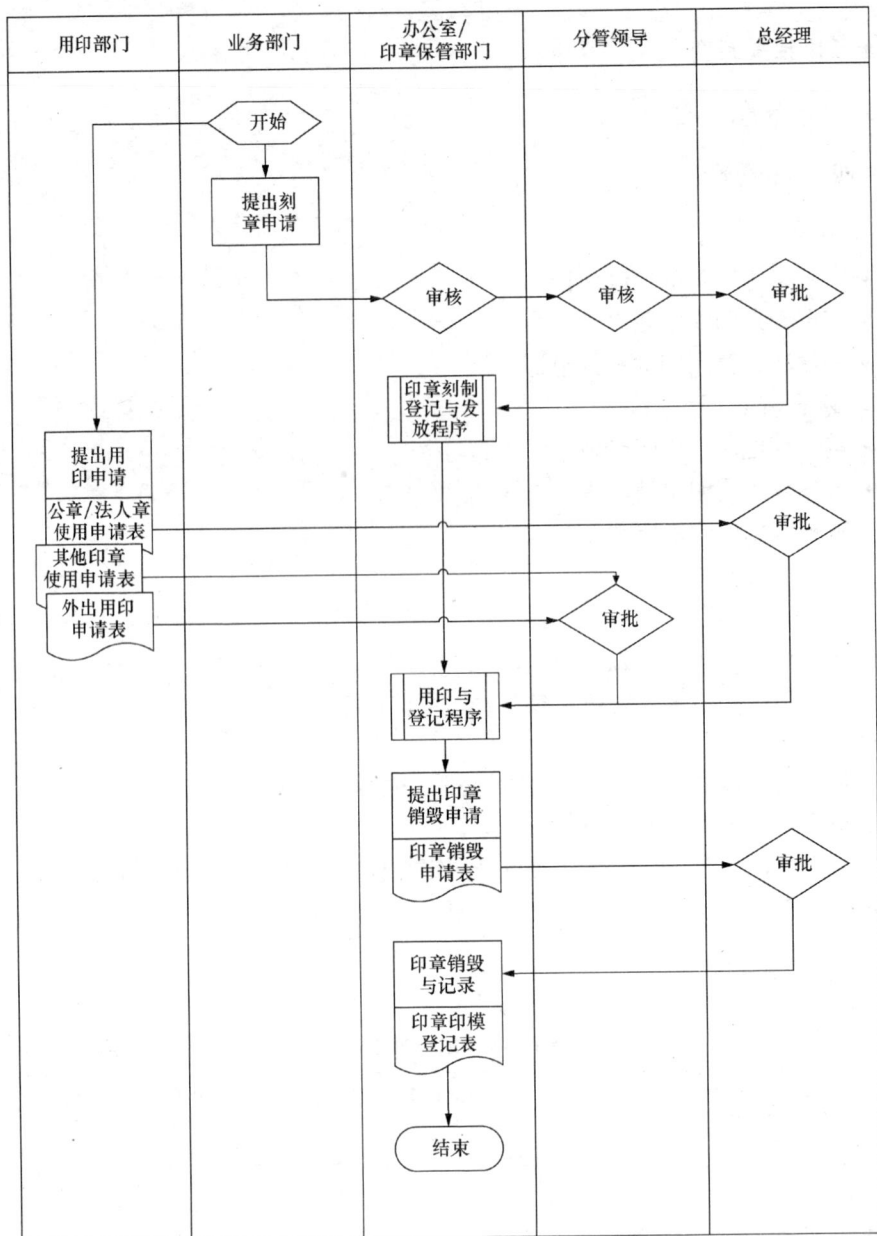

图 16-4　印章管理流程

（七）控制目标

表 16-9　控制目标

序号	《内控手册》具体控制目标编号	拟实现的内控目标	内控目标具体描述
1	AD-CO-1	合法合规性目标	保证印章管理工作符合国家有关法律法规规定
2	AD-CO-2	财务报告目标	不适用
3	AD-CO-3	资产安全目标	不适用
4	AD-CO-4	经营效率和效果目标	提升公司运营效率和经营效果
5	AD-CO-5	发展战略目标	促进公司发展战略目标的实现

（八）风险控制矩阵

表 16-10　风险控制矩阵

对应控制目标编号	风险编号	风险事项描述	关键控制措施编号	关键控制措施	对应制度	控制痕迹	风险责任部门	风险责任岗位
AD-CO-1 AD-CO-4 AD-CO-5	AD-R-301	公司未制定印章管理制度，印章管理未归口管理，可能导致舞弊事件的发生，扰乱企业生产经营的顺利进行	AD-CA-301	第一条　目的意义：印章具有法律效力，是公司经营管理活动中行使职权的重要标志和凭证，印章管理关系到公司正常经营管理活动的开展。为保证公司印章使用管理的合法性、严肃性和安全性，有效维护公司利益，依据公司规范运营、防范风险的管理要求，特制定本规定	印章管理规定	印章管理规定文本	办公室	主任
AD-CO-1 AD-CO-4 AD-CO-5	AD-R-302	未经领导审批刻制公司印鉴，可能导致假冒公司名义从事非法活动，造成法律风险或经济损失	AD-CA-302	第五条　印章刻制：（二）因工作需要需配置印章或更换印章，由相关职能部门提出申请（式样见附件1），经公司分管领导审批后报主要领导同意	印章管理规定	印章刻制申请单及审批文件	办公室	主任

对应控制目标编号	风险编号	风险事项描述	关键控制措施编号	关键控制措施	对应制度	控制痕迹	风险责任部门	风险责任岗位
AD－CO－1 AD－CO－4 AD－CO－5	AD－R－303	印鉴刻制完成后，未及时更新台账记录并登记印章样式、刻制时间、授权使用时间、刻制人、刻制部门等关键信息，可能导致重要印鉴被挪为私用，造成公司法律风险或经济损失	AD－CA－303	第六条　印章启用：启用新印章应由办公室发文，注明启用日期、发放单位、使用范围，并留印鉴，登记在案记录于登记卡上	印章管理规定	印章启用记录台账	办公室	主任
AD－CO－1 AD－CO－4 AD－CO－5	AD－R－304	公章、法人章等印鉴未指定保管岗位，可能导致印鉴保管责任不明确	AD－CA－304	第九条　保管人：公司公章、法定代表人印章由公司办公室指定专人分别负责保管。公司财务章由公司计划财务部指定专人负责保管。公司部门印章由各职能部门指定专人负责保管。每次用印完毕，应立即把印章存放在指定位置，钥匙由印章保管人员负责保管	印章管理规定	印章保管部门岗位职责说明书	办公室	主任
AD－CO－1 AD－CO－4 AD－CO－5	AD－R－305	印鉴使用未经适当审批，可能导致违规使用印鉴，企业利益受损	AD－CA－305	第十三条　用印环节：为保证用印的安全和规范，印章的使用一般应由用印人提出申请附件，审批人审批，保管人盖印三个环节完成，印章的保管岗位与使用岗位应当分设	印章管理规定	用印申请单及审批痕迹	办公室	主任

续表

对应控制目标编号	风险编号	风险事项描述	关键控制措施编号	关键控制措施	对应制度	控制痕迹	风险责任部门	风险责任岗位
AD－CO－1 AD－CO－4 AD－CO－5	AD－R－306	未经领导授权将重要印鉴携带外出使用，外出使用未采取适当监控措施，可能导致印鉴被不恰当使用，企业利益受损	AD－CA－306	第十七条　4.公司印章原则上不允许带出，确因工作需要将印章带出使用的，应事先填写印章外借申请，载明事项，经公司分管领导批准后由两人以上共同携带使用	印章管理规定	外出带印用印申请、审批及制定两人记录	办公室	主任
AD－CO－1 AD－CO－4 AD－CO－5	AD－R－307	印章销毁无申请审批记录或者未及时更新印章卡片，可能导致印章销毁无效或者销毁印章仍在使用	AD－CA－307	第八条　印章销毁：停用的印章由办公室提出申请，经公司总经理批准后集中销毁。销毁工作由办公室印章主管人员监销，所有销毁的废旧印章都须留下印模以备日后查考	印章管理规定	印章销毁申请及批准痕迹	办公室	主任

四、文件制度体系建设管理

（一）概述

文件制度体系建设管理规定了公司及其控股子公司（以下简称"子公司"）各项制度体系设计、编制、评估的程序。旨在规范公司文件制度管理方面的各项具体工作，努力避免或降低公司文件制度体系建设管理中存在的风险。

（二）适用范围

适用于公司及子公司。

（三）相关制度

➢ 《规章制度管理办法》。

（四）职责分工

1. 董事会

➢负责按照相关法律法规及股份公司章程的规定，审议制定股份公司治理类制度。

2. 党委会

➢负责审批公司"三重一大"相关管理制度、公司党委及文化方面管理制度。

3. 总经理办公会

➢负责审批公司具体运营管理的一般规章制度。

4. 办公室

➢公司制度管理体系建设的归口管理部门。

➢负责管理制度表现形式的规范。

➢负责管理制度建立和修订程序的规范。

➢负责按照公文管理的职能要求，对公司以红头文件形式颁布的制度进行核稿、印发。

5. 审计监察部

➢负责以年度为周期组织对总部现行制度的有效性进行评估，并提出制度的修订意见。

➢负责管理制度的计划管理、初审。

➢负责制度体系建设的完善工作。

6. 各管理部门

➢负责起草、校对、修订、解释与本部门相关的管理制度。

➢负责论证制度专项管理内容，对与本部门相关的制度提出修订意见或建议。

➢评价对口职能或本业务领域制度的执行和完善。

（五）不相容职责

表16-11　不相容职责

岗位职责	制度起草	制度会审	制度核稿	制度签发
制度起草		×	×	
制度会审	×		×	×
制度核稿	×	×		×
制度签发		×	×	

注：×表示不相容职责。

（六）关键流程

各管理部门	办公室	审计监察室	总经理办公会	党委会	董事会

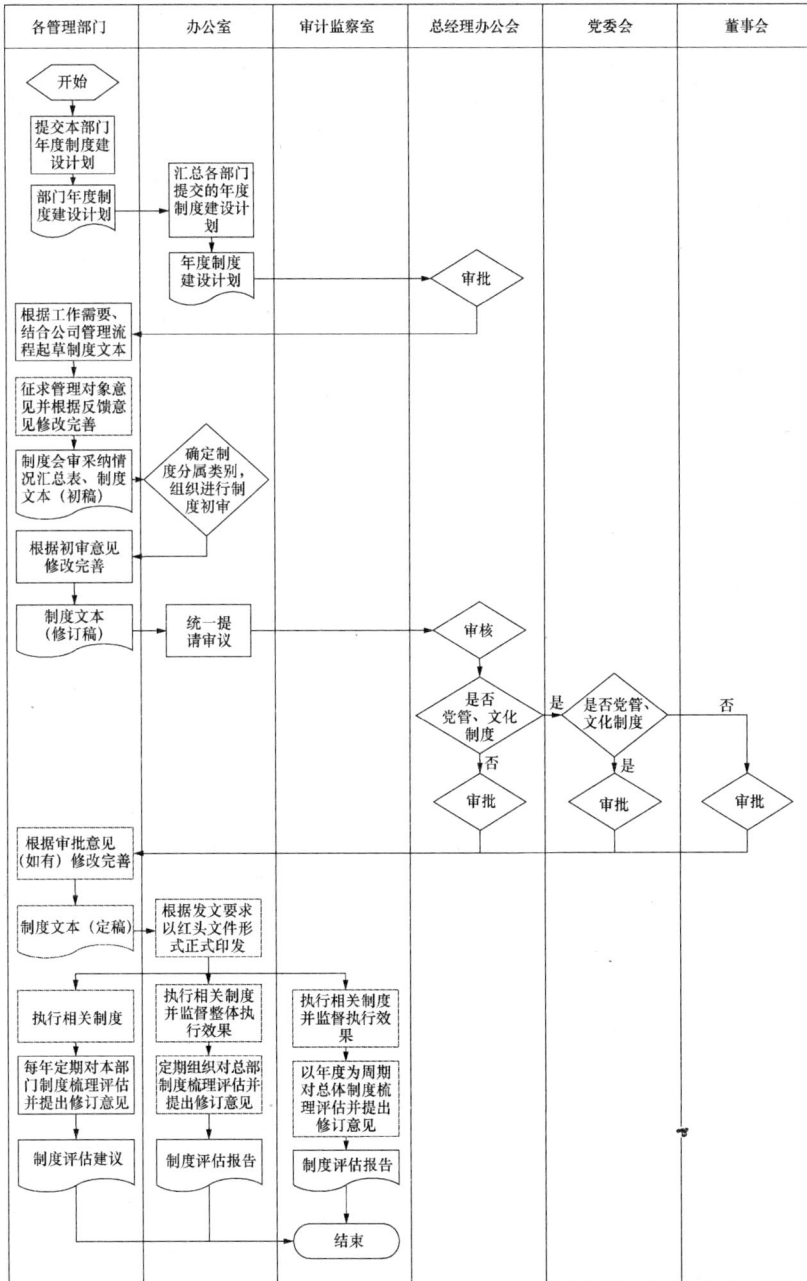

图 16 - 5　制度体系建设管理流程

（七）控制目标

表 16 – 12　控制目标

序号	《内控手册》具体控制目标编号	拟实现的内控目标	内控目标具体描述
1	AD – CO – 1	合法合规性目标	保证制度建设体系工作符合国家有关法律法规规定
2	AD – CO – 2	财务报告目标	不适用
3	AD – CO – 3	资产安全目标	保证公司资产安全、完整
4	AD – CO – 4	经营效率和效果目标	提升公司运营效率和经营效果
5	AD – CO – 5	发展战略目标	促进公司发展战略目标的实现

（八）风险控制矩阵

表 16 – 13　风险控制矩阵

对应控制目标编号	风险编号	风险事项描述	关键控制措施编号	关键控制措施	对应制度	控制痕迹	风险责任部门	风险责任岗位
AD – CO – 1 AD – CO – 3 AD – CO – 4 AD – CO – 5	AD – R – 401	公司未制定文件制度管理规定，制度文件的制定、审核、发布等管理职责不明确，制度管理程序、制度分类不清晰，可能导致公司文件制度管理不规范，影响经营管理绩效	AD – CA – 401	第一条　目的：为进一步规范公司规章制度的制定和管理，提高规章制度的合规性和操作性，促进各项管理工作的规范化、流程化和制度化，根据《公司法》和《公司章程》，结合公司治理、经营管理的实际情况，特制定本办法	规章制度管理办法	规章制度管理办法文本	办公室	主任

对应控制目标编号	风险编号	风险事项描述	关键控制措施编号	关键控制措施	对应制度	控制痕迹	风险责任部门	风险责任岗位
AD－CO－1 AD－CO－3 AD－CO－4 AD－CO－5	AD－R－402	公司制度文件体系设计不合理，可能导致制度文件体系出现重大遗漏或制度层次不清晰，可能导致制度体系混乱	AD－CA－402	第四条　规章制度的制定，应当遵循以下基本原则：（一）依法合规原则，（二）操作可行原则，（三）依据职责原则，（四）体系统一原则，（五）分工协作原则	规章制度管理办法	公司制度体系构成大纲	审计监察室	主任
AD－CO－1 AD－CO－3 AD－CO－4 AD－CO－5	AD－R－403	公司制度文件未经相关协调部门和主管领导审核，可能导致制度内容与国家相关法规条例规定不符，不具备可执行性或法律纠纷	AD－CA－403	第十九条　立项审核：办公室在收到申报材料后，应根据申报内容拟定由哪些相关部室和分管领导进行会签，并在会签后提交总经理审核。会签审核意见应及时反馈立项部室	规章制度管理办法	制度立项申报材料及审批文件	办公室	主任
AD－CO－1 AD－CO－3 AD－CO－4 AD－CO－5	AD－R－404	未对制度恰当性进行定期评估，可能导致因环境改变而不符合经营管理需要，影响制度的可操作性和效果	AD－CA－404	第三十条　制度评价：各职能部室应当建立规章制度的评价机制，定期或不定期地开展调查研究、征询修改意见等评价工作。审计监察室（法务职能）、办公室应当及时评估公司规章制度的合法性、合规性，组织和督促各职能部室对规章制度的执行状况进行检查	规章制度管理办法	制度设计与运行评价、评估报告	审计监察室/各部门	负责人

五、档案管理

（一）概述

档案管理规定了公司及其控股子公司（以下简称"子公司"）有关档案的收集、保管、借阅、拷贝、复印、跟踪的程序。旨在规范公司档案管理方面的各项具体工作，努力避免或降低公司档案管理中存在的风险。

（二）适用范围

适用于公司及子公司。

（三）相关制度

➤《档案管理规定》。

（四）职责分工

1. 分管领导
➤批准外单位查（借）阅档案。
➤批准查（借）阅非本部门（非本单位）档案。
2. 档案鉴定小组
➤对档案的内容、价值、保管期限进行鉴定，并写出鉴定意见。
3. 办公室主任
➤负责审核外单位查（借）阅档案。
➤批准档案销毁。
4. 办公室档案管理员
➤负责根据有关档案归档范围与分类编号规定，按时、按质、按量完成组卷任务，做到收集齐全、分类明确、编目科学、装订整洁、查阅方便。
➤负责主动催促、协助有关部门按时归档。对应归集的档案要及时做好审查、整理、补缺、立卷工作。
➤负责定期对档案进行检查、清理、统计、鉴定和销毁，做到账物相符，确保档案的准确性。

➤ 负责档案的利用工作，为企业各项工作提供档案服务。根据立卷原始性、完整性、科学性的原则，所组案卷要真实、全方位地反映单位工作的全部进程和历史面貌，便于保管、检索、开发和利用。

➤ 负责参加各类重要项目验收、设备开箱等工作，提高档案质量。

➤ 负责拟定档案工作的各项规章制度，遵守保密制度，做好保密工作。

➤ 负责指导各部室兼职档案员做好档案材料的积累和整理工作，督促其做好平时预立卷及年终归档工作。

➤ 负责指导、监督、检查所属单位的档案工作，及时总结档案管理工作的经验、教训，不断提高工作质量。

5. 各业务及管理部门负责人

➤ 负责人负责批准查（借）阅本部门（本单位）档案。

➤ 负责人负责审核查（借）阅非本部门（非本单位）档案。

➤ 各部室兼职档案员负责收集本部室办理完毕的有关文件、小结、计划、结论、报告、统计、会计、分析、信访、照片等档案材料，按归档范围和要求做好档案材料预立卷工作。

➤ 各部室兼职档案员每年 3 月底前，根据部门归档范围和要求，收齐、分类、整理、补齐缺损应归档材料，做好预立卷归档管理工作，由部室负责人审定后，向档案室移交归档。

➤ 专职档案员每年 9 月底前完成各部室所移交档案材料的组卷、归档、编制清册工作。

➤ 财务会计档案，每年 6 月底前由计划财务部将前年会计档案按归档要求整理后移交档案室。

（五）不相容职责

表 16－14　不相容职责

岗位职责	档案提供	档案保存	档案借阅申请	档案借阅审批
档案提供		×		×
档案保存	×		×	×
档案借阅申请		×		×
档案借阅审批	×	×	×	

注：×表示不相容职责。

（六）关键流程

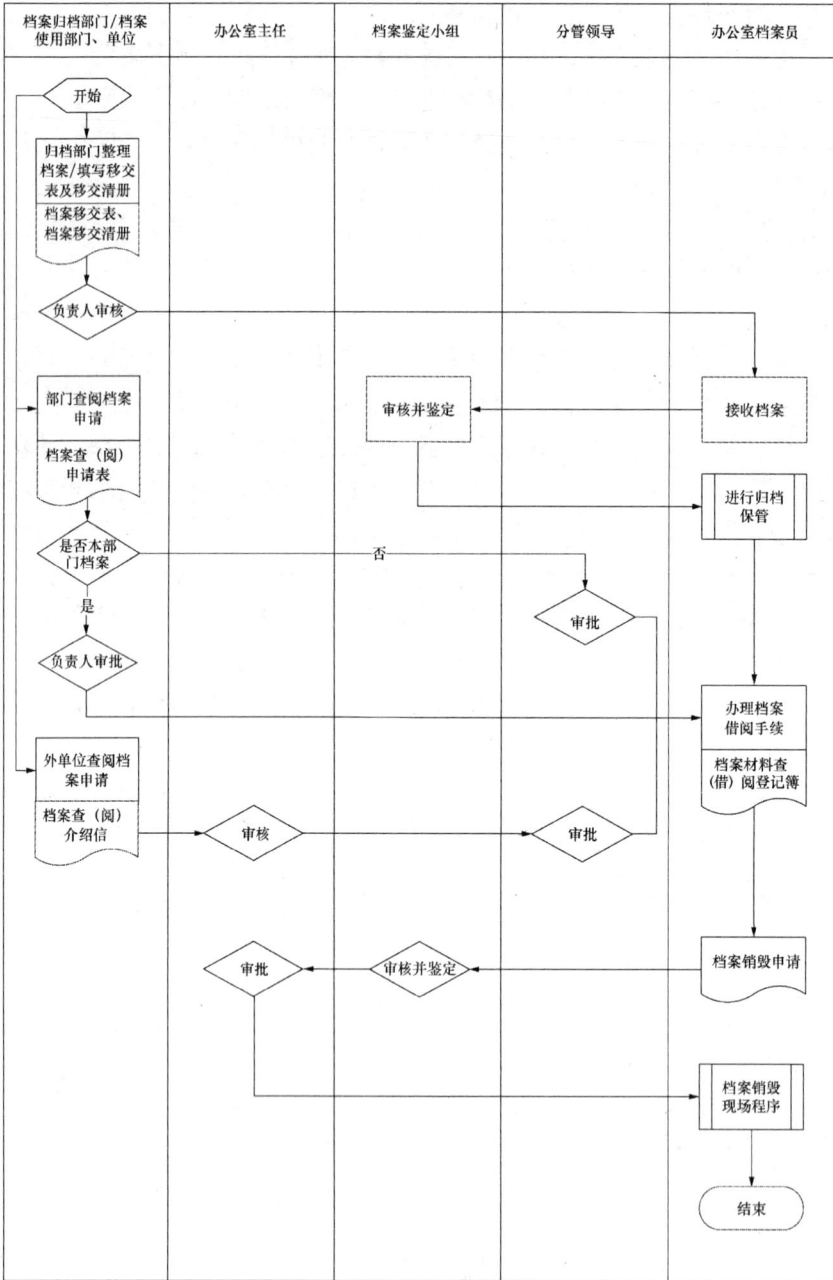

图 16－6　档案管理流程

（七）控制目标

表 16－15　控制目标

序号	《内控手册》具体控制目标编号	拟实现的内控目标	内控目标具体描述
1	AD－CO－1	合法合规性目标	保证档案管理工作符合国家有关法律法规规定
2	AD－CO－2	财务报告目标	不适用
3	AD－CO－3	资产安全目标	保证公司资产安全、完整
4	AD－CO－4	经营效率和效果目标	提升公司运营效率和经营效果
5	AD－CO－5	发展战略目标	促进公司发展战略目标的实现

（八）风险控制矩阵

表 16－16　风险控制矩阵

对应控制目标编号	风险编号	风险事项描述	关键控制措施编号	关键控制措施	对应制度	控制痕迹	风险责任部门	风险责任岗位
AD－CO－1 AD－CO－3 AD－CO－4 AD－CO－5	AD－R－501	公司未制定档案管理制度，或制度未对资料归类、编码规则、归档期限等予以明确，无法满足公司运营中的档案需求，可能影响公司档案管理的工作质量	AD－CA－501	第一条　目的依据：档案工作是企业基础管理的重要组成部分，是维护企业经济利益、合法权益和历史面貌的一项重要工作。为加强公司档案管理工作，依据《中华人民共和国档案法》等法规，结合公司的实际情况，制定本规定	档案管理规定	档案管理规定文本	办公室	主任
AD－CO－1 AD－CO－3 AD－CO－4 AD－CO－5	AD－R－502	未对各部门应归档资料予以明确，可能导致各部门未将重要的资料归档，影响归档的重要性和完整性	AD－CA－502	第十条　归档范围：凡在本单位、本部门公务活动中形成的并有查考利用和研究价值的文件资料均为收集范围	档案管理规定	各部门应归档资料范围标准文本	办公室	主任

对应控制目标编号	风险编号	风险事项描述	关键控制措施编号	关键控制措施	对应制度	控制痕迹	风险责任部门	风险责任岗位
AD-CO-1 AD-CO-3 AD-CO-4 AD-CO-5	AD-R-503	未规定各部门资料归档期限，可能导致重要资料无法及时得到有效管理	AD-CA-503	第十二条 归档要求：（四）移交：当年3月底前各单位、各部门向档案室办理上年资料的移交签收手续，用A4纸制签收单，一式两份，写明部门、内容、数量，交由档案室审阅后，由档案管理部门拟写标题，即可进行立卷的具体工作	档案管理规定	各单位归档签收单	办公室	主任
AD-CO-1 AD-CO-3 AD-CO-4 AD-CO-5	AD-R-504	档案室硬件条件差，温度、湿度等不适宜档案存放，可能造成档案资料受损风险	AD-CA-504	第十八条 库房管理：（一）落实"八防"（防盗、防火、防潮、防尘、防有害气体、防高温、防蛀、防光）措施，保证档案的完好、完整。随手关档案室门和上锁，钥匙专人保管。下班前必须检查门、窗、柜、水、电、火，以确保安全。严禁在档案室、柜存放易燃、易爆物品，严禁在档案室吸烟	档案管理规定	档案库房检查记录（包括声像记录）	办公室	主任
AD-CO-1 AD-CO-3 AD-CO-4 AD-CO-5	AD-R-505	未制定档案密级管理和查阅审批流程，可能导致资料内容泄露或遗失	AD-CA-505	第十七条 档案保密：（三）不得任意复印档案，复印保密的重要文件需经办公室主任批准并注明复印件数、用途和去处。复印会计档案需经计划财务部负责人批准。复印一般档案需经档案室同意	档案管理规定	保密文件查阅、复制审批文件	办公室	主任

对应控制目标编号	风险编号	风险事项描述	关键控制措施编号	关键控制措施	对应制度	控制痕迹	风险责任部门	风险责任岗位
AD－CO－1 AD－CO－3 AD－CO－4 AD－CO－5	AD－R－506	没有对电子档案的安全性进行特别规定，可能造成电子档案受损风险	AD－CA－506	第十四条　档案保管：（六）缩微胶片、光盘、磁带、照片、底片要用特制的密封盒、胶片页夹进行保管，照片要用影集簿保管，按编号顺序排列存放专用柜内	档案管理规定	电子性档案报告照片	办公室	主任
AD－CO－1 AD－CO－3 AD－CO－4 AD－CO－5	AD－R－507	档案的销毁未经适当审批且销毁时未经监督，可能导致档案资料受损风险	AD－CA－507	第十九条　档案鉴定与销毁：（二）凡是超过原定保管期限的档案，由档案室在征求有关部室意见后提出鉴定销毁申请。报办公室主任核批	档案管理规定	档案销毁申请与批准及销毁过程（影视）记录	办公室	主任

第十七章　合同与法务管理（CO）

> **提示：** 合同是指企业与自然人、法人及其他组织等平等主体之间设立、变更、终止民事权利义务关系的协议，是市场经济条件下企业与外部进行物资、资金等交换的基本形式，是规范企业行为的一种法律形式。法务是企业生存发展的必不可缺的一项内容，是规范经营行为的重要依据。强化合同与法务管理，理清业务流程，明确各部门职责，规范经营行为，对防范市场风险，树立商业信誉，维护企业合法权益，提高竞争力和经济效益有重要意义。

　　合同与法务管理流程规定了公司有关合同与法务管理的工作流程。旨在规范公司合同与法务管理的具体流程，努力避免或降低公司在合同与法务管理工作中存在的风险。

　　本流程涉及的具体子流程如表 17 - 1 所示。

表 17 - 1　具体子流程

子流程编号	涉及主要环节/内容
CO - 01 合同管理	涉及公司合同管理程序，公司及各级下属单位合同的草拟、会签、审批、签订以及合同执行与持续监督的工作流程
CO - 02 法务管理	涉及公司外聘律师的管理程序、法律纠纷的管理程序，包括法律纠纷的报告、处理、案件跟踪、判决执行等工作程序

一、合同管理

（一）概述

合同管理规定了公司及其控股子公司（以下简称"子公司"）有关合同的草拟、会签、审批、签订以及合同执行与持续监督的工作流程。旨在规范公司合同管理方面的各项具体工作，努力降低和避免公司合同管理中存在的风险。

（二）适用范围

适用于公司及子公司。

（三）相关制度

➢《合同管理办法》。

（四）职责分工

1. 总经理办公会
➢审批确定重要（大）合同后评价报告。
2. 法人代表/总经理
➢审批单笔融资方案。
➢审批确定合同示范文本。
➢批准应急项目特别审批表。
➢确定项目公司合同签署。
➢确定合同签署。
➢确定合同修改签署。
➢确定合同纠纷处理报告。
3. 分管领导
➢会签项目公司合同签署。
➢会签合同签署。
➢会签合同修改签署。
4. 审计监察室
➢提交合同示范文本，履行公司审批程序。

➤ 提交合同纠纷处理报告，履行公司审批程序。

➤ 提交重要（大）合同后评价报告，履行公司审批程序。

➤ 审核应急项目特别审批表。

5. 计划财务部

➤ 会签项目公司合同签署。

➤ 会签合同签署。

➤ 会签合同修改签署。

6. 工程部/配套部/预算合约部/安生办

➤ 会签项目公司合同签署。

7. 业务部门

➤ 如遇特殊紧急情况，无法按签订合同会审程序的应填写《批准应急项目特别审批表》，履行公司审批程序。

➤ 负责办理经济业务合同签署事项，履行公司合同会签程序。

➤ 负责合同修改签署事项，履行公司合同会签程序。

8. 项目公司

➤ 负责办理项目合同签署事项，履行公司合同会签程序。

（五）不相容职责

表 17 – 2　不相容职责

岗位职责	合同拟定	合同审批	实施合同	审计监督
合同拟定		×		×
合同审批	×			×
实施合同		×		×
审计监督	×	×	×	

注：×表示不相容职责。

（六）关键流程

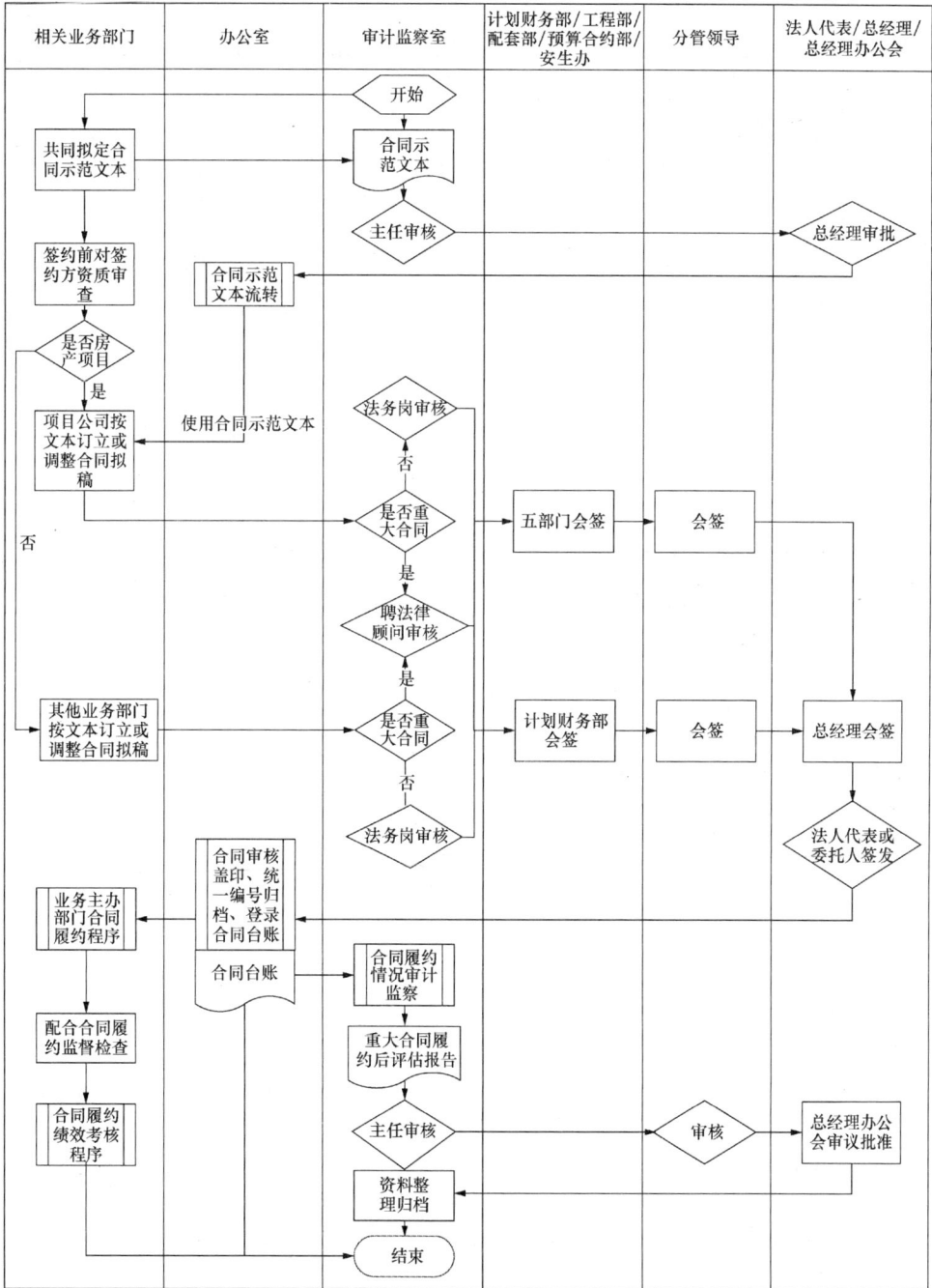

相关业务部门	办公室	审计监察室	计划财务部/工程部/配套部/预算合约部/安生办	分管领导	法人代表/总经理/总经理办公会

图 17 - 1　合同管理流程

（七）控制目标

表 17 - 3　控制目标

序号	《内控手册》具体控制目标编号	拟实现的内控目标	内控目标具体描述
1	CO - CO - 1	合法合规性目标	保证合同管理工作符合国家有关法律法规规定
2	CO - CO - 2	财务报告目标	不适用
3	CO - CO - 3	资产安全目标	保证公司资产安全、完整
4	CO - CO - 4	经营效率和效果目标	提升公司运营效率和经营效果
5	CO - CO - 5	发展战略目标	促进公司发展战略目标的实现

（八）风险控制矩阵

表 17 - 4　风险控制矩阵

对应控制目标编号	风险编号	风险事项描述	关键控制措施编号	关键控制措施	对应制度	控制痕迹	风险责任部门	风险责任岗位
CO - CO - 1 CO - CO - 3 CO - CO - 4 CO - CO - 5	CO - R - 101	公司未制定合同管理制度，未能确定公司合同主管部门，可能导致合同管理程序不清，职责不明，影响经营效率和效果	CO - CA - 101	第一条　为加强集团公司合同管理，维护公司合法权益，根据《中华人民共和国合同法》及其他有关的法律、法规，并结合集团公司的实际情况，制定本办法	合同管理办法	合同管理办法文本	审计监察室	主任
CO - CO - 1 CO - CO - 3 CO - CO - 4 CO - CO - 5	CO - R - 102	未对合同对方资质、履约能力进行审查，可能影响合同的正常履行，产生合同纠纷	CO - CA - 102	第九条　（一）业务主办部门应对合同对方资质、履约能力进行审查，并形成审查记录，审查人签字确认，经主办部门负责人审核签字作为合同履约管理重要资料保存	合同管理办法	履约能力审查记录	审计监察室	主任

对应控制目标编号	风险编号	风险事项描述	关键控制措施编号	关键控制措施	对应制度	控制痕迹	风险责任部门	风险责任岗位
CO－CO－1 CO－CO－3 CO－CO－4 CO－CO－5	CO－R－103	重要（大）合同标准不够明确，可能导致关键合同履约不充分，影响公司权益	CO－CA－103	第三条　（二）重大合同：1. 所有权益性投资合同；2. 公司所有年度的采购、销售合同；3. 所有融资、抵押担保、借贷款合同；4. 对外合作或联营合同；5. 建立合资公司；6. 技术转让合同等	合同管理办法	年度已确定重大合同标准	审计监察室	主任
CO－CO－1 CO－CO－3 CO－CO－4 CO－CO－5	CO－R－104	订立重要合同时，财务、法务等部门未参与合同评审，未明确会审各个岗位会审标准，可能导致合同成本收益、权责不对等，公司利益受损	CO－CA－104	第五条　公司法务负责审查各类合同的合法性，并对合同签订、履行进行指导，处理合同纠纷与诉讼	合同管理办法	合同会审单	审计监察室	主任
CO－CO－1 CO－CO－3 CO－CO－4 CO－CO－5	CO－R－105	合同未能统一进行分类且连续编号，进行台账登记，可能导致合同难以查找、丢失，影响公司主张合同权利	CO－CA－105	第二十三条　办公室负责合同文本实行统一编号、分类归档。合同主办部门负责有关合同的签订事项，并在合同签订后及时将合同全部正本、副本交办公室登记《合同台账》备案，统一编号	合同管理办法	年度合同台账	审计监察室	主任
CO－CO－1 CO－CO－3 CO－CO－4 CO－CO－5	CO－R－106	合同签订、变更未履行恰当审批程序或倒签审批合同，可能导致合同权责不对等，或产生法律纠纷，公司利益受损	CO－CA－106	第十条　合同签署前应根据公司有关合同会签流程的规定，由相关部门及人员会签，分管领导审核，公司法定代表人或总经理签发。未经正当会签流程的合同文本不得加盖公司印章	合同管理办法	合同会审单	审计监察室	主任

续表

对应控制目标编号	风险编号	风险事项描述	关键控制措施编号	关键控制措施	对应制度	控制痕迹	风险责任部门	风险责任岗位
CO－CO－1 CO－CO－3 CO－CO－4 CO－CO－5	CO－R－107	合同主管部门未能对公司重要（大）的履约情况，进行监督检查，未形成重要合同履约记录，可能导致重要（大）合同履约失败，给公司带来经济或信誉损失	CO－CA－107	第二十一条　公司审计监察室对金额较大、内容较复杂的合同进行审计检查，并负责监督上述合同的履行过程	合同管理办法	重大合同履约监督记录	审计监察室	主任
CO－CO－1 CO－CO－3 CO－CO－4 CO－CO－5	CO－R－108	公司合同监督机构未对重要（大）合同的履约结果做后评价，未形成重要（大）合同后评价报告，经分管领导审核后，提交总经理办公会审议，可能导致重要（大）合同履约失败，给公司带来经济或信誉损失	CO－CA－108	第二十四条　合同的管理工作纳入各职能部门考核工作范畴。合同监督机构应对重要（大）合同的履约结果做后监督，形成重要（大）合同跟踪，经分管领导审核后，提交总经理办公会审议	合同管理办法	重大合同跟踪报告及审批文件	审计监察室	主任

二、法务管理

（一）概述

法务管理规定了公司及其控股子公司（以下简称"子公司"）有关外聘律师的选择程序，法律纠纷的报告、处理，案件跟踪，判决执行等工作程序。旨在规范公司法务方面的各项具体工作，努力降低和避免公司法务管理中存在的风险。

（二）适用范围

适用于公司及子公司。

（三）相关制度

➢《法律事务管理规定》。

（四）职责分工

1. 总经理

➢负责审批公司及下属各级公司的特大案件的《法律纠纷案件策划书》。

➢负责审批公司审计监察室直接办理的下级各级公司特大案件的《调解结案审批表》。

➢负责审批公司审计监察室直接办理的下级各级公司特大案件的《法律纠纷案件结案报告》。

2. 法律顾问

➢负责审核公司及下属各级公司的特大案件的《法律纠纷案件策划书》。

➢负责审核公司审计监察室直接办理的下级各级公司特大案件的《调解结案审批表》。

➢负责审核公司审计监察室直接办理的下级各级公司特大案件的《法律纠纷案件结案报告》。

3. 审计监察室

➢正确执行国家法律、法规，对公司重大经营决策提出法律意见。

➢起草或者参与起草、审核公司重要规章制度，确保规章制度的合法有效。

➢ 管理、审核公司合同，参加重大合同的谈判和起草工作。

➢ 参与公司的分立、合并、破产、解散、投融资、担保、租赁、产权转让、招投标及改制、重组、公司上市等重大经济活动，处理有关法律事务。

➢ 办理公司商标、专利、商业秘密保护、公证、鉴证等有关法律事务，做好公司商标、专利、商业秘密等知识产权保护工作。

➢ 负责或者配合集团公司有关部门对职工进行法制宣传教育。

➢ 提供与公司生产经营有关的法律咨询。

➢ 是公司法律事务案件的归口管理部门，受公司法定代表人的委托，参加集团公司的诉讼、仲裁、行政复议或听证等活动。

➢ 参与选聘律师，并对其工作进行监督和评价。

➢ 负责编制公司《法律纠纷案件策划书》及审核下属各级公司特大案件的《法律纠纷案件策划书》。

➢ 负责提交公司直接办理的下属各级公司特大案件的《调解结案审批表》。

➢ 负责编制并提交公司办理的下属各级公司特大案件的《法律纠纷案件结案报告》。

➢ 负责对办理的案件进行登记、归档。

➢ 负责对下属各级公司的《法律纠纷案件情况统计表》、《法律纠纷案件数据统计表》，重大案件的《法律纠纷案件策划书》以及特大案件的《法律纠纷案件结案报告》进行备案。

（五）不相容职责

表 17 – 5　不相容职责

岗位职责	法律事项申请	审批	执行	监督
法律事项申请		×		×
审批	×		×	×
执行		×		×
监督	×	×	×	

注：×表示不相容职责。

（六）关键流程

相关业务部门	审计监察室	法律顾问	总经理

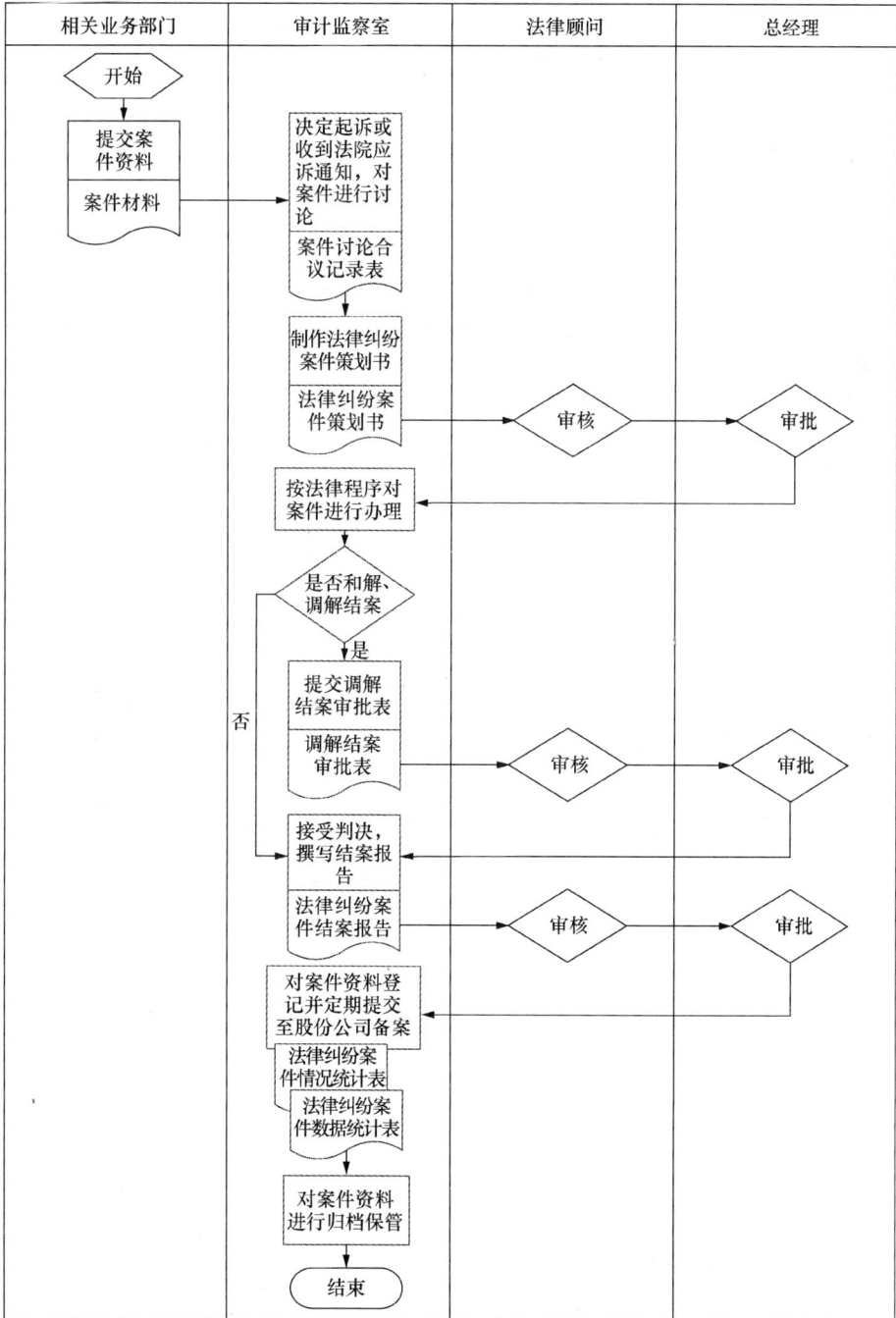

图 17-2　法律纠纷管理流程

（七）控制目标

表 17 - 6　控制目标

序号	《内控手册》具体控制目标编号	拟实现的内控目标	内控目标具体描述
1	CO - CO - 1	合法合规性目标	保证法务工作符合国家有关法律法规规定
2	CO - CO - 2	财务报告目标	不适用
3	CO - CO - 3	资产安全目标	保证公司资产安全、完整
4	CO - CO - 4	经营效率和效果目标	提升公司运营效率和经营效果
5	CO - CO - 5	发展战略目标	促进公司发展战略目标的实现

（八）风险控制矩阵

表 17 - 7　风险控制矩阵

对应控制目标编号	风险编号	风险事项描述	关键控制措施编号	关键控制措施	对应制度	控制痕迹	风险责任部门	风险责任岗位
CO - CO - 1 CO - CO - 3 CO - CO - 4 CO - CO - 5	CO - R - 201	公司未制定法律事务管理制度，可能导致法律事务管理程序不清，职责不明，影响经营效率和效果	CO - CA - 201	第一条　为了维护公司以及所属公司的合法权益，保障集团公司资产安全，促进集团公司建立健全法律顾问制度和法律风险防范机制，规范集团公司法律事务工作……制定法律事务管理规定	法律事务管理规定	法律事务管理规定文本	审计监察室	主任
CO - CO - 1 CO - CO - 3 CO - CO - 4 CO - CO - 5	CO - R - 202	公司法律意识淡薄，未设立法律事务部门或未配备法律人员，未建立公司法律法规数据库，可能导致企业法律知识缺乏，容易发生法律纠纷	CO - CA - 202	第三条　集团公司法务岗位设在审计监察室。依据国家法律法规和有关规定执业，坚持以事前法律风险防范和事中法律控制为主、事后法律补救为辅的原则，依法维护集团公司及出资人的合法权益	法律事务管理规定	审计监察室部门职责说明书	审计监察室	主任

续表

对应控制目标编号	风险编号	风险事项描述	关键控制措施编号	关键控制措施	对应制度	控制痕迹	风险责任部门	风险责任岗位
CO－CO－1 CO－CO－3 CO－CO－4 CO－CO－5	CO－R－203	经办单位未能及时上报法律纠纷案件，可能导致法律时效错失，使企业利益受到损失	CO－CA－203	第十六条　集团公司各项目公司、子公司及职能部门在发生下列情况之一时，应及时与法务人员联系并由法务人员与相关部门协同处理	法律事务管理规定	法律事件联系书	审计监察室	主任
CO－CO－1 CO－CO－3 CO－CO－4 CO－CO－5	CO－R－204	公司各部门或个人未经授权批准擅自代表公司对外提出法律诉讼和仲裁活动，可能导致公司面临法律风险	CO－CA－204	第二十一条　集团公司各部门、项目公司、子公司或个人未经授权批准不得擅自代表公司对外提出法律诉讼和仲裁活动	法律事务管理规定	法律诉讼或仲裁相关文件	审计监察室	主任

第十八章 社会责任管理（SR）

提示：社会责任是指企业在经营发展过程中应当履行的社会职责和义务，主要包括安全管理、产品质量（含服务）、环境保护、资源节约、促进就业、员工权益保护，以及突发事件的管理。每个企业都是社会成员，都在社会环境中生存发展，社会环境需要社会全体成员来维护，如果企业只顾自身利益而忽视社会安全、污染环境会遭到社会谴责甚至不允许其存在。因此，加强社会责任管理，理清管理流程，明确潜在风险，落实控制责任，不仅对社会有益，也有益于企业健康发展。

社会责任管理流程规定了公司从社会责任角度落实安全管理、统计信息申报以及突发事件的应对策略等工作流程。旨在规范公司社会责任方面管理的具体流程，努力避免或降低公司在社会责任管理工作中存在的风险。

本流程涉及的具体子流程如表 18 – 1 所示。

表 18 – 1　具体子流程

子流程编号	涉及主要环节/内容
SR – 01 安全管理	涉及公司安全生产责任制、安全资源投入与使用、安全设施建成等工作流程
SR – 02 统计管理	涉及公司运营信息统计的定义与范围，信息统计、收集、处理、记录、审批与上报等工作流程
SR – 03 突发事件管理	涉及公司突发事件定义和范围的确定，突发事件的组织管理，信息上报、反馈及发布，善后处置及总结评估等工作流程

一、安全管理

（一）概述

安全管理规定了公司及其控股子公司（以下简称"子公司"）涉及安全生产责任制、安全资源投入与使用、安全设施建成等工作流程。旨在规范安全管理，努力避免或降低在安全管理中的风险。

（二）适用范围

适用于公司及子公司。

（三）相关制度

➢《安全生产责任制度》。

（四）职责分工

1. 总经理办公会
➢审议、批准安全技术操作规程。
2. 公司主要安全生产责任人
➢负责建立、健全并督促落实安全生产责任制。
➢负责组织制定并督促落实安全生产规章制度和操作规程。
➢负责保证安全生产投入的有效实施。
➢负责定期研究安全生产问题。
➢负责督促、检查安全生产工作，及时消除生产安全事故隐患。
➢负责组织制定并实施生产安全事故应急救援预案。
➢负责及时、如实上报生产安全事故。
3. 分管安全责任人
➢审核安全技术操作规程。
➢批准安全事故整改报告。
➢负责安全生产主管领导责任。
➢负责组织制定并落实安全生产岗位责任制、安全生产规章制度和安全技术操作规程。

➤ 负责落实安全管理网络、安全管理机构和安全管理人员。

➤ 负责定期召开安全生产会议，布置和总结安全生产工作。

➤ 负责组织制定事故应急救援预案，落实应急救援队伍、应急救援物资，组织应急救援演练。

➤ 负责组织安全生产大检查，组织力量整改各项事故隐患。组织安全事故的调查、处理和上报工作。

4. 其他分管领导

➤ 在总经理领导下对所管辖范围内的安全生产工作负责。

➤ 负责贯彻、执行国家安全生产的政策、规章、条例和集团相关安全生产制度。

➤ 负责定期参与安全生产检查。

➤ 负责坚持"安全第一"的方针，发现的安全隐患及时消除。

➤ 负责主管单位发生各类事故后，要立即达到现场了解情况，迅速组织抢救，主动配合做好事故调查和善后工作，落实事故处理决定。

5. 安全生产办公室

➤ 拟定提交安全技术操作规程，履行审批程序。

➤ 申报安全事故整改报告，履行审批程序。

➤ 对企业安全生产负主要管理责任。

➤ 在单位主要负责人和分管安全负责人领导下，负责贯彻执行国家、行业及本市安全生产方针、政策、法令、法规和指示要求。

➤ 负责协同人事部门做好职工安全教育与培训。

➤ 负责组织制定和修改安全技术操作规程。

➤ 负责每月组织安全生产大检查和事故隐患整改。

➤ 负责日常安全巡回检查，有权制止违章指挥和违章操作，遇有危及安全生产的紧急情况，有权停止作业。

➤ 负责做好出租房的安全管理。

➤ 负责安全事故的调查、处理、统计、上报等。对安全事故应形成总结的书面记录，并追踪整改落实情况，形成整改报告。

➤ 负责安全生产考核评比，对违章及事故责任人提出处罚意见。

➤ 负责组织经验交流，推广应用安全先进经验和科研成果。

➤ 负责每年编制安全技术措施计划，并检查落实。

6. 人事部门

➤ 每年督促安全部门制订企业安全教育培训计划，协同安全部门对从业人员进行安全生产培训、教育和考核。安全部门负责安全生产培训教育资料保存。保证安全生产管理机构和安全生产管理人员数量和素质的配置要求。对于各部门提出的不适合特种作业、危险作业，以及高温、高空、高压作业岗位的人员，经核实后妥善安置。负责办理工伤保险事宜。

7. 财务部门

➤在编制企业财务费用长远发展规划和年度计划时，将安全生产费用计划纳入。保证安全生产投入的资金得以落实。

8. 工程技术部、工程配套部

➤在经理、主管生产副经理领导下，协助领导推动施工中安全技术工作，贯彻执行安全生产方针、劳动保护政策、法令、规程制度等监督检查实现安全生产。

➤负责监督、检查施工措施执行情况，对违章冒险作业和严重危险部位实行指令书，有权停止施工、运行和操作，停止使用。开展安全生产、文明施工竞赛活动。负责安全奖惩工作，组织交流推广先进经验，并进行总结评比工作。

➤负责开展安全检查，对及时解决查出来的事故隐患提出开展安全工作意见，督促实施，消除隐患。

➤负责参加重大事故调查、分析、处理工作，对事故责任人提出处理意见和事故防范措施。

➤负责参加新建、扩建、改建、大修、拆除、加固等项施工方案，提出安全上的措施意见并监督实施。

➤负责安全管理方面统计上报建档工作。

9. 物业管理部

➤在总经理和分管领导的领导下工作，负责物业管理区域的安全管理。

➤负责掌握并负责贯彻国家及上级有关"安全、健康、环保"生产的方针、法规、政策和规定。

➤负责熟悉并执行本单位有关的安全规程、规章制度，完善物业管理各应急预案编制，并组织演习。

➤负责组织每月定期召开部门安全生产管理分析例会，对安全生产工作中存在的不安全问题提出整改建议、制定并落实整改措施。

➤负责经常深入辖区检查指导安全管理工作，严肃查处违章违纪行为。

➤负责参加和主持有关事故的调查处理工作，对本部门事故统计报告的及时性、准确性、完整性负责。➤负责组织做好辖区内的防火、防寒防冻、防洪防汛工作，落实防火、防寒防冻、防洪防汛各项工作措施。

➤负责认真学习消防知识，自觉遵守消防法规和各项规章制度，掌握各类消防器材的用途、使用方法。

➢负责组织、协调做好辖区公共设施如电力、电信、燃气、供热、供水、排水、道路、电梯、环卫、绿化、房屋、路灯、消防的管理、维修、修缮工作，保障各类设施设备的完好、功能齐全、正常运行。

➢负责住宅小区公共部分的安全、环卫、绿化管理工作，保障住宅小区环境的安全、清洁、美化。

10. 其他部门

➢负责对本部门的安全生产工作负责。

➢负责认真执行国家相关安全生产法律和企业安全生产制度。

➢负责开展安全生产检查，消除安全隐患。

➢负责参与安全生产事故的调查和处理。

11. 公司从业人员安全操作标准

➢严格执行安全生产规章制度和安全技术操作规程，严禁违章作业。

➢按规定正确穿戴劳动保护用品，正确使用安全和工业卫生防护装置或安全工具。

➢精心维护设备设施，保持设备设施良好的安全运行状态，保持作业环境整洁，做到文明生产。

➢了解岗位中存在的危险因素及其可能造成的严重后果，掌握与岗位相适应的安全知识，掌握事故隐患排查能力，具备应急自救和逃生技能。

➢发现事故苗头立即停止作业，向有关人员反映。积极参加安全教育、培训和安全检查活动。

➢有权对安全生产工作提出建议，有权拒绝违章作业或冒险蛮干，发现直接危及人身安全的紧急情况，有权停止作业或采取可能的应急措施后撤离作业场所。

（五）不相容职责

表 18 – 2　不相容职责

岗位职责	安全工作计划编制	安全工作计划审批	安全工作执行	安全工作监察
安全工作计划编制		×		×
安全工作计划审批	×		×	×
安全工作执行		×		×
安全工作监察	×	×	×	

注：×表示不相容职责。

（六）关键流程

政府主管部门	事故现场主要负责人	相关主管部门	公司安全生产办公室	公司安全生产分管领导

开始

发生重伤以上事故向本单位主要领导报告

电话

主要领导向上一级及政府电话报告

下达指示并报告主要领导

安全生产事故书面报表

报告接收处理程序

成立事故调查组开展事故调查

成立事故调查组

安全事故调查与处理报告书

接报处理程序

审批

成立善后处理小组处理善后事宜

事故整改完成报告书

审批

资料存档

资料报备

结束

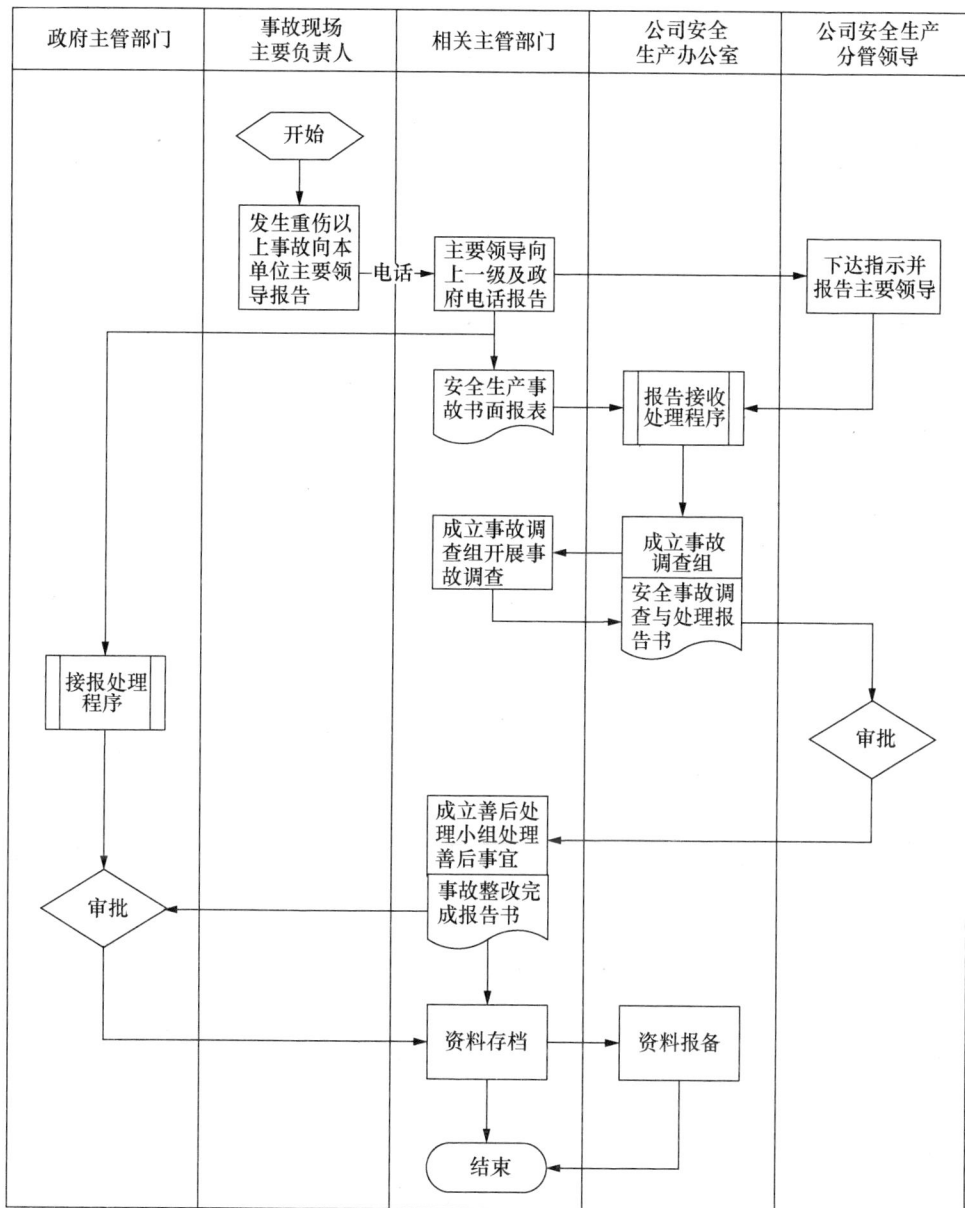

图18-1　安全生产事故上报与处置流程

（七）控制目标

表 18 - 3   控制目标

序号	《内控手册》具体控制目标编号	拟实现的内控目标	内控目标具体描述
1	SR - CO - 1	合法合规性目标	保证安全工作符合国家有关法律法规规定
2	SR - CO - 2	财务报告目标	保证安全措施投入资金的会计信息真实、准确
3	SR - CO - 3	资产安全目标	保证公司资产安全、完整
4	SR - CO - 4	经营效率和效果目标	提升公司运营效率和经营效果
5	SR - CO - 5	发展战略目标	促进公司发展战略目标的实现

（八）风险控制矩阵

表 18 - 4   风险控制矩阵

对应控制目标编号	风险编号	风险事项描述	关键控制措施编号	关键控制措施	对应制度	控制痕迹	风险责任部门	风险责任岗位
SR - CO - 1 SR - CO - 3 SR - CO - 4 SR - CO - 5	SR - R - 101	安全生产措施不到位，未能定期或不定期进行设施、装置等的安全检查监督工作，可能无法排查安全生产隐患	SR - CA - 101	第八条　安全生产管理部门每月组织安全生产大检查和事故隐患整改活动。每年编制安全技术措施计划，并检查落实情况。第十一条　工程管理部监督检查施工措施执行情况，对违章冒险作业和严重危险部位实行指令书，有权停止施工、运行和操作，停止使用。开展安全检查，对及时解决查出来的事故隐患提出开展安全工作意见，督促实施，消除隐患	安全生产责任制度	月度安全生产检查记录、事故整改通知、整改落实汇报书	安全生产办工程管理部	负责人

续表

对应控制目标编号	风险编号	风险事项描述	关键控制措施编号	关键控制措施	对应制度	控制痕迹	风险责任部门	风险责任岗位
SR－CO－1 SR－CO－2 SR－CO－3 SR－CO－4 SR－CO－5	SR－R－102	安全生产资金投入不到位及费用使用不当，可能致使安全隐患得不到及时、有效的排除或控制	SR－CA－102	第十条　财务部门安全生产责任：在编制企业财务费用长远发展规划和年度计划时，将安全生产费用计划纳入。保证安全生产投入的资金得以落实	安全生产责任制度	年度安全生产费用计划及审批文件、安全资金投入凭证	计划财务部	经理
SR－CO－1 SR－CO－3 SR－CO－4 SR－CO－5	SR－R－103	安全事故未形成总结书面记录，并整改落实，可能导致事故原因未得到排查，影响后续的事故防范	SR－CA－103	第八条　安全生产管理部门负责安全事故的调查、处理、统计、上报等。对安全事故应形成总结的书面记录，并追踪整改落实情况，形成整改报告	安全生产责任制度	安全事故总结报告、安全事故整改报告	安全生产办	主任

二、统计管理

（一）概述

统计管理规定了公司及其控股子公司（以下简称"子公司"）有关运营信息统计的定义与范围，信息统计收集、处理、记录、审批与上报等工作流程。旨在规范统计管理，努力避免或降低在统计工作中的风险。

（二）适用范围

适用于公司及子公司。

（三）相关制度

➢ 《统计管理规定》。

（四）职责分工

1. 企业发展部
➢ 具体负责统计局房地产开发企业年报。
➢ 负责统计工作的基础性工作，包括统计台账和原始凭证，资料的报送与管理、定期的统计调查、统计分析与统计预测。
➢ 负责接受备案各部门、项目公司、所属各单位上报政府有关部门的统计报表。
➢ 建立相应统计台账。统计台账要求及时登记、认真填写、内容全面、查询方便、保存完好。

2. 办公室
➢ 召集有关部门协商编制涉及两个以上部门，而又无适当部门负责统计业务。
➢ 负责各部室、项目公司对外报送的专业统计报表，报总经理审批后的留存归档；负责凡上级业务主管部门向所属业务部门直接颁发的有关统计文件和报表，集团各部室在完成上报审批流程后的上报材料的留存归档。

3. 各职能业务部室
➢ 负责各类专业统计报表。
➢ 配合企业发展部做好相关数据的收集、统计、报送的工作。
➢ 负责把编报的统计报表及原始凭证、统计台账分类归档，实行专人负责。
➢ 建立相应统计台账。统计台账要求及时登记、认真填写、内容全面、查询方便、保存完好。
➢ 负责上报企发部统计分析报表。

4. 计划财务部
➢ 负责报送财务方面统计报表。

（五）不相容职责

表 18-5　不相容职责

岗位职责	统计报表编制	统计报表审核	统计报表审批
统计报表编制		×	×
统计报表审核	×		×
统计报表审批	×	×	

注：×表示不相容职责。

（六）关键流程

各业务部门、单位	企业发展部	办公室	分管领导	总经理

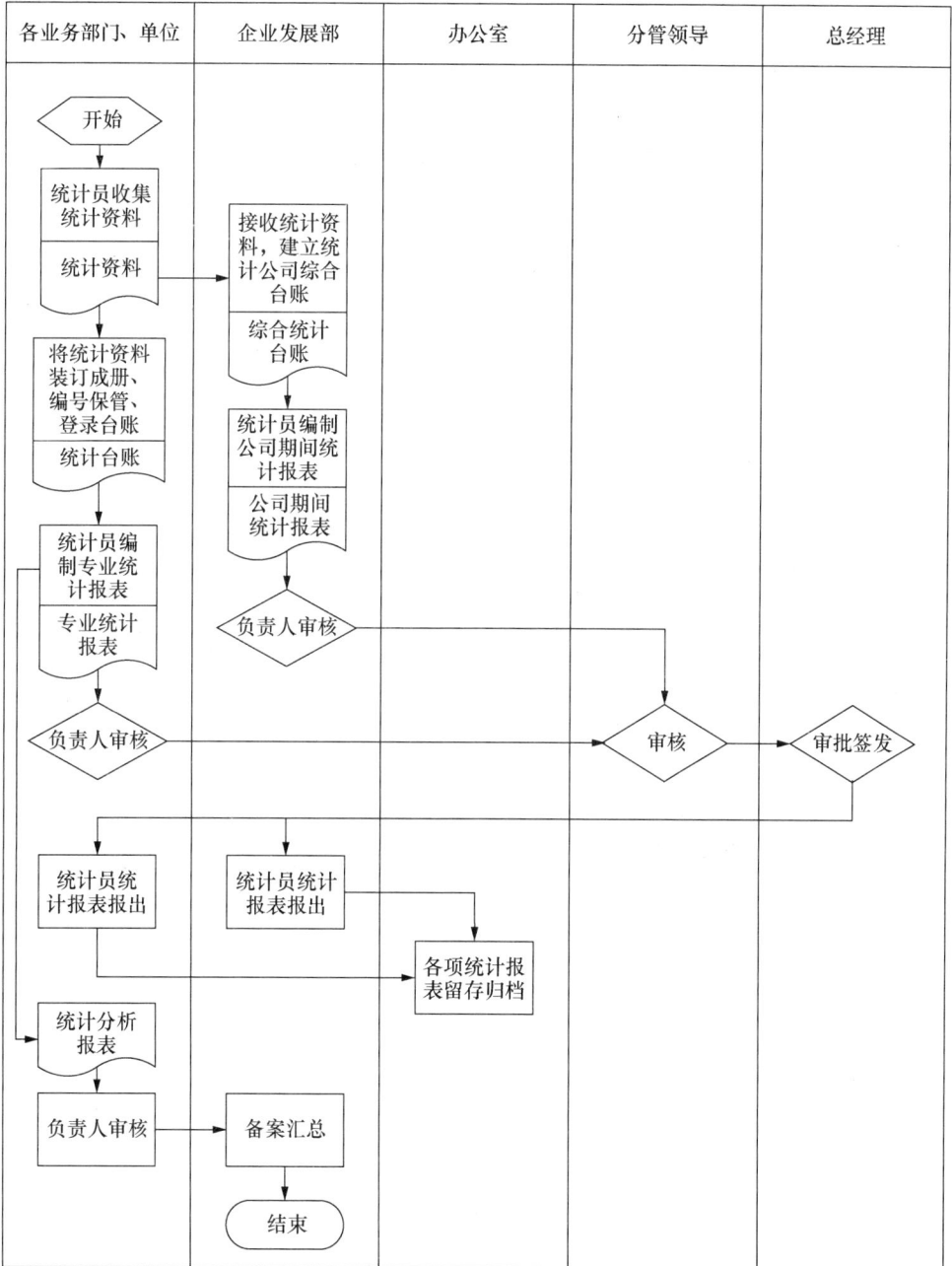

图 18 - 2　统计管理流程

（七）控制目标

表 18-6　控制目标

序号	《内控手册》具体控制目标编号	拟实现的内控目标	内控目标具体描述
1	SR－CO－1	合法合规性目标	保证统计工作符合国家有关法律法规规定
2	SR－CO－2	财务报告目标	不适用
3	SR－CO－3	资产安全目标	不适用
4	SR－CO－4	经营效率和效果目标	提升公司运营效率和经营效果
5	SR－CO－5	发展战略目标	促进公司发展战略目标的实现

（八）风险控制矩阵

表 18-7　风险控制矩阵

对应控制目标编号	风险编号	风险事项描述	关键控制措施编号	关键控制措施	对应制度	控制痕迹	风险责任部门	风险责任岗位
SR－CO－1 SR－CO－4 SR－CO－5	SR－R－201	公司未制定统计管理制度，使得统计信息管理混乱，信息上报不及时，被监管部门处罚风险	SR－CA－201	第一条　为适应集团公司发展的需求，进一步加强和提高企业管理水平，不断规范企业管理工作，保证统计资料的准确性与及时性，发挥统计工作在集团经营活动中的重要作用，特制定统计管理规定	统计管理规定	统计管理规定文本	企业发展部	经理
SR－CO－1 SR－CO－4 SR－CO－5	SR－R－202	公司未设置统计主管部门、统计岗位，可能导致公司统计信息失真	SR－CA－202	第十一条　集团各项主要统计资料，由企业发展部掌管，部室及各项目公司的各项主要统计资料，由本部门统计人员掌管	统计管理规定	部门职责说明书	企业发展部	经理

对应控制目标编号	风险编号	风险事项描述	关键控制措施编号	关键控制措施	对应制度	控制痕迹	风险责任部门	风险责任岗位
SR－CO－1 SR－CO－4 SR－CO－5	SR－R－203	公司未制定统计信息的收集、整合、审核、审批管理程序，可能导致统计信息不完整、不准确	SR－CA－203	第五条 各部室、项目公司对外报送的专业统计报表，必须先经各部室负责人签字，项目分管领导审核，报总经理审批，由办公室留存归档	统计管理规定	各部门统计报表及相关审批文件	企业发展部	经理
SR－CO－1 SR－CO－4 SR－CO－5	SR－R－204	未建立统计台账、原始凭证，可能导致统计信息不准确、不及时，影响统计分析的效果	SR－CA－204	第十二条 统计工作的基础性工作包括统计台账和原始凭证、资料的报送与管理、定期的统计调查、统计分析与统计预测。第十七条 根据统计管理制度和指标要求建立相应统计台账。统计台账要求及时登记、认真填写、内容全面、查询方便、保存完好。各部门、项目公司、所属各单位要根据统计职责要求分别建立统计台账	统计管理规定	统计台账、原始凭证	企业发展部	经理
SR－CO－1 SR－CO－4 SR－CO－5	SR－R－205	未制定统计信息保密措施，可能导致公司信息泄密，造成公司利益损失	SR－CA－205	第十六条 统计资料是企业保密材料，未经批准，各部门、直属公司不得擅自复印和外借，否则，将追究有关单位、人员的责任，给公司造成不良影响或经济损失的，集团将依照有关法规和公司规章制度对相关责任人员予以处罚，触犯刑法的，追究刑事责任	统计管理规定	统计资料复印或外借申请及审批	企业发展部	经理

对应控制目标编号	风险编号	风险事项描述	关键控制措施编号	关键控制措施	对应制度	控制痕迹	风险责任部门	风险责任岗位
SR－CO－1 SR－CO－4 SR－CO－5	SR－R－206	统计人员调动未进行交接，可能导致统计信息丢失，给公司带来损失	SR－CA－206	第二十一条　统计人员调动工作时必须认真办妥交接手续，在未办妥以前，原统计人员不得擅离工作岗位，更不得因工作调动而影响统计工作的正常进行	统计管理规定	统计人员交接书	企业发展部	经理

三、突发事件管理

（一）概述

突发事件管理规定了公司及其控股子公司（以下简称"子公司"）涉及公司突发事件定义和范围的确定，突发事件的组织管理、信息上报、反馈及发布，善后处置及总结评估等工作流程。旨在规范突发事件管理，努力避免或降低在突发事件管理中的风险。

（二）适用范围

适用于公司及子公司。

（三）相关制度

➢《应急管理总体预案》。

（四）职责分工

1. 公司应急委员会
➢ 负责启动公司总体应急预案并派出现场总指挥。

➤负责现场指挥部进行现场事故（件）处置。

➤负责批准事故调查报告及事故总结报告。

2. 公司应急办公室

➤负责制定二级单位应急预案处置方案。

➤负责总结事件处理结果，上报公司应急领导小组。

➤负责将事故调查报告和事故总结报告上报应急委员会批准。

3. 相关主管单位

➤负责接受应急事件信息启动应急预案。

➤负责对应急事件处置并及时上报信息。

➤负责编制事故调查报告上报公司应急办。

4. 现场负责人

➤负责及时上报应急事件相关信息报表。

5. 现场上报人

➤负责在目击或者第一个发现事件后及时向现场负责人汇报。

（五）不相容职责

表 18-8 不相容职责

岗位职责	事件上报	事件调查	决策审批
事件上报		×	×
事件调查	×		×
决策审批	×	×	

注：×表示不相容职责。

（六）关键流程

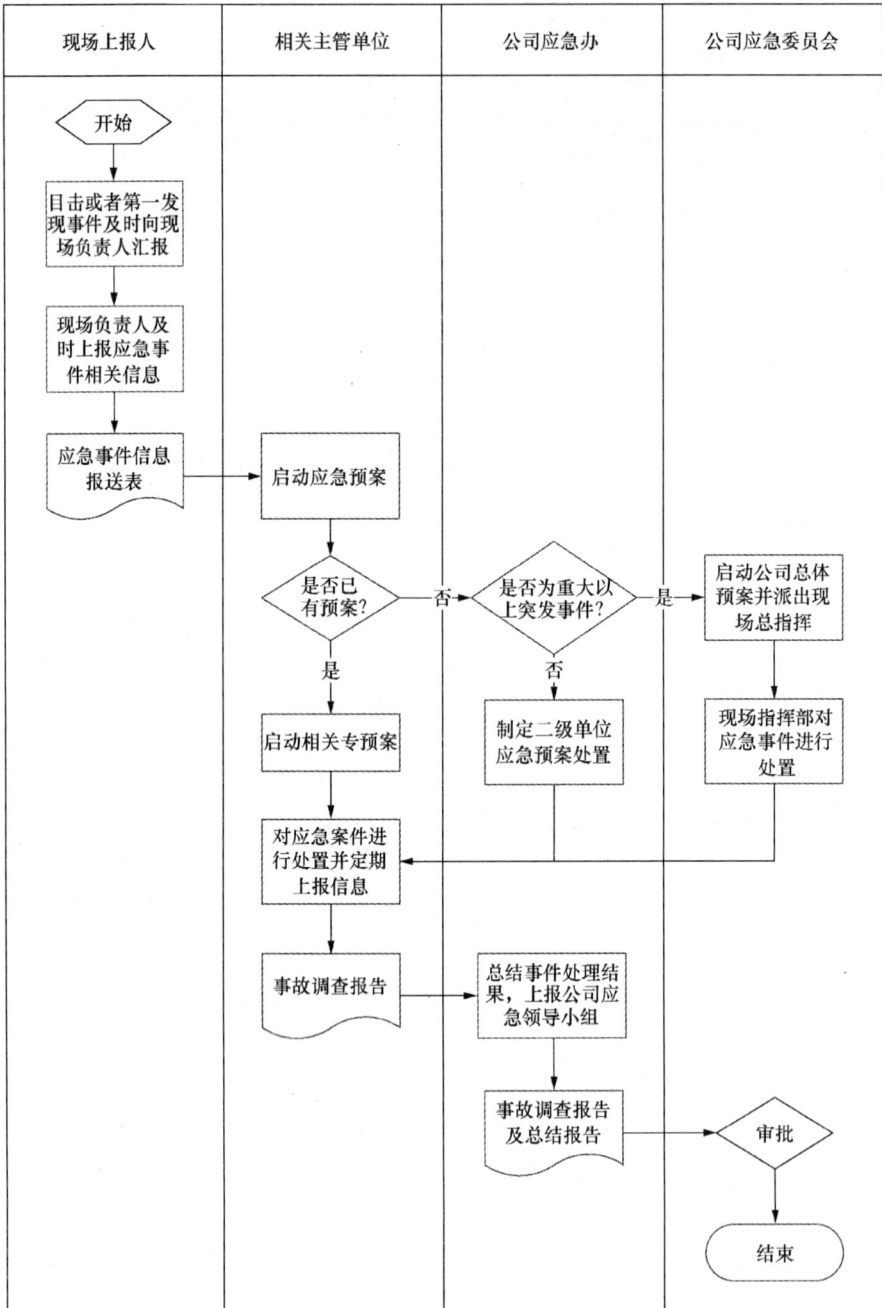

图 18 – 3　突发事件管理流程

（七）控制目标

表 18 – 9　控制目标

序号	《内控手册》具体控制目标编号	拟实现的内控目标	内控目标具体描述
1	SR – CO – 1	合法合规性目标	保证突发事件管理符合国家有关法律法规规定
2	SR – CO – 2	财务报告目标	不适用
3	SR – CO – 3	资产安全目标	保证公司资产安全、完整
4	SR – CO – 4	经营效率和效果目标	提升公司运营效率和经营效果
5	SR – CO – 5	发展战略目标	促进公司发展战略目标的实现

（八）风险控制矩阵

表 18 – 10　风险控制矩阵

对应控制目标编号	风险编号	风险事项描述	关键控制措施编号	关键控制措施	对应制度	控制痕迹	风险责任部门	风险责任岗位
SR – CO – 1 SR – CO – 3 SR – CO – 4 SR – CO – 5	SR – R – 301	公司未制定突发事件管理制度，突发事件管理职责不明确，应对程序不清晰，可能导致突发事件应对混乱，损失扩大，损害企业利益	SR – CA – 301	第一条　根据国家、上海市、浦东新区和公司应急管理工作的总体部署，为全面提高突发公共事件应急响应、事后重建能力，建立形成公司"网络化、全覆盖"应急管理工作机制，结合集团公司应急管理的实际，制定集团公司应急管理总体预案	应急管理总体预案	应急管理总体预案文本	党委办公室/办公室/安全生产办	主任

对应控制目标编号	风险编号	风险事项描述	关键控制措施编号	关键控制措施	对应制度	控制痕迹	风险责任部门	风险责任岗位
SR－CO－1 SR－CO－3 SR－CO－4 SR－CO－5	SR－R－302	未能定期对重大危险源进行识别、检查、监控,可能导致突发事件发生	SR－CA－302	第十一条 根据《应急管理相关职能部室分工责任表》的内容定期对重大危险源进行识别、检查、监控。有关预测与预警要建立工作档案、专人负责	应急管理总体预案	重大危险源识别文件	办公室/安全生产办	主任
SR－CO－1 SR－CO－3 SR－CO－4 SR－CO－5	SR－R－303	未制定突发应急预案,可能导致发生突发事件时未能做出有效反应,造成人员伤亡和财产损失	SR－CA－303	第八条 应急预案体系: 1. 集团公司突发事件总体预案是应对突发事件的规范性文件。本总体应急预案由党委、集团公司经营班子制定并公布实施	应急管理总体预案	突发应急预案文件文本	党委办公室/办公室/安全生产办	主任
SR－CO－1 SR－CO－3 SR－CO－4 SR－CO－5	SR－R－304	日常生产中未能对应急预案进行演练并评审,可能导致预案难以执行,突发事故时人员未能及时做出救援反应	SR－CA－304	第二十一条 演练:1. 应急处置演练由集团公司应急委部署,应急办会同相关部室负责组织实施。2. 从实战角度出发,组织参与全区性、综合性应急演练和集团公司应急预案专项演练的实施。应急演练方案要加强针对性和实效性。应急演练要精心组织,并对应急演练的结果进行总体评估和缺陷分析,以便通过持续改进,提高应急事件处置的组织指挥能力和应急措施协调反应能力	应急管理总体预案	应急预案演练记录及评审文件	安全生产办	主任

对应控制目标编号	风险编号	风险事项描述	关键控制措施编号	关键控制措施	对应制度	控制痕迹	风险责任部门	风险责任岗位
SR－CO－1 SR－CO－3 SR－CO－4 SR－CO－5	SR－R－305	发生突发事件时，领导组织不力，未能对事件进行有效控制，可能导致损失扩大，公司经济利益和声誉受损	SR－CA－305	第九条　领导机构：1.集团公司突发事件应急管理由集团公司党委、集团公司经营班子统一领导。专门设立集团公司突发公共事件应急管理委员会负责和部署集团公司突发事件应急管理工作	应急管理总体预案	公司应急委员会工作纪要	党委办公室/办公室/安全生产办	主任
SR－CO－1 SR－CO－3 SR－CO－4 SR－CO－5	SR－R－306	突发事件处置完成后，未能进行深入剖析、总结，可能导致突发事件原因得不到揭露，难以实施责任追究和纠正、预防措施	SR－CA－306	第十四条　善后处置：4.应急事件平息及处置完毕之后，由应急办配合、协调集团公司主管部室会同事发单位和部室，对突发事件进行总体调查评估，其中包括起因、性质、影响、责任、经验教训和恢复重建等内容，其结果向集团公司应急委报告	应急管理总体预案	突发事件调查评估文件	党委办公室/办公室/安全生产办	主任

第十九章　信息系统管理（IS）

提示：信息资源是企业赖以生存的重要因素之一，企业在制定决策和日常运作中需要各种形式的信息。企业信息系统是企业内部各管理层级间通过报告形式传递生产经营管理信息的过程。它对贯彻落实企业发展战略、执行全面预算、识别企业经营中的风险有重要作用。企业信息通过计算机运行传递，如何保护计算机信息系统安全运行至关重要。客观、全面、正确地理顺信息系统流程，明确风险落实责任，会推动信息系统健康发展，促进企业目标完成。

信息系统管理流程规定了公司有关公司信息系统管理工作流程。旨在规范公司信息系统管理的具体流程，努力避免或降低公司在信息系统管理工作中存在的风险。

本流程涉及的具体子流程如表 19 - 1 所示。

表 19 - 1　具体子流程

子流程编号	涉及主要环节/内容
IS - 01 信息系统开发管理	涉及股份公司信息系统开发管理程序，信息系统开发的立项、可研、决策、测试和验收的工作流程
IS - 02 信息系统安全管理	涉及股份公司信息系统安全管理程序，信息系统使用中的用户权限设定、数据备份、机房管理、访问管理的工作流程

一、信息系统开发管理

（一）概述

信息系统开发管理规定了公司及其控股子公司（以下简称"子公司"）有关信息系统开发管理程序，信息系统开发的立项、可研、决策、测试和验收的工作流程。旨在规范信息系统开发管理，努力避免或降低在信息系统开发工作中的风险。

（二）适用范围

适用于公司及子公司。

（三）相关制度

➢《信息系统管理规定》。

（四）职责分工

1. 总经理办公会
➢ 审议批准年度信息系统开发计划。
2. 总经理
➢ 批准确定信息系统开发立项申请。
3. 分管领导
➢ 审核年度信息系统开发计划。
➢ 审核信息系统开发立项申请。
4. 信息化领导小组（信息系统建设管理的主要决策机构）
➢ 由计划财务部负责人、审计监察室负责人、立项部门负责人、所涉及立项部门的分管领导、总经理构成。
➢ 负责项目的立项审批和对办公室工作的监督和指导。
5. 办公室主任（信息系统项目建设的主要管理机构）
➢ 负责编制年度信息系统开发计划，履行公司审批程序。
➢ 负责组织项目可行性研究。
➢ 负责提交信息系统开发立项申请，履行审批程序。

➢ 批准信息系统开发项目实施计划，履行审批程序。

➢ 批准信息系统项目实施方案。

➢ 批准审核信息系统项目实施方案变更。

➢ 批准信息系统开发应用系统验收报告。

➢ 负责项目立项后的建设管理，组织项目的验收。

➢ 负责项目建成后系统和设备的运行维护。

6. 项目小组

➢ 提交信息系统开发项目实施计划，履行公司审批程序。

➢ 提交信息系统项目实施方案，履行公司审批程序。

➢ 提交信息系统项目实施方案变更，履行公司审批程序。

➢ 提交信息系统开发应用系统验收报告，履行公司审批程序。

7. 业务部门负责人（信息系统项目需求的提出者和系统的使用者）

➢ 负责提出立项申请，编写业务需求。

➢ 负责审核信息系统开发项目实施计划，履行审批程序。

➢ 负责审核信息系统项目实施方案。

➢ 负责审核信息系统项目实施方案变更。

➢ 负责审核信息系统开发应用系统验收报告。

➢ 负责协助解决项目建设过程中出现的业务相关问题。

➢ 负责组织项目的用户测试、试运行，参与项目的验收工作，组织项目的推广。

（五）不相容职责

表 19 - 2　不相容职责

岗位职责	需求申请	立项审批	系统上线	监督评价
需求申请		×		×
立项审批	×			×
系统上线	×			×
监督评价	×	×	×	

注：×表示不相容职责。

（六）关键流程

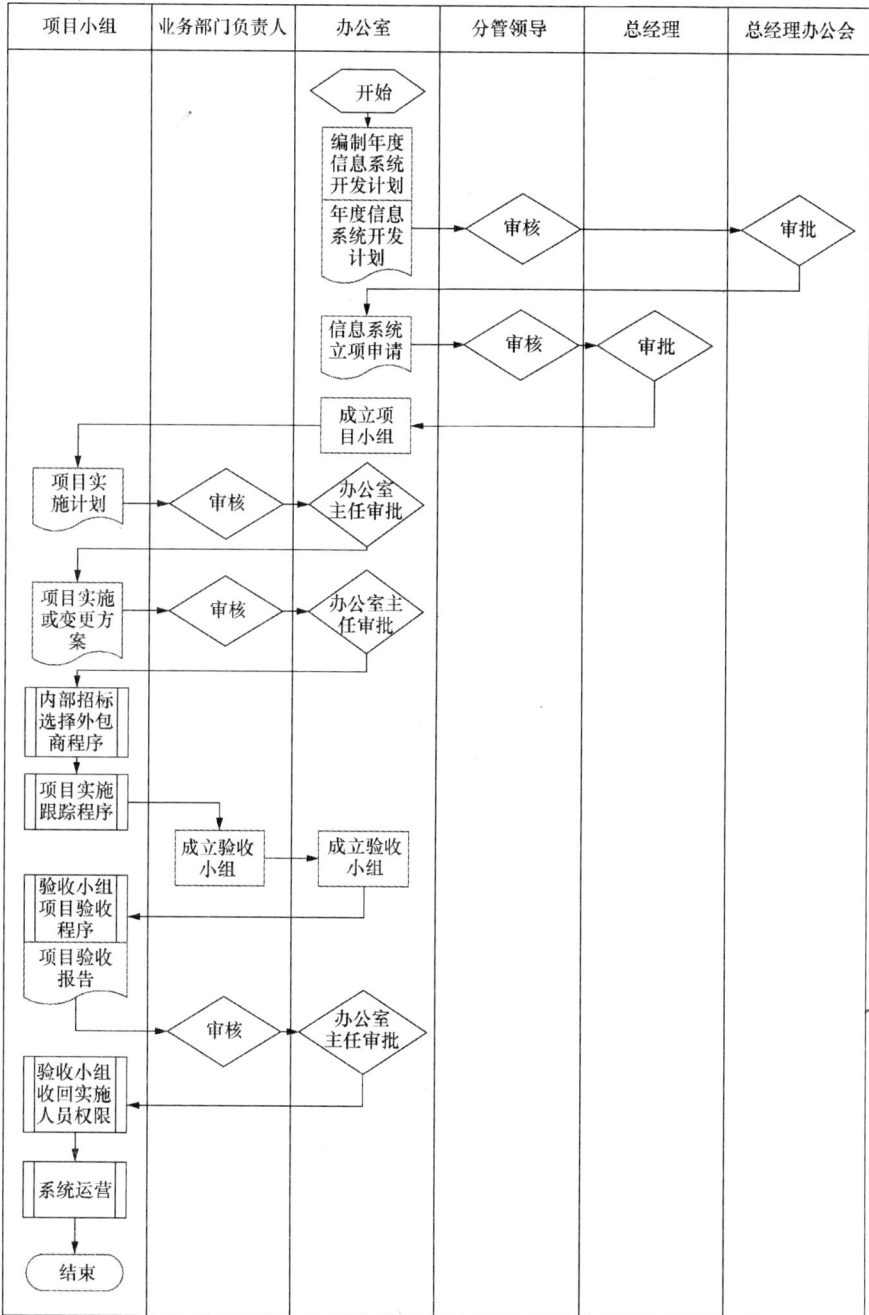

图 19－1 信息系统开发管理流程

（七）控制目标

表 19 - 3　控制目标

序号	《内控手册》具体控制目标编号	拟实现的内控目标	内控目标具体描述
1	IS - CO - 1	合法合规性目标	保证信息系统开发工作符合国家有关法律法规规定
2	IS - CO - 2	财务报告目标	不适用
3	IS - CO - 3	资产安全目标	不适用
4	IS - CO - 4	经营效率和效果目标	提升公司运营效率和经营效果
5	IS - CO - 5	发展战略目标	促进公司发展战略目标的实现

（八）风险控制矩阵

表 19 - 4　风险控制矩阵

对应控制目标编号	风险编号	风险事项描述	关键控制措施编号	关键控制措施	对应制度	控制痕迹	风险责任部门	风险责任岗位
IS - CO - 1 IS - CO - 4 IS - CO - 5	IS - R - 101	未制订信息系统开发的年度计划，造成信息系统开发混乱、缓慢，可能导致企业经营管理效率低下	IS - CA - 101	第八条　信息系统开发与立项：（一）办公室根据公司战略目标需求，制订年度信息系统开发计划，经分管领导审核后，提交总经理办公会批准	信息系统管理规定	年度信息系统开发计划及相关审批文件	办公室	主任
IS - CO - 1 IS - CO - 4 IS - CO - 5	IS - R - 102	无信息系统立项申请或信息系统立项申请不完整，未明确建设目标、人员配备、职责分工、经费保障和进度安排等相关内容，可能导致系统建设失败或建设效率低	IS - CA - 102	第八条　（二）办公室根据已批准的信息系统开发年度计划，提出信息系统开发立项申请。项目申请中应包括《信息系统立项申请表》，需求说明书，可行性报告，资金预算，对成本效益定性、定量的分析和项目时间计划。其中业务部门提供《信息系统开发立项申请表》、需求说明书和成本效益分析，办公室提供可行性报告、资金预算	信息系统管理规定	信息系统立项申请表	办公室	主任

对应控制目标编号	风险编号	风险事项描述	关键控制措施编号	关键控制措施	对应制度	控制痕迹	风险责任部门	风险责任岗位
IS－CO－1 IS－CO－4 IS－CO－5	IS－R－103	信息系统立项申请未按公司确定的程序审批，可能导致信息系统立项不合理或不具备执行效力	IS－CA－103	第八条 （三）信息系统开发立项申请报分管领导审核，提交总经理签批后执行	信息系统管理规定	立项审批文件	办公室	主任
IS－CO－1 IS－CO－4 IS－CO－5	IS－R－104	开发商的选择未设计比选程序，可能导致系统开发成本上升或系统开发商不具备系统开发能力，系统开发未达预期目标	IS－CA－104	第九条 项目小组根据项目要求，会同业务部门采取内部招标方式，比选具备信息系统开发资质和能力的供应商。与中标开发供应商签订信息系统开发合同的过程中，与外包商沟通，制订出精确到周的项目实施计划。此计划中应包括项目的各阶段目标、任务、时间表、里程碑、项目所需人员及其职责划分，并汇报给业务部门和办公室负责人签字确认	信息系统管理规定	开发商选择方式文件及确定文件	办公室	主任
IS－CO－1 IS－CO－4 IS－CO－5	IS－R－105	信息系统归口管理部门未进行信息系统开发全过程的跟踪管理，开发单位与内部各单位沟通不畅，开发过程失去监控，可能导致系统开发过程不顺利，或延误开发进度	IS－CA－105	第十条 项目开发过程管理：（一）项目小组在信息系统开发的全过程进行跟踪管理，协调开发单位与内部各单位顺畅沟通，并对信息系统开发的监控过程做文字记录	信息系统管理规定	监控过程文字记录	办公室	系统管理员
IS－CO－1 IS－CO－4 IS－CO－5	IS－R－106	项目开发完成后未组织独立于开发单位的专业人员进行系统验收、测试，可能导致系统性能不能满足要求，项目责任难以界定	IS－CA－106	第十条 （二）项目进入验收测试阶段时，办公室会同业务部门成立验收小组，并可根据项目需要邀请外部专家参与，验收小组中应包括项目小组的全部成员。验收小组对项目进行临时验收和最终验收，对项目的最终质量负责	信息系统管理规定	验收文件	办公室	系统管理员

对应控制目标编号	风险编号	风险事项描述	关键控制措施编号	关键控制措施	对应制度	控制痕迹	风险责任部门	风险责任岗位
IS－CO－1 IS－CO－4 IS－CO－5	IS－R－107	系统上线各项准备工作不充分，业务操作和系统管理人员培训不到位，系统数据迁移，未制订详细的数据迁移计划并按公司规定的程序审批，可能导致应用系统实施上线失败，影响业务运营	IS－CA－107	第二十五条 项目完成测试后在上线准备中应完成数据迁移计划、流程、计划的审批等程序 第二十六条 系统进入正式运行后，应用系统、数据库、操作系统以及系统中包含的网络设备等的维护工作应转交给办公室管理员	信息系统管理规定	数据迁移计划、流程、计划的审批等文字程序	办公室	系统管理员

二、信息系统安全管理

（一）概述

信息系统安全管理规定了公司及其控股子公司（以下简称"子公司"）涉及信息系统安全管理程序，信息系统使用中的用户、权限设定、数据备份、机房管理、访问管理的工作流程。旨在规范信息系统安全管理，努力避免或降低在信息系统安全工作中的风险。

（二）适用范围

适用于公司及子公司。

（三）相关制度

➤《信息系统管理规定》。

（四）职责分工

1. 分管领导
➤ 审批确定网站相关栏目的设立或变更方案。

➢ 审批确定信息员提交信息内容发布与备案方案。

➢ 审批确定网站上网信息发布与备案方案。

2. 办公室主任

➢ 批准确定系统远程维护外包方案。

➢ 批准确定数据恢复计划。

➢ 审核信息员提交信息内容发布与备案方案。

➢ 审核网站上网信息发布与备案方案。

➢ 审核网站相关栏目的设立或变更方案。

3. 办公室信息系统管理员/网站管理员

➢ 系统管理员提交批准确定系统远程维护外包方案。

➢ 系统管理员负责信息系统的安全管理和维护工作，解决并记录信息系统中的问题，按照权限分配表在信息系统中设置用户的权限。

➢ 系统管理员负责服务器操作系统的管理和维护工作，对服务器中软件的安装及删除进行管理和记录。

➢ 系统管理员负责数据库的管理和维护工作，进行数据备份和恢复测试，并对备份的存放介质进行管理。

➢ 网站管理员负责网站相关栏目的设立或变更方案。

4. 相关业务部门

➢ 提交信息员提交信息内容发布与备案方案。

➢ 提交上网信息发布与备案方案。

（五）不相容职责

表 19 - 5　不相容职责

岗位职责	账户申请	授权审批	运行维护	监督检查
账户申请		×		×
授权审批	×		×	×
运行维护		×		×
监督检查	×	×	×	

注：×表示不相容职责。

（六）关键流程

业务部门	人事部门	办公室主任	系统管理员

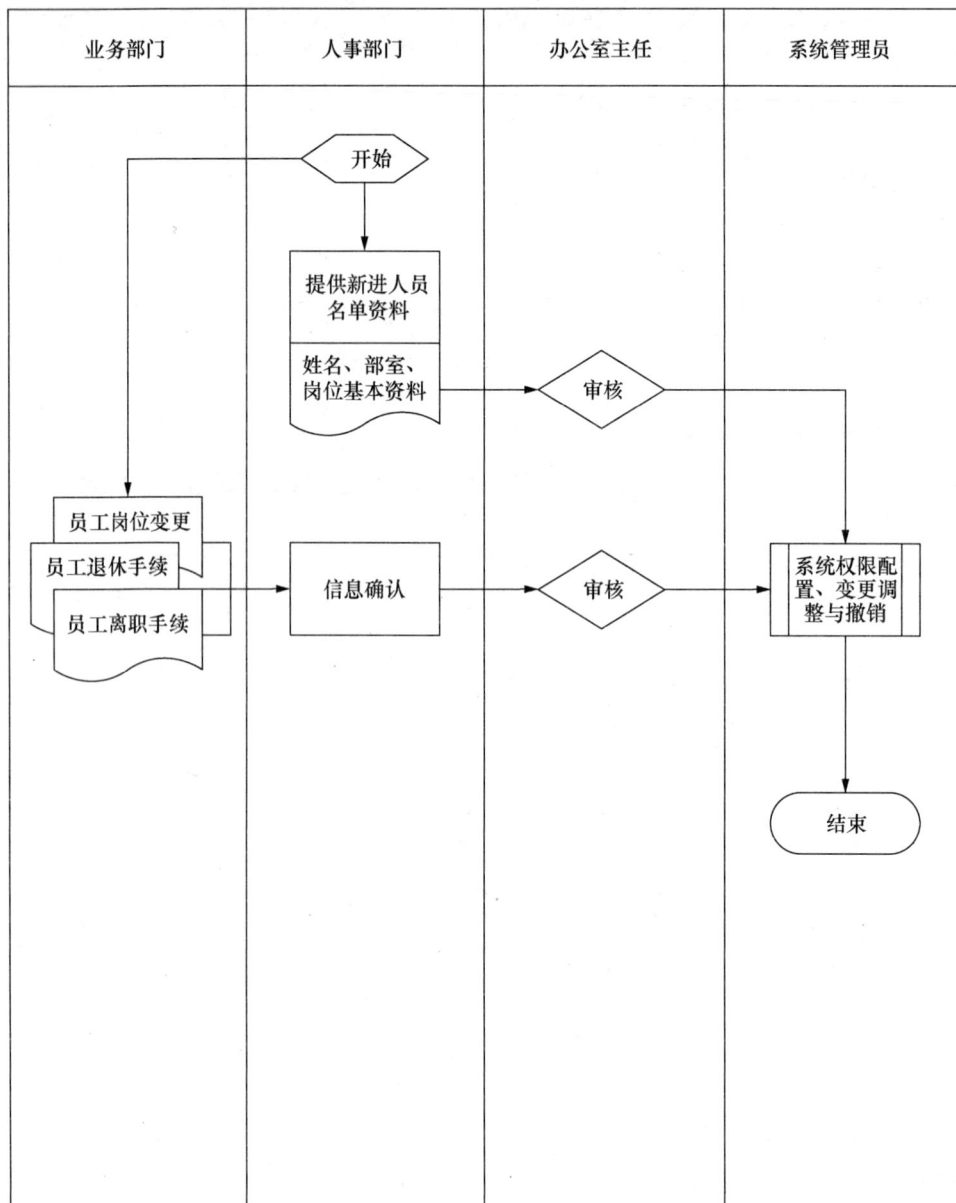

图 19-2 系统用户权限管理流程

（七）控制目标

表 19 - 6　控制目标

序号	《内控手册》具体控制目标编号	拟实现的内控目标	内控目标具体描述
1	IS - CO - 1	合法合规性目标	保证信息系统安全工作符合国家有关法律法规规定
2	IS - CO - 2	财务报告目标	不适用
3	IS - CO - 3	资产安全目标	不适用
4	IS - CO - 4	经营效率和效果目标	提升公司运营效率和经营效果
5	IS - CO - 5	发展战略目标	促进公司发展战略目标的实现

（八）风险控制矩阵

表 19 - 7　风险控制矩阵

对应控制目标编号	风险编号	风险事项描述	关键控制措施编号	关键控制措施	对应制度	控制痕迹	风险责任部门	风险责任岗位
IS - CO - 1 IS - CO - 4 IS - CO - 5	IS - R - 201	未制定信息系统运行维护和变更管理流程，信息系统操作人员擅自进行系统软件的删除、修改等操作；擅自升级、改变系统软件版本；擅自改变软件系统环境配置，系统变更管理混乱。对于必需的后台操作，未对操作情况进行监控或者审计，可能导致系统程序遭到破坏、不法篡改、系统数据丢失，或系统舞弊	IS - CA - 201	第三十二条　办公室负责人应指定专人担任系统管理员，系统管理员负责信息系统的安全管理和维护工作，解决并记录信息系统中的问题，按照权限分配表在信息系统中设置用户的权限；负责服务器操作系统的管理和维护工作，对服务器中软件的安装及删除进行管理和记录；负责数据库的管理和维护工作，进行数据备份和恢复测试，并对备份的存放介质进行管理	信息系统管理规定	系统权限分配表、系统维护日志	办公室	信息系统管理员

对应控制目标编号	风险编号	风险事项描述	关键控制措施编号	关键控制措施	对应制度	控制痕迹	风险责任部门	风险责任岗位
IS－CO－1 IS－CO－4 IS－CO－5	IS－R－202	系统中未安装有效安全软件或采取有效措施防范系统受到病毒等恶意软件的感染和破坏，可能导致系统无法持续稳定运行，影响公司日常经营活动	IS－CA－202	第四十四条 在系统中安装有效安全软件或采取有效措施防范系统受到病毒等恶意软件的感染和破坏	信息系统管理规定	系统安全软件截图	办公室	信息系统管理员
IS－CO－1 IS－CO－4 IS－CO－5	IS－R－203	公司未建立用户管理制度，未对重要业务系统进行访问权限管理，未定期审阅系统账号，使得授权不当或存在非法授权账号，不相容职务用户账号的交叉操作，可能导致系统信息被非法访问、泄露或恶意篡改，损害公司利益	IS－CA－203	第四十条 信息化系统用户初始注册时，由公司办公室根据员工基本信息设立用户名和初始密码，并通知员工本人，员工本人应及时更改初始密码。对重要业务系统设定访问权限限制，信息系统管理员定期审阅系统账号，避免存在授权不当或存在非法授权账号，不相容职务用户账号的交叉操作的现象，形成审阅记录	信息系统管理规定	系统管理员定期审阅系统账号记录	办公室	信息系统管理员
IS－CO－1 IS－CO－4 IS－CO－5	IS－R－204	对于发生岗位变化或离岗的系统相关用户，未能及时调整、取消系统中账号的访问权限，可能导致数据被非法更改、利用或泄露	IS－CA－204	第三十九条 公司各部室人员离职、调离和退休时，人事部门应及时将该人员的姓名、部室、岗位等信息书面通知公司办公室，办公室应及时注销该人员的信息化系统用户	信息系统管理规定	人事部人员变动通知单/注销系统用户记录	人力资源部/办公室	人事干事/信息系统管理员

对应控制目标编号	风险编号	风险事项描述	关键控制措施编号	关键控制措施	对应制度	控制痕迹	风险责任部门	风险责任岗位
IS－CO－1 IS－CO－4 IS－CO－5	IS－R－205	对于通过网络传输的涉密或关键数据，未采取加密措施，不能确保信息传递的保密性、准确性和完整性，可能导致机密信息或关键数据泄密、被非授权用户获取或丢失	IS－CA－205	第四十五条　对于通过网络传输的涉密或关键数据，系统管理员应采取加密措施，确保信息传递的保密性、准确性和完整性。不得通过信息系统传输涉密信息	信息系统管理规定	系统加密措施截图	办公室	信息系统管理员
IS－CO－1 IS－CO－4 IS－CO－5	IS－R－206	企业未建立系统数据定期备份管理制度，未明确备份范围、频度、方法、责任人、存放地点、有效性检查等内容，使得系统数据遇到故障、突发事件时，可能导致数据丢失或数据毁坏	IS－CA－206	第四十七条　信息化系统的运行数据每周备份一次，每月刻录成光盘数据档案（如遇节假日依次后延）。于次月将上月数据交公司办公室机要秘书保管。机房、机要秘书保管的当年12个月数据备份档案，在次年的1月交档案室归档	信息系统管理规定	运行数据备份记录、光盘数据档案拍照	办公室	信息系统管理员
IS－CO－1 IS－CO－4 IS－CO－5	IS－R－207	公司未能对机房建立良好的物理环境并指定专人日常负责，未经授权可随意进出设备存放地或触摸系统关键设备，未能形成巡查记录，可能导致无法有效防范设备出现异常，遭遇人为损坏、破坏而不能运行的情况，影响公司日常经营	IS－CA－207	第四十八条　办公室指定专人对机房的物理环境进行管理，包括防潮、防火、防鼠、防虫以及非机房人员进出限制等措施。每月定期进行机房巡检，并形成巡检记录	信息系统管理规定	月度机房巡检记录（包括拍照等）	办公室	信息系统管理员

第二十章 内部监督管理 (MO)

> **提示：**内部控制的有效实施，依赖于有效的内部监督系统。内部监督是在尽可能不影响公司正常经营管理活动的情况下，对内部控制实施情况进行评价，及时纠正公司发生的错误，将内部控制制度的缺陷和改进意见及时反馈给管理者，将发现的内部控制缺陷及时予以弥补。理顺内部监督流程，明确关键环节，识别潜在风险，提出应对措施，落实到责任者，可促进内部控制深入发展。

内部监督管理流程规定了公司有关内部监督工作流程。旨在规范公司内部监督的具体流程，努力避免或降低公司在内部监督工作中存在的风险。

本流程涉及的具体子流程如表 20 - 1 所示。

表 20 -1　具体子流程

子流程编号	涉及主要环节/内容
MO - 01 内控评价管理	涉及公司的内控评价组织、评价程序、内控缺陷认定、内控评价报告以及评价绩效管理等工作流程
MO - 02 内部审计管理	涉及公司内部审计管理程序，公司审计工作计划的制订、审计实施、报告提交、后续跟踪的工作流程

子流程编号	涉及主要环节/内容
MO-03 投诉举报管理	涉及公司投诉举报的渠道建立、信息传递、调查发现和处理、后评估的工作环节和内容
MO-04 内部会计监督管理	涉及内部会计监督组织、内部会计监督计划制订与实施、监督报告与绩效管理等工作流程

一、内控评价管理

（一）概述

内控评价管理规定了公司及其控股子公司（以下简称"子公司"）有关内控评价的组织、评价程序、内控缺陷认定、内控评价报告以及评价绩效管理等工作流程。旨在规范内控评价程序，努力避免或降低在内控评价工作中的风险。

（二）适用范围

适用于公司及子公司。

（三）相关制度

➤《内部控制评价管理规定》。

（四）职责分工

1. 总经理办公会
➤ 审议、批准内控评价工作方案。
➤ 批准内控评价缺陷认定结果。
2. 总经理
➤ 审批确定内部控制检查监督工作计划的设计与修订意见。

> 审批确定检查监督工作报告。

> 审批确定内部控制自我评估报告。

3. 分管领导

> 批准进入考核程序内控评价结果。

> 审核内控评价工作计划与方案。

4. 审计监察室（内部控制评价的归口管理部门）

> 负责集团公司内部控制评价日常管理和监督工作。

> 负责拟定内部控制评价检查小组成员名单，主要由审计监察室人员构成。

> 负责组织定期或者不定期召开内部控制评价小组工作例会。

> 负责审核内部控制评价工作方案。

> 负责确定内部控制评价范围和内控评价依据。

> 负责明确内部控制评价工作程序。

> 负责设计内控评价工作底稿和工作方法。

> 负责拟定内部控制缺陷认定标准。

> 负责汇总内部控制评价检查小组和直属全资、控股企业的内部控制评价工作底稿。

> 负责结合内部控制评价检查小组形成的评价结论，编写年度内部控制评价报告；并有效评估评价报告基准日至报告发出日之间可能发生的风险因素对结论的影响，适当调整其评价结论。

> 负责提出内部控制检查监督工作计划的设计与修订意见。

> 负责建立内控评价工作档案管理制度，妥善保管内部控制评价的有关文件资料、工作底稿和证明材料。

5. 内控评价检查小组（临时机构）

> 负责拟定年度内部控制设计有效性评估的工作范围和方法。

> 负责拟定年度业务控制活动运行有效性评估的工作范围和方法。

> 负责按照内部控制评价工作方案，具体对集团公司内部控制体系设计与运行的真实性、合理性和有效性进行评价，并填写工作底稿。

> 负责根据现场测试获取的实施证据，编制内部控制缺陷认定汇总表，对内部控制缺陷进行认定。

➢ 负责执行评价工作底稿质量交叉复核工作机制，评价工作小组负责人严格审核内部控制评价工作底稿。

➢ 负责对涉及本部门的内部控制评价，执行工作回避制度。

➢ 负责提出内控评价缺陷认定结果。

➢ 负责提出检查监督工作报告。

➢ 负责提出内部控制自我评估报告。

➢ 负责提出进入考核程序内控评价结果。

6. 各相关职能部门和直属全资、控股企业（参与单位）

➢ 负责参与本部门和本企业开展的内部控制自我评估工作，如实填写内部控制工作底稿和评价工作报告。

➢ 负责配合内部控制检查小组进行内部控制现场测评和评价工作，并提供真实、可靠、完整和有效的信息资料。

➢ 负责按时提交和报送内部控制评价材料、工作底稿和评价报告至内部控制评价工作小组。

➢ 负责具体落实整改内部控制重大缺陷解决方案工作内容，并反馈意见。

（五）不相容职责

表 20 – 2　不相容职责

岗位职责	提出评价结果	评价结果审核	评价结果审批
提出评价结果		×	×
评价结果审核	×		×
评价结果审批	×	×	

注：×表示不相容职责。

（六）关键流程

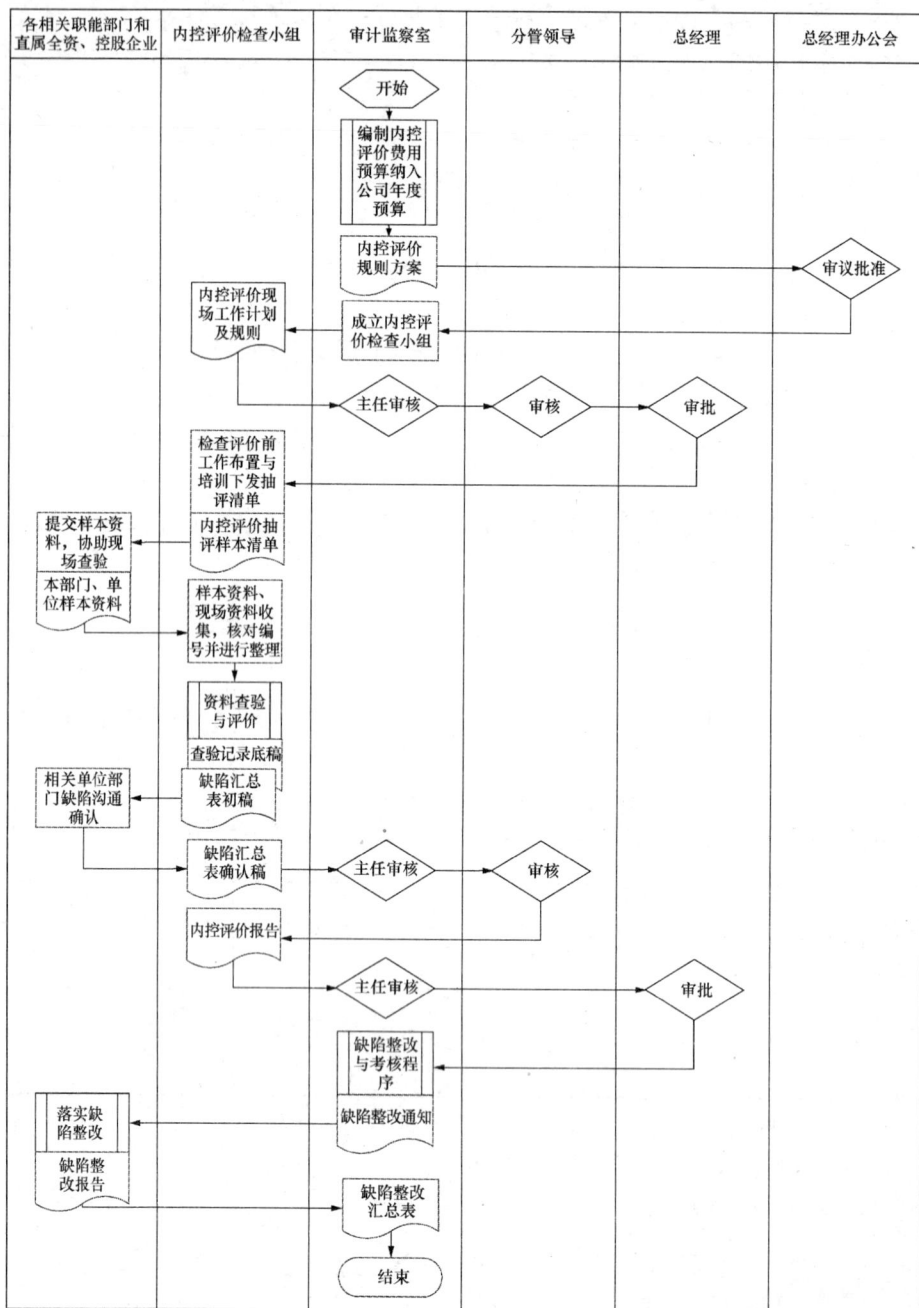

图 20－1　内控评价管理流程

（七）控制目标

表 20-3　控制目标

序号	《内控手册》具体控制目标编号	拟实现的内控目标	内控目标具体描述
1	MO－CO－1	合法合规性目标	保证内控评价工作符合国家有关法律法规规定
2	MO－CO－2	财务报告目标	不适用
3	MO－CO－3	资产安全目标	不适用
4	MO－CO－4	经营效率和效果目标	提升公司运营效率和经营效果
5	MO－CO－5	发展战略目标	促进公司发展战略目标的实现

（八）风险控制矩阵

表 20-4　风险控制矩阵

对应控制目标编号	风险编号	风险事项描述	关键控制措施编号	关键控制措施	对应制度	控制痕迹	风险责任部门	风险责任岗位
MO－CO－1 MO－CO－4 MO－CO－5	MO－R－101	公司未制定内部控制管理制度，内控管理职能不明确，内控管理程序不清晰，可能导致内部控制无章可循，影响内部控制工作效率与效果	MO－CA－101	第二条　本管理规定所称的内部控制评价，是指由集团公司总经理室负责对内部控制的有效性进行全面评价、形成评价结论、出具评价报告的过程和系统方法	内部控制评价管理规定	内部控制评价管理规定文本	审计监察室	主任
MO－CO－1 MO－CO－4 MO－CO－5	MO－R－102	公司内控评价缺乏标准或内控评价工作不规范、不深入、不独立，可能导致对内控运行失去持续有效监督，阻碍内控目标的实现	MO－CA－102	第四条　集团公司应当建立科学的内部控制评价工作机制，制定具体的内部控制评价规定，规定评价的原则、内容、程序、方法和报告形式等，明确相关机构和岗位的职责权限，按照规定程序和要求，有序开展内部控制自我评价工作，并对内部控制评价报告的真实性负责	内部控制评价管理规定	内部控制评价方案	审计监察室	主任

对应控制目标编号	风险编号	风险事项描述	关键控制措施编号	关键控制措施	对应制度	控制痕迹	风险责任部门	风险责任岗位
MO－CO－1 MO－CO－4 MO－CO－5	MO－R－103	公司内控缺陷标准不具体，内控缺陷认定不恰当，可能导致对内控缺陷严重性、风险危害性、内部控制有效性认识不足，留下风险隐患	MO－CA－103	第十五条　集团公司内部控制缺陷包括设计缺陷和运行缺陷：（一）重大缺陷，是指一个或多个控制缺陷的组合，可能导致集团公司严重偏离控制目标。（二）重要缺陷，是指一个或多个控制缺陷的组合，其严重程度和经济后果低于重大缺陷，但仍有可能导致偏离控制目标。（三）一般缺陷，是指除重大缺陷、重要缺陷之外的其他缺陷	内部控制评价管理规定	内控评价缺陷标准	审计监察室	主任
MO－CO－1 MO－CO－4 MO－CO－5	MO－R－104	公司内部控制重大缺陷未及时报告给总经理办公会，可能导致内部控制重大缺陷未得到有效整改，内控管理责任未得到追究，影响内部控制有效性	MO－CA－104	第十八条　对于集团公司存在的内控体系设计缺陷，相关职能部门应结合内部控制评价检查小组整改建议，对内部控制体系制度和体系设计进行修订。对于集团公司内部控制评价过程中所发现重大缺陷应及时报告给总经理办公会进行处理	内部控制评价管理规定	重大内控缺陷报告及总经理办公会意见	审计监察室	主任
MO－CO－1 MO－CO－4 MO－CO－5	MO－R－105	公司内部控制管理未纳入绩效考核体系，可能导致内部控制管理流于形式，影响内控有效性和持续改进	MO－CA－105	第十七条　内控评价检查小组对于内控评价结果，经分管领导审核后，提交人力资源部进入绩效考核处理；所属企业的提交企发部进入绩效考核处理	内部控制评价管理规定	内控评价结论绩效考核方案	审计监察室	主任

二、内部审计管理

（一）概述

内部审计管理规定了公司及其控股子公司（以下简称"子公司"）有关内部审计管理程序，公司审计工作的计划制订、审计实施、报告提交、后续跟踪的工作流程。旨在规范内部审计管理，努力避免或降低在内部审计工作中的风险。

（二）适用范围

适用于公司及子公司。

（三）相关制度

➢《内部审计监察制度》。

➢《建设项目投资监理、施工结算审计管理规定》。

（四）职责分工

1. 总经理办公会

➢ 审议、批准年度审计计划。

➢ 审核超预算融资方案。

2. 总经理

➢ 批准干部任期审计立项方案。

➢ 批准审计报告。

3. 分管领导

➢ 审核年度审计计划。

➢ 审批审计方案。

➢ 审批审计处理意见。

➢ 审批施工审计业务约定书。

➢ 审核审计报告。

4. 审计监察室

➢ 负责提交年度审计计划，履行公司审批程序。

➢ 负责审核超预算融资方案。

➤ 审核单笔融资方案。

➤ 审核审计方案。

➤ 审核审计处理意见。

➤ 审核施工审计业务约定书。

➤ 审核审计报告。

5. 审计小组

➤ 提交审计方案,履行公司审批方案。

➤ 提交审计处理意见,履行公司审批方案。

➤ 提交施工审计业务约定书,履行公司审批程序。

➤ 提交审计报告,履行公司审批程序。

6. 人力资源部

➤ 负责编制干部任期审计立项方案,履行公司审批程序。

7. 计划财务部

➤ 审核施工审计业务约定书。

8. 预算合约部

➤ 审核施工审计业务约定书。

(五) 不相容职责

表 20-5　不相容职责

岗位职责	制订审计计划	审批	审计执行	落实整改	整改情况复核
制订审计计划		×		×	
审批	×		×	×	×
审计执行		×		×	
落实整改	×	×	×		×
整改情况复核		×		×	

注:×表示不相容职责。

（六）关键流程

被审计单位	审计小组	审计监察室	分管领导	总经理	总经理办公会
		开始			
		年度审计计划	审核		审议批准
		成立审计小组			
	编制审计方案				
	审计方案	主任审核	审批		
安排配合审计、提交资料	审计通知书				
	审计小组外勤取证，专业判断编制审计底稿				
	审计底稿	主任复核			
	审计报告 审计处理意见书	主任审核	审核	审批	
是否意见反馈	下达审计处理意见书				
是	被审计单位申诉意见	主任审核	审批		
否 执行审计处理意见					
	执行后续审计程序				
	审计资料装订、编号、存档				
	结束				

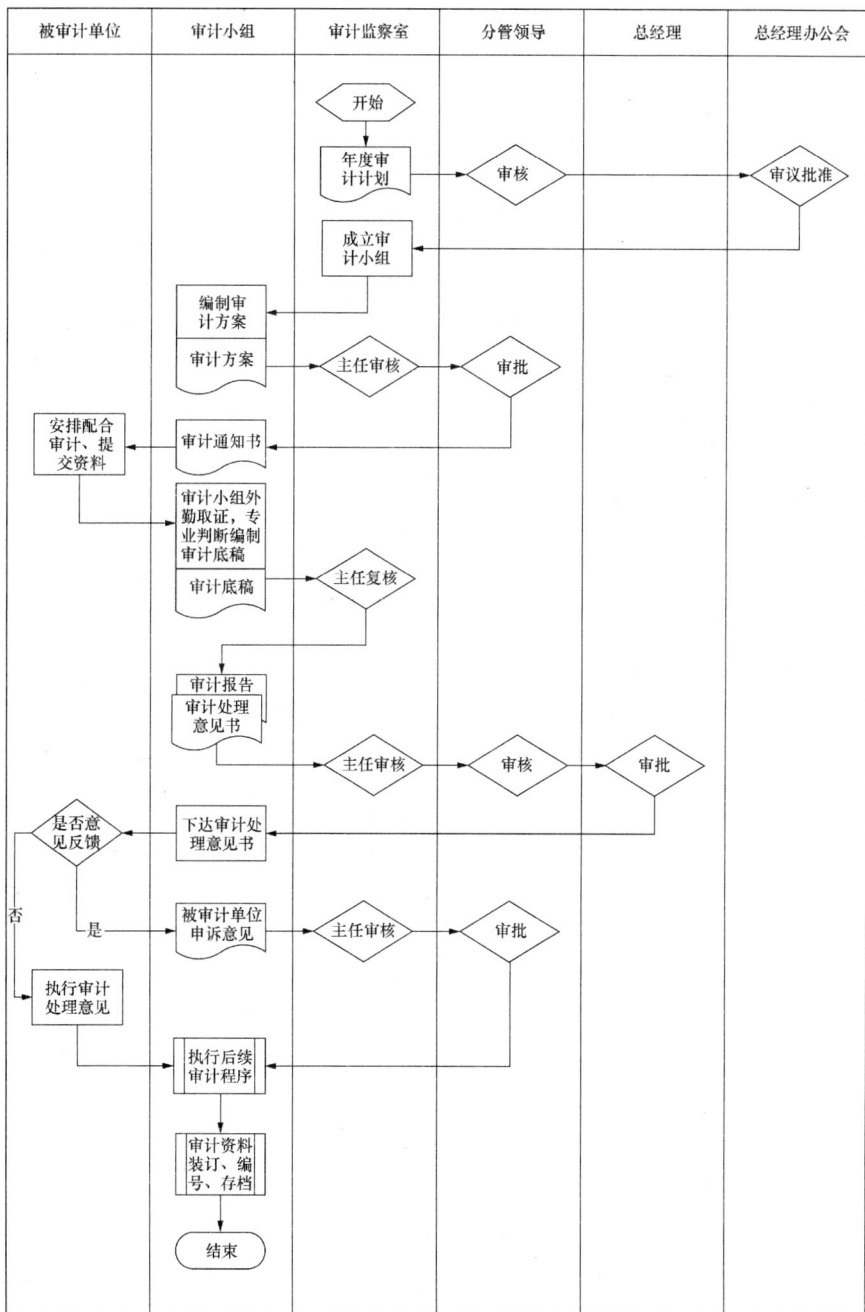

图 20 - 2　内部审计管理流程

（七）控制目标

表 20 - 6　控制目标

序号	《内控手册》具体控制目标编号	拟实现的内控目标	内控目标具体描述
1	MO - CO - 1	合法合规性目标	保证内部审计工作符合国家有关法律法规规定
2	MO - CO - 2	财务报告目标	不适用
3	MO - CO - 3	资产安全目标	不适用
4	MO - CO - 4	经营效率和效果目标	提升公司运营效率和经营效果
5	MO - CO - 5	发展战略目标	促进公司发展战略目标的实现

（八）风险控制矩阵

表 20 - 7　风险控制矩阵

对应控制目标编号	风险编号	风险事项描述	关键控制措施编号	关键控制措施	对应制度	控制痕迹	风险责任部门	风险责任岗位
MO - CO - 1 MO - CO - 4 MO - CO - 5	MO - R - 201	公司未制定内部审计制度，可能导致内部审计无章可循，内部审计工作管理混乱，影响内部审计工作效率与效果	MO - CA - 201	第一条　为加强公司审计监察工作，根据《中华人民共和国行政监察法》、《中华人民共和国审计法》和《浦东新区内部审计管理办法（暂行）（2012）》、《公司内部审计制度》并结合集团公司的实际情况，制定本制度	内部审计监察制度	内部审计监察制度文本	审计监察室	主任
MO - CO - 1 MO - CO - 4 MO - CO - 5	MO - R - 202	企业组织架构不合理，审计机构或人员未能保持独立性、客观性，可能影响审计机构履行监督职责的有效性	MO - CA - 202	第三条　集团公司审计监察室在集团公司董事会、总经理室的领导下负责集团公司内部审计监察工作。第四条　内部审计机构不受其他单位、部门和个人的干涉，独立行使内部审计监督权。被审计单位和有关个人不得拒绝、阻碍内部审计人员执行审计任务	内部审计监察制度	审计监察室部门职责说明书	审计监察室	主任

对应控制目标编号	风险编号	风险事项描述	关键控制措施编号	关键控制措施	对应制度	控制痕迹	风险责任部门	风险责任岗位
MO－CO－1 MO－CO－4 MO－CO－5	MO－R－203	内审人员不足或不具备专业胜任能力，可能导致内审工作计划无法按期、高质量开展	MO－CA－203	第二十五条 审计人员应取得审计上岗证、会计上岗证，并取得中级以上专业职称。造价人员应取得造价工程师证书。审计人员应不断学习充电，提高综合素质，熟悉行业特点，掌握审计技能	内部审计监察制度	审计员资质证书	审计监察室	主任
MO－CO－1 MO－CO－4 MO－CO－5	MO－R－204	未制订内部审计年度计划，或年度计划未经总经理办公会审议批准，可能导致内部审计工作安排不合理，影响审计监督效果	MO－CA－204	第十条 集团公司审计监察室根据集团公司经营管理的需要，确定审计工作重点，编制年度审计计划。年度审计计划经分管领导审核通过后，报集团公司总经理办公会批准后执行	内部审计监察制度	年度审计计划及审批文件	审计监察室	主任
MO－CO－1 MO－CO－4 MO－CO－5	MO－R－205	审计项目计划与实施方案的制定不合理，包括审计范围、时间、人员安排、审计工作实施重点等，可能导致审计资源分配不合理，影响审计工作的正常开展	MO－CA－205	第十二条 对于每次的审计任务审计小组拟定审计方案。审计监察室主任审核，报分管领导批准后实施。审计方案的编制：实施审计前，应根据审计目标，拟定审计方案，说明审计目的，明确审计范围、内容、方式和时间，组织实施审计的步骤细节等	内部审计监察制度	单项审计方案及审批文件	审计监察室	主任
MO－CO－1 MO－CO－4 MO－CO－5	MO－R－206	未充分考虑参与项目内审人员的独立性、安全、保密工作不严谨，可能导致无法发现重大舞弊等审计风险，造成审计失败	MO－CA－206	第二十二条 在审计过程中，因审计事项具有不确定特征，或需要特殊专业技术而使一般内部审计人员无法胜任时，应终止该项审计，并说明终止理由。审计人员与被审计单位存在利害关系的，应进行回避	内部审计监察制度	审计人员安排回避记录	审计监察室	主任

对应控制目标编号	风险编号	风险事项描述	关键控制措施编号	关键控制措施	对应制度	控制痕迹	风险责任部门	风险责任岗位
MO－CO－1 MO－CO－4 MO－CO－5	MO－R－207	审计工作底稿填写不完整，审计资料收集不全，审计底稿和结论未经审计组长和审计主管复核，可能导致检查漏洞未及时发现，造成审计数据失真，影响审计报告的准确性	MO－CA－207	第十八条 编制和复核审计工作底稿：审计工作底稿是审计人员在执行审计业务过程中形成的审计工作记录和取得的资料，对审计中发现的问题，做出详细、准确的记录，并注明资料来源。审计底稿和结论应经审计组长和审计主管复核	内部审计监察制度	审计项目底稿	审计监察室	主任
MO－CO－1 MO－CO－4 MO－CO－5	MO－R－208	审计工作缺乏应有的深度，审计证据与事实缺乏相关性，可能导致审计证据缺乏有效的说服力，影响审计报告的准确性	MO－CA－208	第十七条 （三）对取得的证明材料，记入审计原始工作记录，写出审计工作底稿；所有取得的证明材料和审计工作记录都应有相关人员签章认证；不能取得提供者签名或盖章的，审计人员应当注明原因	内部审计监察制度	相关审计证据	审计监察室	主任
MO－CO－1 MO－CO－4 MO－CO－5	MO－R－209	内审工作结束，下发审计意见后，审计部门未要求下属被审计单位报送审计意见执行情况报告，可能导致下属被审计单位未及时采取整改措施，问题重复出现，无法达到内审目标	MO－CA－209	第十四条 征求被审计单位对《审计报告》（征求意见稿）的意见。按法律、法规、有关制度的规定，出具正式的《审计报告》。将正式的《审计报告》呈报集团公司领导，并出具《审计处理意见》，经集团公司领导批准后下发被审计单位执行	内部审计监察制度	被审计单位反馈意见书	审计监察室	主任

续表

对应控制目标编号	风险编号	风险事项描述	关键控制措施编号	关键控制措施	对应制度	控制痕迹	风险责任部门	风险责任岗位
MO－CO－1 MO－CO－4 MO－CO－5	MO－R－210	在尚未正式移交公司档案室前，未将审计资料及底稿分类归档保存，可能导致重要的审计资料及底稿保管不全或遗失，影响审计工作质量	MO－CA－210	第二十一条　妥善保管审计过程中形成的文件和资料，审计档案管理按照集团公司档案管理办法实施	内部审计监察制度	审计资料档案目录	审计监察室	主任

三、投诉、举报管理

（一）概述

投诉、举报管理规定了公司及其控股子公司（以下简称"子公司"）有关投诉、举报的渠道建立、信息传递、调查发现和处理、后评估的工作环节和内容。旨在规范投诉、举报管理，努力避免或降低在投诉、举报工作中的风险。

（二）适用范围

适用于公司及子公司。

（三）相关制度

➤《投诉、举报管理规定》。
➤《内部审计监察制度》。

（四）职责分工

1. 纪委书记
➤ 批准案件立案方案。
➤ 批准案件调查方案。

2. 分管领导

➤ 审批确定违纪案件受理查处方案。

➤ 审批确定违纪案件销案方案。

3. 审计监察室

➤ 提交案件立案方案。

➤ 提交案件调查方案。

➤ 审批确定违纪案件受理查处方案。

➤ 审批确定违纪案件销案方案。

➤ 负责查阅、复制与办案或监察事项有关的文件、资料、账册、单据、会议记录、工作笔记等书面材料。

➤ 负责要求有关单位提供与办案或监察事项有关的文件、资料等书面材料及其他必要的情况。

➤ 负责经纪委书记批准，暂予扣留、封存可以证明违法违纪行为的文件、资料、账册、单据、物品和非法所得。

➤ 负责经集团公司总经理办公会决定，对涉及案件有关人员，可直接通知所在单位或部门将其停职。

4. 相关部门

➤ 配合查案工作。

（五）不相容职责

表 20-8 不相容职责

岗位职责	受理	调查	审理	审批
受理			×	×
调查			×	×
审理	×	×		×
审批	×	×	×	

注：×表示不相容职责。

（六）关键流程

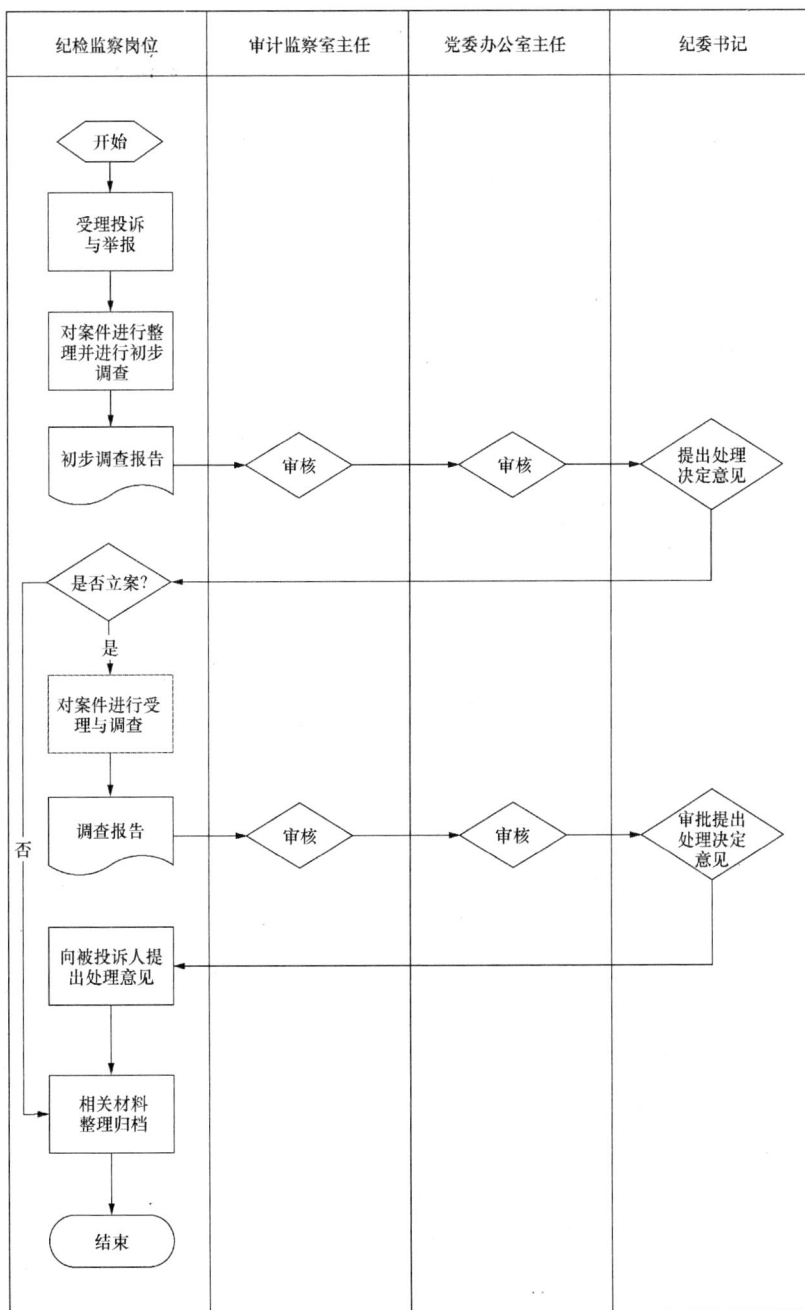

图 20 - 3　投诉、举报管理流程

（七）控制目标

表 20 - 9　控制目标

序号	《内控手册》具体控制目标编号	拟实现的内控目标	内控目标具体描述
1	MO - CO - 1	合法合规性目标	保证投诉举报工作符合国家有关法律法规规定
2	MO - CO - 2	财务报告目标	不适用
3	MO - CO - 3	资产安全目标	不适用
4	MO - CO - 4	经营效率和效果目标	提升公司运营效率和经营效果
5	MO - CO - 5	发展战略目标	促进公司发展战略目标的实现

（八）风险控制矩阵

表 20 - 10　风险控制矩阵

对应控制目标编号	风险编号	风险事项描述	关键控制措施编号	关键控制措施	对应制度	控制痕迹	风险责任部门	风险责任岗位
MO - CO - 1 MO - CO - 4 MO - CO - 5	MO - R - 301	公司未能建立内部举报和信访制度，投诉、举报处理程序无章可循，违法、违纪、舞弊信息无有效沟通渠道，投诉举报人得不到保护，可能导致内部监督不力，违法违纪、舞弊信息未被及时获取，损害公司利益	MO - CA - 301	第一条　目的：为规定公司（以下简称"集团公司"）内部投诉举报贪污、舞弊事件及监察处理的要求，规范信访、投诉、举报与处理程序及违法、违纪、舞弊信息进行有效沟通渠道的具体工作，确保所有发生的贪污、舞弊事件得到恰当的处理，防范舞弊事件的再次发生，减少集团公司经营管理风险	投诉、举报管理规定	投诉、举报管理规定文本	党委办公室/审计监察室	主任

对应控制目标编号	风险编号	风险事项描述	关键控制措施编号	关键控制措施	对应制度	控制痕迹	风险责任部门	风险责任岗位
MO－CO－1 MO－CO－4 MO－CO－5	MO－R－302	公司未公开投诉、举报方式，投诉、举报渠道不畅，可能妨碍投诉、举报在反舞弊、风险管理中的重要作用	MO－CA－302	第四条　（2）举报方式：所有员工都可通过电话、信函、电子邮件和当面举报等方式进行	投诉、举报管理规定	接受投诉记录	党委办公室/审计监察室	主任
MO－CO－1 MO－CO－4 MO－CO－5	MO－R－303	未能及时、客观、公正地受理、调查和处理举报违法、违纪的事件，可能导致舞弊行为的发生得不到及时揭露，给企业带来经济损失及其他负面影响	MO－CA－303	第四条　2. 对举报的处理：（1）收到的线索经过审查后，属于纪检监察部门受理范围的举报，予以受理。（2）经审查不属于纪检监察部门受理范围的，分情形做如下处理：①对不需要处理的一般上访问题，应做好上访人的思想工作，讲清道理，劝其返回；应由所属公司（部门）解决的问题，告其回所属公司（部门）处理。②不属于纪检监察部门受理的举报电话，需告知举报人向有关部门反映。③对于来信举报，不属于纪检监察部门受理范围的，应转交到相关所属公司或部门	投诉、举报管理规定	举报案件受理记录	党委办公室/审计监察室	主任

续表

对应控制目标编号	风险编号	风险事项描述	关键控制措施编号	关键控制措施	对应制度	控制痕迹	风险责任部门	风险责任岗位
MO-CO-1 MO-CO-4 MO-CO-5	MO-R-304	未设计对投诉、举报人实施保密、保护措施,未对查证属实的投诉、举报给予适当奖励,可能导致投诉、举报人被打击报复,影响投诉、举报在反舞弊、风险管理中的功能发挥	MO-CA-304	第四条 1.(2)为了利于案件的查办和对举报有功人员进行奖励,纪检监察部门提倡署名举报。(3)纪检监察部门对提供举报信息人员予以保护,建立举报人保密规范,对所获得信息与举报人的关系严格保密	投诉、举报管理规定	奖励文件	党委办公室/审计监察室	主任
MO-CO-1 MO-CO-4 MO-CO-5	MO-R-305	未对查证属实的违法、违纪事件进行严肃处理、总结和通报,可能无法起到警示、震慑作用,影响公司内部监督效果	MO-CA-305	第四条 10.案件处理:纪检监察部门对立案、调查和审理后的案件,根据其情节和性质,采取相应的处理方式,做出处理决定或处理建议	投诉、举报管理规定	案件处理结论	单位办公室/审计监察室	主任

四、内部会计监督管理

(一)概述

内部会计监督管理规定了公司及其控股子公司(以下简称"子公司")有关内部会计监督组织、内部会计监督计划制订与实施、监督报告与绩效管理等工作流程。旨在规范内部会计监督管理,努力避免或降低在内部会计监督工作中的财务风险。

（二）适用范围

适用于公司及子公司。

（三）相关制度

➢《公司章程》。
➢《财务管理与会计核算制度》。

（四）职责分工

1. 监事会
➢ 检查公司财务账目。
➢ 批准超预算融资方案。
2. 总经理
➢ 审批确定年度内部会计监督检查计划。
3. 计划财务部负责人
➢ 负责审核确定年度内部会计监督检查计划。
➢ 批准确定年度内部会计监督检查实施方案。
➢ 批准内部会计监督检查总结报告。
4. 内部会计监督检查小组
➢ 提交年度内部会计监督检查实施方案。
➢ 提交内部会计监督检查总结报告。

（五）不相容职责

表 20 - 11　不相容职责

岗位职责	编制方案与报告	方案报告审核	方案报告审批
编制方案与报告		×	×
方案报告审核	×		×
方案报告审批	×	×	

注：×表示不相容职责。

（六）关键流程

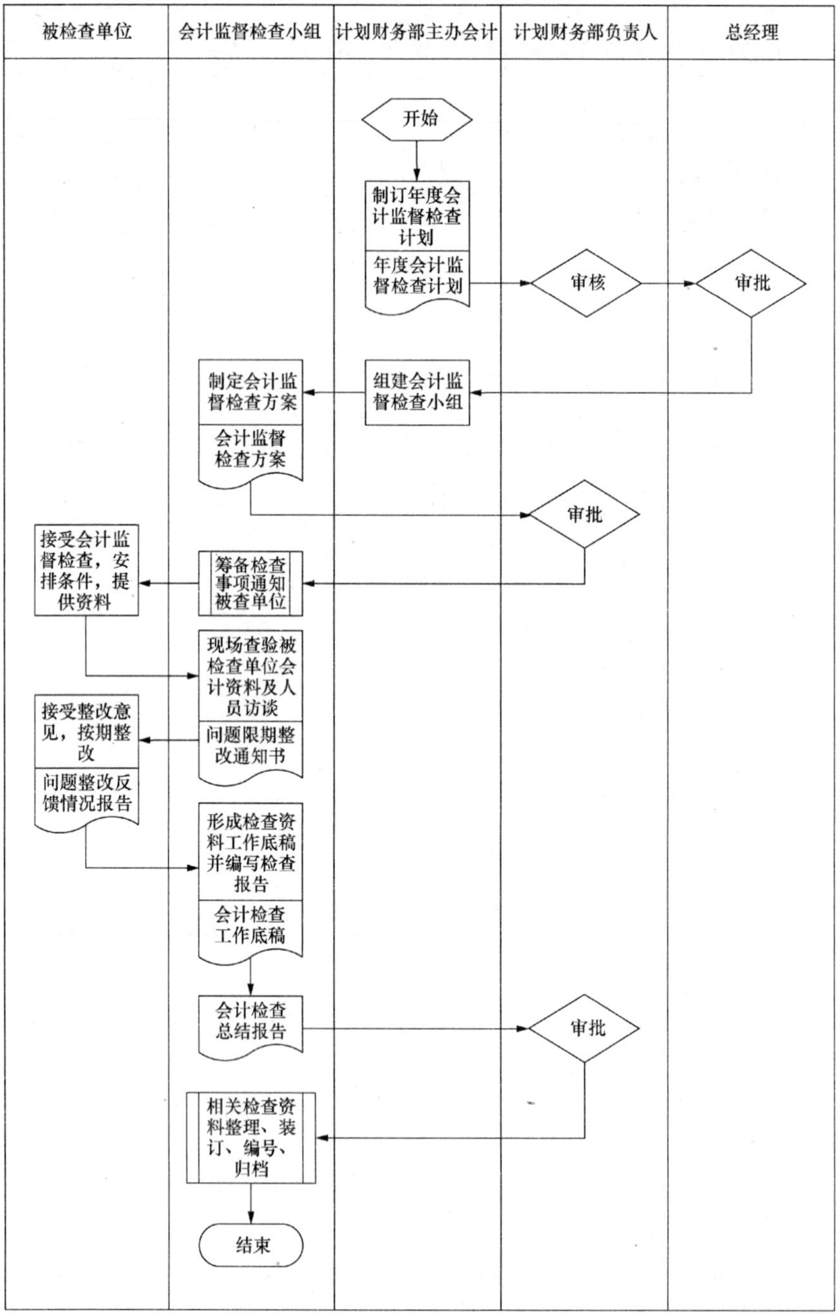

图 20－4　内部会计监督检查流程

计划财务部主办会计	计划财务部负责人	受派单位负责人	审计监察室主任	党委办公室（人力资源）/总经理

开始

拟定委派会计目标考核责任书

目标考核责任书（初稿）

与委派会计协调目标考核责任条款

4月与委派会计签订目标考核责任书

委派会计目标考核责任书（定稿）

12月考核委派会计

满意度考核评分表

会计目标责任考核评分表

12月考核委派会计

委派会计满意度考核评分表

12月考核委派会计

委派会计考核评分表

汇总考核分值

委派会计考核计分表（汇总）

审核

总经理审批

考核资料存档

考核计分表备案进入人事考核程序

结束

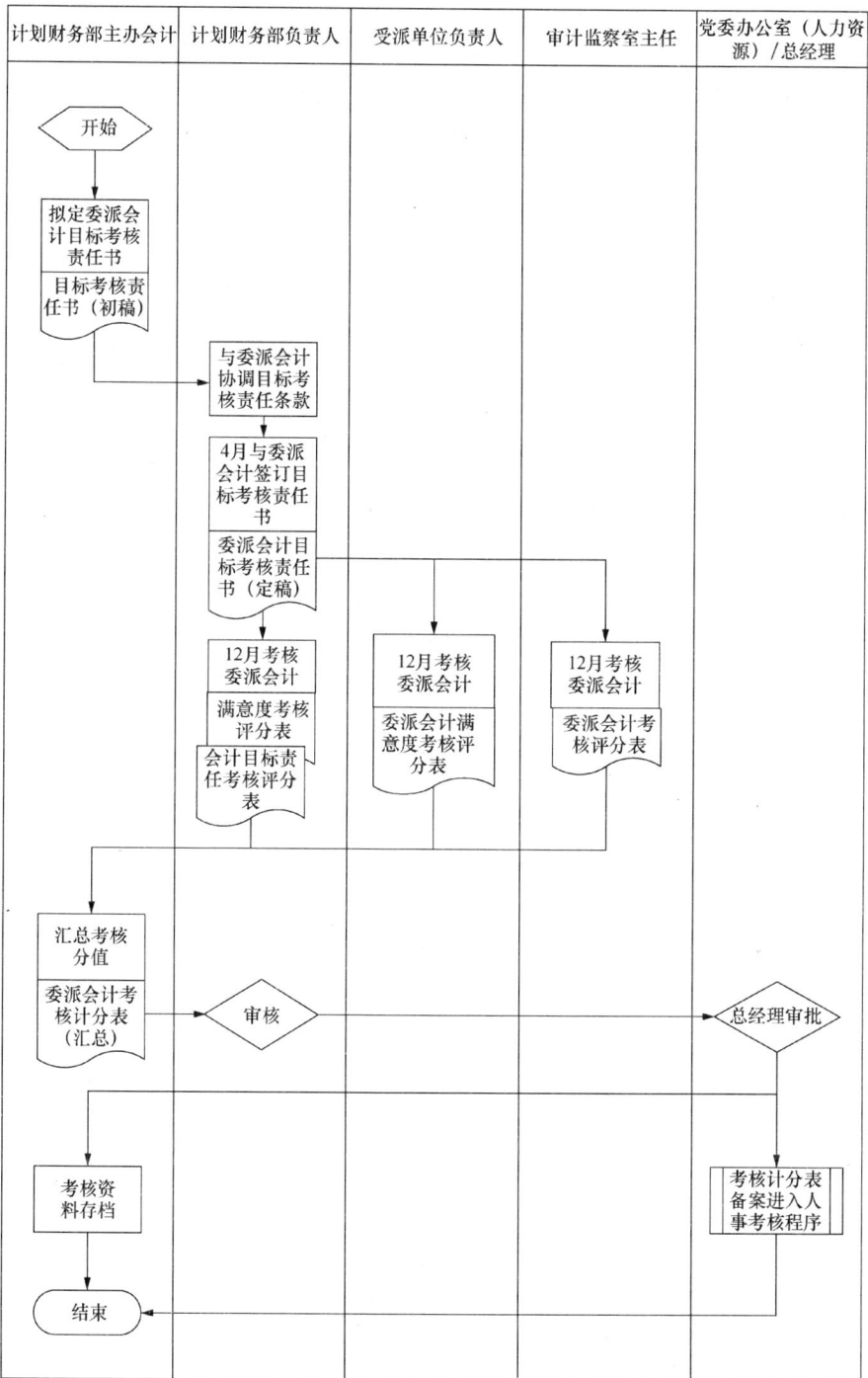

图 20 - 5 委派会计考核流程

（七）控制目标

表 20 – 12　控制目标

序号	《内控手册》具体控制目标编号	拟实现的内控目标	内控目标具体描述
1	MO – CO – 1	合法合规性目标	保证内部会计监督工作符合国家有关法律法规规定
2	MO – CO – 2	财务报告目标	不适用
3	MO – CO – 3	资产安全目标	保证公司资产安全、完整
4	MO – CO – 4	经营效率和效果目标	提升公司运营效率和经营效果
5	MO – CO – 5	发展战略目标	促进公司发展战略目标的实现

（八）风险控制矩阵

表 20 – 13　风险控制矩阵

对应控制目标编号	风险编号	风险事项描述	关键控制措施编号	关键控制措施	对应制度	控制痕迹	风险责任部门	风险责任岗位
MO – CO – 1 MO – CO – 3 MO – CO – 4 MO – CO – 5	MO – R – 401	公司未制定内部会计监督检查的规则，可能导致会计信息违法、违规、失真，影响会计报告的真实准确	MO – CA – 401	第三十六条　为了保证公司及所属分子公司会计信息合法合规、真实、有效。公司计划财务部每年定期对所属分子公司进行内部会计监督检查	财务管理与会计核算制度	财务管理与会计核算制度文本	计划财务部	经理
MO – CO – 1 MO – CO – 3 MO – CO – 4 MO – CO – 5	MO – R – 402	公司未制订年度内部会计监督检查计划或年度会计监督检查计划未履行公司授权审批程序，可能导致内部会计监督检查流于形式，影响内部会计监督效果	MO – CA – 402	第三十七条　计划财务部每年初制订年度内部会计监督检查计划，经部门经理审核报公司总经理审批后实施	财务管理与会计核算制度	年度会计监督检查计划及审批文件	计划财务部	经理

对应控制目标编号	风险编号	风险事项描述	关键控制措施编号	关键控制措施	对应制度	控制痕迹	风险责任部门	风险责任岗位
MO－CO－1 MO－CO－3 MO－CO－4 MO－CO－5	MO－R－403	公司内部会计监督检查小组未制定内部会计监督检查实施方案或内部会计监督检查方案缺乏相关要素，比如缺乏内部会计监督检查范围、时间、人员安排、监督检查重点等内容，可能导致内部会计监督检查程序失效，影响公司会计信息的合法有效性	MO－CA－403	第三十八条　计划财务部组建内部会计监督检查小组。内部会计监督检查小组根据批准的内部会计监督检查计划，制定内部会计监督检查实施方案。报公司财务总监批准后执行。内部会计监督检查方案应具备的要素：内部会计监督检查范围、时间、人员安排、监督检查重点等内容等	财务管理与会计核算制度	会计监督检查方案及批准文件	计划财务部	经理
MO－CO－1 MO－CO－3 MO－CO－4 MO－CO－5	MO－R－404	公司内部会计监督检查小组对检查发现的问题，没有进行现场整改或没有下达检查整改通知书，可能导致被检查单位问题重复出现，无法达到内部会计监督检查的目标	MO－CA－404	第三十九条　公司内部会计监督检查小组对检查发现的问题，应进行现场整改，下达限期检查整改通知书，并按整改期限进行复查	财务管理与会计核算制度	会计缺陷整改通知书	计划财务部	经理
MO－CO－1 MO－CO－3 MO－CO－4 MO－CO－5	MO－R－405	公司内部会计监督检查小组未要求被检查单位报送问题整改执行情况报告书，可能导致被检查单位未及时采取整改措施，问题重复出现，无法达到整改目标	MO－CA－405	第四十条　公司内部会计监督检查小组应要求被检查单位报送问题整改执行情况报告书，检查小组分析整改执行情况报告是否采取了相应的整改措施，是否已达到整改目标。并作出书面结论作为内部会计监督检查工作底稿备案	财务管理与会计核算制度	被检查单位整改执行情况报告书	计划财务部	经理

续表

对应控制目标编号	风险编号	风险事项描述	关键控制措施编号	关键控制措施	对应制度	控制痕迹	风险责任部门	风险责任岗位
MO - CO - 1 MO - CO - 3 MO - CO - 4 MO - CO - 5	MO - R - 406	公司内部会计监督检查小组未及时编制内部会计监督检查报告，未对监督检查工作底稿整理归档，可能导致重要的内部会计监督检查资料及底稿保管不全或遗失，影响公司内部会计监督效果	MO - CA - 406	第四十一条　公司内部会计监督检查小组在每次检查规则结束后，及时编制内部会计监督检查总结报告，报公司财务总监审签，并对监督检查工作底稿整理归档	财务管理与会计核算制度	内部会计监督检查总结报告书审签文件	计划财务部	经理
MO - CO - 1 MO - CO - 3 MO - CO - 4 MO - CO - 5	MO - R - 407	公司未制定委派会计的监督考核机制，缺乏委派会计的监督考核标准，未签订目标考核责任书，未履行对委派会计考核打分程序，可能导致委派会计人浮于事，不能正确履行委派会计职责，违反公司会计制度，损害公司利益	MO - CA - 407	一、对委派会计的考核工作由集团计划财务部牵头，审计监察室与受派企业参与。考核结果作为对委派会计续聘、解聘和奖惩的依据 四、1. 考核准备：每年4月，公司计划财务部与各委派会计沟通当年考核目标责任书，4月底前完成目标责任书的确认工作。考核评分：每年12月，由公司计划财务部将考核表发放至相应考核人，次年1月份前，各考核人分别完成满意度考核、目标责任书考核与审计监察室考核的评分，提交至公司计划财务部，汇总考核结果后，报送公司人力资源部与相关领导	委派会计考核细则	公司委派会计满意度考核评分表/公司委派会计目标责任书/审计监察室委派会计考核评分表	计划财务部/审计监察室	负责人

附录一　五粮液真相调查^①

内部管控失效致利润外流

2009年，五粮液注定亦喜亦悲。

7月，被诟病多年的关联交易基本收官。由此而及，利益输送的终结再次为五粮液的业绩破点提供可能。市场数据显示，截至6月底，已有106只基金重仓进驻，较2008年年末净增22只，而且，众多机构给予"推荐买入"、"增持"等最高评级。

不过，好景似乎不长。两个月后的9月9日，五粮液"调查门"事件突然爆发。此前断断续续出现的关联交易利益输送问题、偷、漏税事件，以及有关亚洲证券涉嫌内幕交易的问题，再度被推至前台，令人猜疑重重。

时至今日，证监会仍未披露调查事由。而五粮液日前召开的投资者电话会议，以及媒体沟通会对此更是避重就轻，甚至表示毫不知情，"一头雾水"。

此前，有接近五粮液高层的人士向记者透露，此轮调查主要指向上市公司近年来的资本运作，及由此出现的相关利益输送、信息披露问题，其中涉及事件面较广，亚洲证券仅是其中的由头。

但据记者在宜宾、成都的多日调查，就亚洲证券事件而言，"拔出萝卜带出泥"，整个时点却被再度推移。调查组的追根寻底已不可避免触及五粮液"王国春时代"。

有业内人士认为，五粮液暴露的问题也不止于证券投资、关联交易多年隐藏的利益输送弊病，更多的则来自于其内部管控失效状态下，纷繁紊乱的业务运作、内幕交易，及由此带来的有意无意的国资外流。

2009年，五粮液"王国春时代"迎来又一个关键时点。两年前，王国春最终留任集团董事长并没有宣告其时代的终结。而两年后的今天，"后王国春时

①　摘自《21世纪经济报道》。

代"与"唐桥时代"的交叉节点或将凸显。

陷入调查门的五粮液将走向何处？涅槃重生，抑或回归历史轨道？整个大幕或将在这个时点慢慢开启。

难以撇清的调查由头

"合作炒股，市场并不存在非议，但如果暗中操作五粮液股票，无疑将涉嫌操纵股价和内幕交易。"

"现在看来，五粮液当天没有停牌是有理由的。"基于此前深交所未予临时停牌的行为，四川某法律人士分析，目前事件的焦点或许并未锁定在当前的五粮液，而是基于早些年的某些违规行为，因此，证监会才会断定其对上市公司的影响并不大。"不然，依目前交易所对上市公司信息披露的严格规定，此情况必停无疑。"

成都本地某券商人士也表示认同，"没有停牌的反作用效果，其实在一定程度上也缓解了市场的恐慌性抛售。基金毕竟有较理性的判断，后续几天的平稳走势已经印证。如果临时停牌，则说明问题较严重，说不定后市暴跌更惨"。

9月11日，五粮液董事长唐桥逆势买入2万股的托市行为，对上市公司的调查问题也给予更多安全边际的佐证。尽管其45万元的买股资金来源掀起了不小风波，但至少可以证实，此次调查给上市公司带来的负面效应程度有限。

但缘何调查与上市公司关系不大呢？有报道认为，除亚洲证券的委托理财行为，已无其余痕迹可寻。而已有接近该调查组的知情人士证实，此番调查主要缘于内幕交易，操作自家股票和虚假信息披露等。监管层目前更是掌握了其炒作自家股票的资金流水、操盘记录、借贷协议等一系列证据。

2009年3月，因一起"合同诈骗案"，继中科证券8600余万元的委托理财损失后，五粮液再度爆出了5500万亚洲证券委托理财事件。

据记者掌握的相关信息显示，2001年起，五粮液控股子公司五粮液投资公司（下称五粮液投资）曾与名为"成都智溢"的公司合作炒股。由"成都智溢"开户，时任五粮液投资总经理尹启胜负责操盘，而当时五粮液存入成都证券（现为国金证券）的"成都智溢"账户资金为8000万元。

该笔资金具体是由五粮液投资向集团公司提出申请，并委托由其通过其进出口公司借至"成都智溢"，名义用作负责"五粮春"全国总经销的"成都智溢"的市场开拓费用，并由五粮液投资负责收回。

2004年5月，"成都智溢"账户迁至亚洲证券，账户资金已变为7500万元。2005年，亚洲证券破产清算，清算组认定其中的5500万元为委托理财款，不予赔付。

"合作炒股，市场并不存在非议，但如果暗中操作五粮液股票，无疑将涉嫌操纵股价和内幕交易。"前述资本界人士认为。

日前，既有信息披露，2001年4月至2004年4月，"成都智溢"在成都证券开设账户时，尹启胜、五粮液投资的汪东曾先后操作、买卖五粮液股票，且数次大举买入的时机均与五粮液的利润分配方案推出时间相吻合。

综观事件来由，关键"操刀"人物尹启胜其间曾任职五粮液集团办公室主任、公关部部长，及五粮液投资公司总经理。而五粮液投资公司又为上市公司和集团公司共同设立，分别持股95%和5%。显而易见，五粮液内部"防火墙"已形同虚设。

不过，就可预见的既得利益群体看，值得探讨的是，包括中科证券在内的"问题券商"投资行为，其中更暗含着更深层次的利益侵蚀问题。

既有证据显示，抛开五粮液涉嫌的内幕交易，上述投资行为的操作直接产生的利益漏洞，只可能存在于证券公司、客户双方因签署委托理财协议带来的经纪中介返佣行为。

前述券商人士曾告诉记者，前几年证券公司情况是，只要客户私下与证券公司签订委托理财协议，或是许诺特定时间不动资金的协议，证券公司通常每年都会按资金总额支付证券经纪人比例不等的佣金。

"佣金肯定由证券经纪人拿，但一般都会给客户私下返回部分佣金，客户资金量越大越有可能。天下哪有免费的午餐呢？而这部分返佣最后落入客户公司账上，还是私人腰包里就很难说清楚了。"

五粮液历年年报则显示，2002年起，每年都有高达数亿元的资金存放于证券公司，且基本未产生任何收益。拿着钱不存入银行获取利息收益，却放在券商那里不动？这无疑值得深究。

从爆出的中科证券、亚洲证券案件看，两券商的经纪中介人都证实，曾在资金划到证券公司账户前，与五粮液投资尹启胜等人都有过现金返佣的条件。尽管诸如此类的事前口头协议，从法律程序上尚难取证，但由此而及的可能性却已很难排除。

失效的内部管控

"长期畸形而放纵的内部管理制度，不可避免给五粮液的利润外流打开后门。"

不过，就五粮液集团的内控现状而言，五粮液投资暴露的无疑只是"冰山一角"。多年来，集团与上市公司错综复杂的人事和业务管理，其实早已为其问题集中的爆发埋下隐患。

"从一开始，五粮液与'成都智溢'合作经营'五粮春'品牌就饱受争议。"五粮液一位内部人士告诉记者，作为五粮液旗下重点培育的品牌，按理来说，其全国总经销应交由具有相当营销经验的酒业大佬来做。但实际操作却是，此前毫无酒类营销经验的"成都智溢"获得了实际运作权，而一同"操刀"的还有王国春的胞弟王国学。

"王国学的身份很难避嫌，目前已由其全面掌控五粮春公司，至今也没有个说法。"

不可否认的是，五粮液历经多年的"王国春时代"，早已让王氏色彩无限渲染。

前述人士透露，稍早以前，由五粮液集团出资，并由公司派驻人员，在美国纽约设立五粮液酒家用作海外拓展业务。但至今在公司的架构中了解其运作情况的人也知之甚少。而此前被任命为酒家负责人的张良也莫名加入美国国籍。"市里曾去过该酒家的一些领导说，酒店的实际管理由王国春之子王戈负责，这确实是五粮液内部公认的事实。"

公开资料显示，五粮液酒家位于纽约曼哈顿区，联合国总部附近，目前拥有三处店面，总面积超过 3000 平方米，其价值不低于 2000 万美元。据称，至今五粮液集团的财务对此没有任何反应，公司也从未解释其运作资金的具体来源。

此外，据宜宾本地的多位酒业人士透露，除王国学外，同为兄弟关系的王国辉，还直接经销五粮液旗下"牛气冲天"、"一马当先"、"仰天长啸"、"马"、"鼠"等礼品酒，获利不菲。

而王国春外甥王某还经销"尊酒"，甚而连王国春的保健护士（宜宾二医院护士）江阳的丈夫白强（原宜宾市财政局司机）也经销着"酒王酒"。此外，江阳同母异父的兄弟李小波从宜宾县公安局调来五粮液后，掌控着五粮液全国数百家专卖店。

不仅如此，五粮液"买断经营"造势之时，有别于人事关联的隐形利益输送链条比比皆是。

据记者了解，目前，最过明显的利润漏洞，无疑来自于五粮液最大的海外经销商香港银基集团控股有限公司（下称银基集团）的出口酒代理。

2009 年 4 月 8 日，银基集团在香港联交所 IPO 上市。根据招股说明书披露，其目前为五粮液 52 度、68 度、45 度高档酒的总代理，也是五粮液集团进出口公司唯一的出口酒代理商，在五粮液销售体系中占有较为核心的位置。2009 年 2 月，银基集团获得五粮液酱香型酒的总代理资格。

"拿货价格较低，大概在 120 元/瓶，每年总量 3000 来吨。"前述接近五粮液人士透露，由于出口价格远低于国内经销商出厂价（468 元/瓶），"早前五粮液市场价格总被压制，这是个不可忽略的因素。"

值得注意的是，银基集团招股书并未披露进货价。但其披露的销售五粮液酒的毛利率却高达60.38%，高于五粮液2008年年报披露的54.69%的公司平均毛利率，更接近于五粮液高价酒66.73%的毛利率。而恰恰是五粮液系列酒的销售，则构成了银基公司超过九成的利润。

更为蹊跷的是，采购银基集团用于国际销售的几乎所有五粮液酒的客户仅有一家，且在其招股说明书中也未予披露，因此，上述用于出口的五粮液系列酒最终流向何处也不得而知。

此外，对于国内渠道的销售，有五粮液经销商透露，此前，由于进货渠道单一，五粮液集团进出口公司对于经销商长期压款。"通常要压上3个月的货款，如果都存入银行的3个月整存整取的账户，其利息也很可观。要知道五粮液有上千家专卖店和经销商，进货账面资金少说也有数十亿元。"

显然，通过实际的销售时间差，已很难排除五粮液内销"小金库"的存在，这部分收益又是如何处置的呢？对此，经销商尽管颇有抱怨，但迫于五粮液的强势，也只能忍气吞声。

"长期畸形而放纵的内部管理制度，不可避免给五粮液的利润外流打开后门。其实，任何体制僵化的大型国有企业，都会存在诸多类似情况，五粮液并非特例。因此，只有灵活而有效的外部监管，才能真正遏制违规行为的蔓延。"四川省社会科学院某法律教授坦言。

人事变局

对于后期人事的安排和调整，四川省财政厅某官员认为，省委应该还在做更深一步考虑，目前还很难说。

不过，作为四川省纳税主力军，五粮液强大的资本实力，显然对于外部监管而言，已是任重而道远。

从最初的手工作坊到拥有下属5个子集团公司、12个子公司，占地10平方千米，现有职工3万余人的现代化大型企业集团，五粮液一直有强烈的烙印，那就是王国春。

五粮液内部人员更愿意称呼其王老板，因为在他们看来，是王国春独自将五粮液推向顶峰。而"中国酒王"的名号也是当之无愧。

2008年，川酒实现销售收入589.64亿元，利税总额124.73亿元，而五粮液占比接近二分之一强。其全年实现销售收入300亿元，利税60亿元，成为省内最大的工业企业之一，同时也是饮料制造业的龙头老大。

2009年，五粮液集团实现销售收入350亿元，利税65亿元。2010年，集团销售收入突破 400 亿元，利税达 70 亿元。

仅靠外部的物理扩张，缺失内部管控和有效评估的投资体系，此举带来的实际价值又有多少呢？王国春独创于酒业的"买断经营权模式"或是最好的例子。

尽管当年品牌阵容得到超前扩张，但最终却不得不因沦为"鸡肋"而被悉数砍掉。同样，细数近十余年五粮液的外部多元化投资，77.35 亿元的投入，5.62 亿元的收益，相信更值得其痛定思痛。

2007 年 3 月 20 日，宜宾市副市长唐桥就任五粮液股份公司董事长，被业内称为对于此前五粮液现状的深度国资改革。而"官化"后的五粮液更被看成是"唐桥时代"的开启。

但唐桥或许并不如此解读。而"后王国春时代"则更为恰当。

据某酒业营销人士分析：首先，唐桥担任股份公司董事长、集团总裁的同时，王国春仍继续担任集团董事长、党委书记，总体格局并未改变。其次，此前王国春任期的人事布置也未发生大的变化。集团办公室、劳资、供应、人事等实权部门的权力构架保持原样，唐桥仅专注业务方面的工作，而王国春仍是最后的拍板者。

正如此前有媒体所言，坊间已传闻，2009 年王国春任期将至时，仍力求高层人事及原有的政策安排不变，且愿改任名誉董事长，其还力荐新的股份公司董事长。

据前述酒业人士分析，按现行《公司法》，公司的决策权和执行权理应分离；母公司和子公司法定代表人不宜由一人兼任。但由于五粮液是在改革开放中超常规发展起来的企业，集团公司和股份公司的法定代表人由一人兼任，是特定历史条件下的特殊举措，因此，王国春曾同时担任两职。

但是，随着企业的发展壮大，尤其是股份公司上市后面临的内外环境条件的变化，某些弊端就暴露出来。所以适时地让这两对职务分离，可以有效地克服企业运作过程中的弊端。这也是 2007 年五粮液国资换帅的缘由。

同样，唐桥继任集团公司董事长，则股份公司董事长人选无疑也将掀起一场新的权力争夺。而这显然也将成为四川省国资委一次新的人事考量难题。

不过，显而易见的是，唐桥上任后，一厢是其对多年来市场诟病的关联交易以全速的姿态极力解决、拓展市场渠道，而另一厢却是王国春掌控集团，五粮液品牌、多元化投资的"疯狂透支"、"全力开拓"。

"预期未来一两年，应该会有质的突破。"四川省财政厅某官员告诉记者，对于五粮液，省国资方面一直都处理慎重，毕竟五粮液在四川的地位举足轻重。但同样，五粮液自身发展的问题又不能不有所改变。"实际上 2007 年开始也有很大改观了。"

对于后期人事的安排和调整，这位官员认为，基于此次调查，省委应该还在做更深一步考虑，目前还很难说。

前述业内人士则认为，唐桥接任五粮液集团应该不会有太大变化。而此后，人事调整肯定在所难免。

"相对来说，前期唐桥的市场化运作是成功的，反应也不错。而王国春是否能全身而退，或是继续掌控五粮液，此次基于其任期公司治理的调查结果，将起到很大作用。"

9月19日，记者在宜宾曾约见五粮液内部多位高管，但均被告知很忙。而前述接近五粮液人士透露，调查组目前仍在就现有的证据进行求证，但最终结果现在很难说。没有具体结果前，上市公司方面目前不会透露任何信息。"听说事先已与调查组就信息披露的问题进行了沟通。"

尽管"调查门"是基于对五粮液的公司治理弊病而来，但不可避免，其牵动的也将是整个五粮液未来的变局。

附录二 参编单位介绍

1. 上海财苑企业管理咨询公司

上海财苑是打造内部控制与风险管理的专业咨询服务机构，公司建立以来在总裁领导和专家指导下，在内部控制与风险管理体系建设方面获得了丰富经验，为企业创造了价值，业绩卓越、客户盈门，服务质量受到好评。根基来自于一支理论联系实际、能攻善战的团队，成员有上海重点院校教授、注册会计师、风险管理专家委员会委员、注册资产评估师、注册高级企业风险管理师、高级会计师、高级工程师、内部控制专业资深人士、私募股权投资基金合伙人、国有企业高管和海外学习归国学子等。其中，教授和博士占15%，硕士研究生占47%，本科学历占38%。专业结构合理，平均年龄38岁，公司员工具有经营管理的实践经验，曾为多家上市公司及大型企业进行内控与风险管理咨询工作，并针对单位特点和存在的薄弱环节，制定了全面、系统的内部控制手册、企业风险管理手册、廉政风险防控手册，针对管理职责不清的状况，研讨设计了一套"职责权限规范系统"，进一步完善了内部控制管理制度，培养了内控人才，使企业经营管理旧貌换新颜，颇受客户好评，并总结经验进行推广。公司核心业务是：

（1）内部控制、风险管理、廉政风险防控等体系建设与开拓。

（2）经营战略拟定与管理，业务流程优化及标准化建设。

（3）企业人力资源、全面预算、资金管控、成本管控、集团管控与授权管理、客户信用管理、供应链管理、中长期股权激励等。

（4）信息系统咨询服务、信息系统规划、项目实施监理、信息系统风险管理。

（5）商业并购尽职调查、财务尽职调查、人力资源尽职调查等服务。

（6）内部审计外包服务与内部控制评价服务。

上海财苑公司坚持以"中国卓越的管理咨询"为愿景，以"专注风险管理、成就客户百年基业"为使命，营造"责任、进取、分享"的企业文化。紧跟最前沿的企业管理理论，崇尚学习，积极进取，尊重实践。针对单位经营管理存在的薄弱环节，为客户提供具有特色的整体解决方案，为员工输送科学思维能力，为企业创造价值！

财苑总部在上海（www. shcaiyuan. cn）、广州、北京有分支机构。

2. 北京质安环质量认证咨询公司①

北京质安环质量认证咨询有限公司（简称质安环，英文缩写：ZAH）是依据国家有关法律法规，经北京市工商行政管理局登记注册的独立法人组织，还是经国家认证认可监督管理委员会审查批准的备案机构（批准号：CNCA‑Z‑01Q‑2006‑022），是专门从事内控体系、风险评估、信息安全，战略与运营评价，财务规划与内部审计，质量、环境、职业健康安全管理体系认证咨询，企业标准化及安全生产标准化等咨询的专业机构。

公司主要业务：面向国内及国际生产经营单位进行内控技术咨询，内控培训与企业文化策划、提供信息风险评估的技术服务；同时还进行内控体系、风险管理应用推广，企业标准化文化产品研究开发、服务等活动。

公司拥有一支国内外多领域、多专业、经验丰富的咨询专家队伍，多年来，一直从事内控体系咨询工作。公司自成立以来，咨询范围涉及航天、航空、冶金、矿山、建材、建筑、结构、道路、食品和饮料、电气工程、机械工程、石油化工、化学、制药、原材料、研究、开发、设计、计算机、汽车、饭店/餐饮、加工工业、电子、橡胶和塑料、煤炭、软件、其他服务业、其他（信息技术）等领域。质安环是我国首家获得英国国家认可委员会（UKAS）认可的独立、公正的第三方认证机构，获得了英国国家认可委员会颁发的国际质量管理体系认证证书。

---

① 公司地址：北京市朝阳区东四环北路 10 号瞰都国际 1807 室
电话：010‑64466398

图书在版编目（CIP）数据

企业内部控制手册/宋方红，高立法，王士民主编．—北京：经济管理出版社，2015.10
ISBN 978 - 7 - 5096 - 3958 - 0

I.①企⋯　II.①宋⋯　②高⋯　③王⋯　III.①房地产企业—企业内部管理—手册　IV.①
F293.3 - 62

中国版本图书馆 CIP 数据核字（2015）第 209849 号

组稿编辑：谭　伟
责任编辑：杨国强　张瑞军
责任印制：黄章平
责任校对：王　淼

出版发行：经济管理出版社
　　　　　（北京市海淀区北蜂窝 8 号中雅大厦 A 座 11 层 100038）
网　　　址：www.E - mp.com.cn
电　　　话：(010) 51915602
印　　　刷：北京银祥印刷厂
经　　　销：新华书店
开　　　本：720mm×1000mm/16
印　　　张：23
字　　　数：461 千字
版　　　次：2015 年 11 月第 1 版　　2015 年 11 月第 1 次印刷
书　　　号：ISBN 978 - 7 - 5096 - 3958 - 0
定　　　价：80.00 元